解説
行政不服審査法関連三法

宇賀克也 著
Katsuya Uga

弘文堂

はしがき

　本書は、2014（平成26）年に成立した行政不服審査法関連三法全体の解説書である。全部改正された行政不服審査法（第1編）については、著者は、すでに複数の書物（『Q＆A　新しい行政不服審査法の解説』新日本法規、『行政不服審査法の逐条解説』有斐閣）を刊行しているので、それらに含まれていない内容を盛り込むように努めた。

　行政不服審査法の施行に伴う関係法律の整備等に関する法律（第2編）については、これまで詳細な解説は公にされていないと思われるので、できる限り詳しく説明するようにした。本書の最大の特色は、第2編であると思われる。

　行政手続法の一部を改正する法律（第3編）については、別著（『行政手続三法の解説（第1次改訂版）』学陽書房）で解説しているが、本書では、より詳細に解説することとした。

　本書が、行政不服審査法関連三法の理解の促進に寄与することができれば幸いである。

　末筆であるが、本書の作成に当たりご助言をいただいた弘文堂編集部の高岡俊英氏に御礼申し上げたい。

　　2015年5月

　　　　　　　　　　　　　　　　　　　　　　　　　　　宇賀　克也

CONTENTS

はしがき　*i*

第1編　行政不服審査法

第1章　行政不服審査法全部改正の経緯 ……………………………… *2*
（1）訴願法の制定と見直し*(2)*　　（2）旧行政不服審査法による改善点*(3)*　　（3）第1臨調の行政手続法草案*(3)*　　（4）第2臨調の「行政改革に関する第5次答申」*(3)*　　（5）行政手続法制定*(4)*　　（6）旧行政不服審査法の見直しのための基礎的な調査研究*(5)*　　（7）行政通則法整備の継続*(6)*　　（8）平成20年法案*(7)*　　（9）行政救済制度検討チームによる検討*(8)*　　（10）行政不服審査法関連三法案の国会提出*(8)*　　（11）国会審議*(8)*　　（12）附帯決議*(9)*

第2章　総　則 ……………………………………………………………… *14*
（1）目的等*(14)*　　（2）不当性*(15)*　　（3）一般法*(15)*　　（4）対象となる行政作用*(16)*　　（5）一律適用主義*(18)*　　（6）不服申立適格*(20)*　　（7）不服申立類型の原則一元化*(20)*　　（8）審査請求をすべき行政庁*(22)*　　（9）再調査の請求*(23)*　　（10）再審査請求*(27)*　　（11）適用除外*(30)*

第3章　審査請求 …………………………………………………………… *42*
（1）審理員制度の意義*(42)*　　（2）審理員の要件*(43)*　　（3）審理員の指名を要しない場合*(44)*　　（4）審理員が主宰する手続*(46)*　　（5）審理員の補助職員*(47)*　　（6）総代と代理人*(47)*　　（7）参加人*(50)*　　（8）行政庁が裁決権限を有しなくなった場合の措置*(52)*　　（9）審理手続の承継*(52)*　　（10）標準審理期間*(54)*　　（11）審査請求期間*(56)*　　（12）審査請求書*(58)*　　（13）口頭による審査請求*(59)*　　（14）処分庁等を経由する審査請求*(60)*　　（15）誤った教示がなされた場合の救済*(61)*

(16) 審査請求書の補正 (*64*)　　(17) 執行停止 (*64*)　　(18) 審査請求の取下げ (*67*)　　(19) 審理手続の計画的進行 (*68*)　　(20) 弁明書 (*69*)　　(21) 反論書および意見書 (*71*)　　(22) 口頭意見陳述 (*72*)　　(23) 証拠書類等の提出 (*76*)　　(24) 物件の提出要求 (*78*)　　(25) 参考人の陳述および鑑定の要求 (*79*)　　(26) 検証 (*81*)　　(27) 審理関係人への質問 (*81*)　　(28) 審理手続の計画的遂行 (*83*)　　(29) 審査請求人等による提出書類等の閲覧等 (*86*)　　(30) 審理手続の併合または分離 (*91*)　　(31) 審理員による執行停止の意見書の提出 (*92*)　　(32) 審理手続の終結 (*92*)　　(33) 審理員意見書 (*93*)　　(34) 行政不服審査会等への諮問 (*94*)　　(35) 行政不服審査会による調査審議 (*105*)　　(36) 裁決 (*107*)

第4章　再調査の請求 …………………………………………………… *124*

(1) 請求期間 (*124*)　　(2) 誤った教示をした場合の救済 (*124*)　　(3) 再調査の請求についての決定を経ない審査請求 (*126*)　　(4) 教示 (*127*)　　(5) 決定 (*127*)　　(6) 審査請求に関する規定の準用 (*130*)

第5章　再審査請求 ……………………………………………………… *133*

(1) 期間 (*133*)　　(2) 原裁決にかかる裁決書の送付 (*134*)　　(3) 裁決 (*134*)　　(4) 審査請求にかかる規定の準用 (*136*)

第6章　行政不服審査会等 ……………………………………………… *139*

(1) 行政不服審査会の組織 (*139*)　　(2) 行政不服審査会の調査審議の手続 (*144*)　　(3) 地方公共団体に置かれる機関 (*150*)

第7章　補　則 …………………………………………………………… *154*

(1) 教示 (*154*)　　(2) 情報の提供 (*158*)　　(3) 公表 (*160*)

第2編　行政不服審査法の施行に伴う関係法律の整備等に関する法律

第1章　基本方針 ………………………………………………………… *164*

第2章　旧行政不服審査法の全部改正の内容と関わる整備部分 165

（1）全部改正による法律番号の改正（165）　（2）行政不服審査法による旨の表記の削除（165）　（3）不服申立て類型の原則一元化に伴う整備（167）　（4）準用する不服申立手続の変更（183）　（5）不作為についての規定の整備（183）　（6）みなし上級行政庁（186）　（7）審議会等またはその委任を受けた者が処分庁等となる場合の審査請求（189）　（8）行政不服審査法の規定の適用除外（190）　（9）行政手続法旧27条2項の規定の削除（191）　（10）審理員の指名を要しない場合の整備（192）　（11）審理員制度の適用を前提とした特例（197）　（12）不服申立てを受理した日（198）　（13）主観的不服申立期間の整備（200）　（14）意見聴取に関する規定（201）　（15）処分庁等の調査等申立権（205）　（16）行政不服審査会等への諮問を要しない特例（207）　（17）諮問機関の権限の改正（209）　（18）参与機関への諮問規定の削除に伴う整備（210）　（19）第三者機関による審理にかかる規定の整備（211）　（20）裁決期間が法定されている場合（212）　（21）みなし棄却裁決（213）　（22）改正対象外とされた法律（215）

第3章　不服申立前置の見直し 216

（1）見直しの背景（216）　（2）見直しの方針（218）　（3）見直しの結果（234）

第3編　行政手続法の改正

第1章　適用除外 240

（1）当該分野の特殊性に応じた独自の手続が定められているもの（240）　（2）当該分野の独自性のために一般的な手続になじまないもの（241）　（3）地方公共団体の機関が行う条例に基づく処分および行政指導（244）　（4）国の機関または地方公共団体もしくはその機関に対する処分および行政指導（245）　（5）政府周辺法人に対する処分（245）　（6）同法4章の規定の取扱い（247）

第2章　行政指導の方式 248

（1）行政手続法34条の趣旨（248）　（2）総務省行政不服審査制度検討会最

終報告との関係（*248*）　　（3）　権限を行使することができる根拠の明示（*249*）

第3章　行政指導の中止等の求め……………………………………*251*
　　（1）　法令違反の是正を求める行政指導の特徴（*251*）　　（2）　中止等の求め（*251*）

第4章　処分等の求め………………………………………………*258*
　　（1）　趣旨（*258*）　　（2）　一般法としての位置付け（*259*）　　（3）　行政不服審査法ではなく行政手続法に規定された理由（*260*）　　（4）　新たな章を設けた理由（*261*）　　（5）　申出権者（*261*）　　（6）　法令違反の事実の存在（*262*）　　（7）　是正のためにされるべき処分または行政指導（*262*）　　（8）　法律に根拠のある行政指導（*263*）　　（9）　申出人による思料（*263*）　　（10）　申出先機関（*264*）　　（11）　処分の求めと行政指導の求めの関係（*265*）　　（12）　申出の内容（*266*）　　（13）　申出の方法（*266*）　　（14）　申出書の記載事項（*266*）　　（15）　必要な調査（*267*）　　（16）　是正措置（*268*）　　（17）　申出人に対する通知（*268*）　　（18）　申出人の保護（*268*）

第5章　附　　　則……………………………………………………*269*
　　（1）　施行期日（*269*）　　（2）　行政手続法35条の項ずれに伴う改正（*269*）　　（3）　処分等の求めに係る適用除外（*270*）

巻末　事項索引
　　　判例索引

第1編
行政不服審査法

第1章　行政不服審査法全部改正の経緯

（1）　訴願法の制定と見直し

　わが国で行政上の不服申立ての一般法である訴願法（明治23年法律第105号）が制定されたのは1890（明治23）年であった。しかし、（ⅰ）訴願事項が概括的列記主義であったこと、（ⅱ）訴願期間が短期であったこと、（ⅲ）審理手続が不備であり、行政救済の視点が稀薄であったこと等、多くの短所を有していた。そのため、戦前からその見直しの動きがあり、議員提出および政府提出の改正案が帝国議会に提出されたこともあったが、成立には至らなかった、1948（昭和23）年から1949（昭和24）年にかけて、一般概括主義を採用するための訴願法改正作業が政府で行われたが、関係方面との調整がつかずに国会提出は断念された。訴願法のように多くの欠陥を抱えた行政通則法が占領期の戦後改革の中で改正されなかった一因は、アメリカには行政上の不服申立ての一般法がないため、GHQも訴願法にはそれほど関心を持たなかったことによるのかもしれない。

　訴願法の全面的な見直しの必要性が広く認識されたのは、行政事件訴訟特例法改正の過程においてであった。同法が訴願前置主義を採用していたため、訴願制度の欠点を是正しなければ司法救済が妨げられることになるので、行政訴訟制度改革の議論の過程において、訴願法の見直しも議論されるようになったのは、必然的な流れであったように思われる。こうして、1958（昭和33）年、訴願制度の改正を行うことが閣議了解され、臨時訴願制度改正委員を委嘱することになった。しかし、臨時訴願制度改正委員については、制度として曖昧であり、その意見を聴取して訴願法改正という重要な立法作業を行うことは不適切であるいう批判があったため、政府はそれを踏まえて、臨時訴願制度改正委員に代えて、総理府に訴願制度調査会を設置し、そこで改正要綱を作成することとした。こうして、1959（昭和34）年に訴願制度調査会が設置され、1960（昭和35）年に訴願制度改善要

綱が答申された。これを受けて法案作成作業が進行し、1962（昭和37）年に行政不服審査法が制定された（昭和37年法律第160号）。以下、全部改正前の行政不服審査法を旧行政不服審査法と称することとする。同法は、同年10月1日に施行された。

(2) 旧行政不服審査法による改善点

旧行政不服審査法は、訴願法と比較すれば、（ⅰ）一般概括主義を採用したこと、（ⅱ）不服申立ての種類を整理したこと、（ⅲ）一定の事実行為・不作為に対する救済も認めたこと、（ⅳ）不服申立人の防御権を強化したこと、（ⅴ）不利益変更禁止原則を明記し、行政救済を行政統制よりも重視することを明確にしたこと、（ⅵ）教示制度を採用したこと等、多くの点で改善されていた。しかし、同年に制定された行政事件訴訟法がそうであったように、行政救済制度としての不備が次第に認識されるようになる。

(3) 第1臨調の行政手続法草案

その後、1964（昭和39）年の第1次臨時行政調査会第3専門部会第2分科会の「行政手続に関する報告」に含まれている行政手続法草案において、事前の行政手続と事後の不服申立手続を含む広義の行政手続が対象とされている。行政上の不服申立手続を事前、事後を通じての行政手続の一環としてとらえ、事前か事後のいずれかにおいて一度は口頭審理の機会を与えることとする点、審理手続の主宰者としての職権行使の独立性や職能分離に関する規定を置く点等、今日からみても大いに注目すべき内容を含むものであった。しかし、この行政手続法草案に対する学界の主たる関心は、事前手続の部分に注がれ、行政上の不服申立手続の部分については、すでに旧行政不服審査法が制定されており、その施行から日が浅かったことによる面も大きいと思われるが、それほどの関心を集めなかったように思われる。

(4) 第2臨調の「行政改革に関する第5次答申」

1983（昭和58）年の第2次臨時行政調査会（以下「第2臨調」という）の

「行政改革に関する第5次答申」（最終答申）においては、行政監視・救済制度の整備の必要性が指摘されており、簡易・迅速な国民の権利・利益の救済が図られることによる行政の自浄機能に対する国民の信頼の維持の必要性が指摘され、現行制度の欠陥を改善し、活性化を図ることが当面の課題である旨が述べられていた。第2臨調答申において、「民主社会において行政が円滑にその役割を果たすためには国民の行政に対する信頼と理解を確保することが不可欠」であるという観点から、行政通則制度についての検討が行われたことの意義は大きく、その後、1988（昭和63）年の行政機関の保有する電子計算機処理に係る個人情報の保護に関する法律（以下「行政機関電算機個人情報保護法」という）の制定、1993（平成5）年の行政手続法の制定、1999（平成11）年の行政機関の保有する情報の公開に関する法律（以下「行政機関情報公開法」という）の制定は、第2臨調答申に示された課題を解決したものといえる。そして、第2臨調が、「国民の行政に対する信頼と理解を確保する」ための行政通則法の整備の必要性を指摘したことは、その後の行政不服審査法の見直しの伏線になったようにも思われる。第2臨調の最終答申の「行政監視・救済制度の整備の必要性」の箇所で改善の具体的提言がなされているのは、行政苦情相談制度とオンブズマン制度に限られているが、国民の行政に対する信頼の確保が行政改革の基本理念の一つとして位置付けられ、その観点から行政通則制度の在り方を考える姿勢が行政改革を主導する立場にある行政管理局の意識に植え付けられたといえるように思われるからである。

（5） 行政手続法制定

　第2臨調答申後、行政管理局は、1980年代後半に行政機関電算機個人情報保護法の制定という大きな課題を実現するが、次の大きな課題が行政手続法の制定であった。これについては、行政管理庁時代の第1次行政手続法研究会での検討が1980年代に入り行われており、第2臨調の最終答申に先立つ1983（昭和58）年に行政手続法法律案要綱案が公表され、翌年の日本公法学会では、これをめぐり、議論が行われている。そして、1985（昭和60）年から総務庁で第2次の行政手続法研究会で引き続き検討が行われ、

1989（平成元）年に中間報告が公表されている。引き続いて、1991（平成3年）1月に第3次臨時行政改革推進審議会（以下「第3次行革審」という）の公正・透明な行政手続部会で行政手続法制定に向けた審議が開始され、同年12月の第3次行革審答申に基づく立案作業が行われ、1993（平成5）年に行政手続法（平成5年法律第88号）制定が実現した。その後、行政管理局は、その施行のための諸々の準備に追われることになる。このように、1980年代末から1990年代前半にかけては、行政管理局にとって、行政手続法制定に向けての準備とその施行に向けての準備に組織の総力を傾注した時代であったといえる。

　行政過程における事前手続の一般法である行政手続法の整備は、行政過程における事後手続の一般法である行政不服審査法を見直す契機であったと考えられるし、第2臨調の最終答申においても、「行政苦情処理、行政不服申立て等の諸問題についても、行政手続法との関連を考慮すべきである」と指摘されていたが、行政手続法という通則法の制定やその施行に伴う関係法律の整備が膨大な労力を要する作業であったため、この時期に、併せて行政不服審査法の見直しに着手できなかったことは、真にやむを得なかったと思われる。

　行政手続法は、旧行政不服審査法制定後、約30年を経過して制定されたため、その間の適正手続に関する学説・判例の進展を反映し、旧行政不服審査法と比較して、手続保障の水準を相当程度向上させている。そのため、行政手続法と比較して、旧行政不服審査法の手続保障の水準の低さが顕著になり、この不均衡を解消するために、旧行政不服審査法の改正が必要であるという認識が高まった。

（6）　旧行政不服審査法の見直しのための基礎的な調査研究

　わが国の経済社会の成熟化に伴い、規制改革が進行し、事前規制を緩和し、経済活動の自由を尊重するともに、事後救済を充実させ、規制の違法性を争うための行政事件訴訟制度の整備、規制の違法性または不当性を争うための行政不服審査制度の整備を求める事業者の声が高まっていった。そのような背景のもと、行政手続法の施行に向けた準備が一段落した後、

行政管理局は行政手続法制定後の重要課題として旧行政不服審査法の見直しがあることを念頭に置き、そのための基礎的な調査研究に着手した。すなわち、1996（平成8）年から事後救済制度調査研究委員会による検討を行政管理研究センターに委託して開始し、その延長の問題として、1998（平成10）年に、これも委託研究として、「行政救済における審理主宰者に関する調査研究委員会」による検討を行っている。

（7） 行政通則法整備の継続

しかし、今度は、行政機関の保有する情報の公開に関する法律（以下「行政機関情報公開法」という）の制定作業が、行政改革委員会行政情報公開部会で、1995（平成7）年に開始される。そして、1996（平成8）年の行政改革委員会「情報公開法制の確立に関する意見」を受けて立案作業が始まり、1998（平成10）年に法案が国会に提出され、1999（平成11）年に行政機関情報公開法（平成11年法律第42号）が成立した。また、同法附則で政府に課された義務を履行するため、行政改革推進本部特殊法人情報公開検討委員会での審議を経て、2001（平成13）年に独立行政法人等の保有する情報の公開に関する法律案が国会に提出され、同年に成立した。さらに、行政手続等における情報通信の技術の利用に関する法律（以下「行政手続オンライン化法」という）の制定も2002（平成14）年に実現した。

それに加えて、民間部門を対象とした個人情報保護法制の整備と併せて、行政機関電算機個人情報保護法の全部改正も課題になり、2001（平成13）年に行政機関等個人情報保護法制研究会での検討が開始され、その報告を受けて2002（平成14）年に行政機関の保有する個人情報の保護に関する法律案が国会に提出されたが廃案となり、2003（平成15）年に改めて修正された法案が提出され、同年に成立した。

このように、第2臨調答申後、行政管理局にとって、行政通則法整備の時代が間断なく継続したが、次いで、意見公募手続導入のための行政手続法改正が課題となり、2004（平成16）年に行政手続法検討会が開催され、同年の報告を受けて立案作業が行われ、2005（平成17）年にこの改正が実現した。また、2001（平成13）年の司法制度改革推進法の制定を受けて、

2000年代前半は、司法制度改革が進行し、2002（平成14）年1月から2004（平成16）年1月にかけて、行政訴訟検討会で行政事件訴訟法（昭和37年法律第139号）の改正の検討が行われた。同年の行政事件訴訟法一部改正により、義務付け訴訟、差止訴訟の法定等、行政訴訟による救済制度が拡充したため、行政事件訴訟法とともに行政争訟制度の一般法である旧行政不服審査法の不備が顕著となり、このことも、同法の見直しを要請する背景事情になった。行政不服審査法と行政事件訴訟法は行政争訟2法といわれるように密接に関連しているので、行政事件訴訟法の改正と併せて、旧行政不服審査法の改正も行うことが望ましかったが、行政手続法の改正作業に追われていた行政管理局にとって、同時期に旧行政不服審査法の抜本的見直しに着手する時間的余裕はなく、2004（平成16）年の行政事件訴訟法改正法附則による旧行政不服審査法改正は、執行停止要件の緩和と職権による教示の書面化の義務付けにとどまることになった。しかし、同年の参議院法務委員会における行政事件訴訟法改正案の附帯決議においては、「適正な行政活動を確保して国民の権利利益を救済する観点から……行政による……権利救済手続も視野に入れつつ……必要な改革を継続すること」が求められており、これは旧行政不服審査法も念頭に置いたものと思われる。

（8） 平成20年法案

2005（平成17）年の行政手続法改正の実現により、ようやく、行政管理局としては、旧行政不服審査法改正の準備に本格的に取り掛かることができるようになった。まず、同年10月から総務副大臣主宰の行政不服審査制度研究会での検討が始まり、翌2006（平成18）10月からは行政不服審査制度検討会での検討が開始され、2007（平成19）年の同検討会報告を踏まえ、2008（平成20）年4月11日に行政不服審査法案（以下「平成20年法案」という）、「行政不服審査法の施行に伴う関係法律の整備等に関する法律案」、「行政手続法の一部を改正する法律案」を国会に提出するに至った。しかし、これらの法案は、審議されないまま、2009（平成21）年7月の衆議院解散により廃案となった。

（9） 行政救済制度検討チームによる検討

　政権交代の結果、民主党を中心とした連立政権の下で総務大臣政務官主催の「行政不服審査法案に関する勉強会」が開かれた。その結果を踏まえて、旧行政不服審査法改正のための検討を改めて行う方針が決定され、総務大臣と行政刷新担当大臣を共同座長とする行政救済制度検討チームで改めて旧行政不服審査法の抜本的な見直しが行われ、さらにこのチームでは、不服申立前置の見直しも行われた。そして、行政救済制度検討チームの取りまとめを基礎にした立案作業中の2012（平成24）年11月に衆議院の解散があり、再び政権交代が起こった。

（10）　行政不服審査法関連三法案の国会提出

　そして、自由民主党と公明党の連立政権のもとで、2013（平成25）年3月以降、旧行政不服審査法の見直しについて、改めて検討が開始された。全国知事会、士業団体等からのヒアリング、パブリック・コメント手続等が行われた。平成20年法案は実質的審議がないまま廃案となったのであり、その内容が国会で否定されたわけではないことから、平成20年法案を基礎にしつつ、同法案への批判や前政権の下での検討結果も踏まえ、さらに各種団体からのヒアリング、パブリックコメント結果も斟酌して、改めて行政不服審査法案を作成する方針が、同年6月に決定された。そして、2014（平成26）年3月14日、通常国会に、「行政不服審査法案」、「行政不服審査法の施行に伴う関係法律の整備等に関する法律案」、「行政手続法の一部を改正する法律案」（以下、三法案を「行政不服審査法関連三法案」と総称する）が閣議決定されて国会に提出された。

（11）　国会審議

　行政不服審査法関連三法案は、2014（平成26）年4月21日、衆議院総務委員会に付託され、同年5月20日、同院総務委員会での質疑後、石田真敏衆議院議員ほか5名（所属会派は、自由民主党、民主党、日本維新の会、公明党、みんなの党）から、旧行政不服審査法改正法施行後5年経過後、その施行状況について検討を加え、必要があると認めるときは、その結果に基づい

て所要の措置を講ずる旨の規定を附則に追加する修正案が出され、この修正の後、行政不服審査法関連三法案が可決され、同月22日、同院本会議で可決された。同月30日に参議院本会議で趣旨説明および質疑が行われ、同院の総務委員会に付託され、同年6月5日、同院総務委員会で可決され、翌6日、同院本会議で、行政不服審査法（以下「改正行政不服審査法」という）、行政不服審査法の施行に伴う関係法律の整備等に関する法律、行政手続法の一部を改正する法律が可決成立し、同月13日に公布されるに至った。

(12) 附帯決議
①内容

2014（平成26）年5月20日の衆議院総務委員会において、以下の4点について附帯決議がなされた。

(ⅰ) 今回導入される第三者機関および審理員制度の運用に当たっては、権利救済の実効性を担保できるようにするため、適切な人材の選任に配意すること。特に、地方公共団体においては、各団体の実情を踏まえ、申立ての分野に応じた高い専門性を有する人材の選任に配意すること。

(ⅱ) 今回の制度改正の周知の過程において、地方公共団体が行った処分について審査請求をすべき行政庁を住民に十分説明すること。

(ⅲ) 今回の改正によって新たに設けられた「再調査の請求」が、処分庁が簡易に処分を見直す事後救済手続であることを国民に十分説明すること。

(ⅳ) 審理手続における審理関係人または参考人の陳述の内容が記載された文書の閲覧・謄写について、審理の簡易迅速性の要請も踏まえつつ検討を行うこと。

　また、同年6月5日の参議院総務委員会において、以下の4点について附帯決議がなされた。

[１] 行政不服審査制度については、公正で利用しやすい簡易迅速な手続により、国民の権利利益の救済を図り、併せて行政の適正な運

営を確保し、国民の行政への信頼を維持するための制度であることにかんがみ、客観的かつ公正な審理手続を一層充実すること等により、制度本来の目的が最大限発揮できるよう、制度改正後の実施状況を踏まえつつ、今後とも不断の見直しを行うこと。

[2] 今般の制度改革に伴い、国および地方公共団体が行った処分については、審査請求をすべき行政庁等、新たな行政不服審査制度を利用するに当たって必要となる情報を、懇切、丁寧な広報活動により国民・住民に周知徹底すること。なお、再調査の請求については、処分庁が簡易な手続で事実関係の再調査をすることにより、処分手続の見直しを行う事後救済手続であることを、十分説明すること。

[3] 有識者からなる第三者機関および審理員制度の運用に当たっては、権利利益の救済について実効性を担保できるよう、適切な人材を選任すること。特に、地方公共団体において、各団体の実情を踏まえつつ、申立ての分野に応じた高い専門性を有する人材が確保できるよう格段の配慮を行うこと。

[4] 証拠書類の閲覧・謄写については、審理手続における審査請求人の権利の拡充や透明性の向上を踏まえ、適切な主張・立証ができるよう、審理関係人または参考人の陳述内容が記載された文書の閲覧・謄写等について、今後とも、検討すること。

②高い専門性を有する人材の選任

衆議院総務委員会附帯決議（ⅰ）、参議院総務委員会附帯決議[3]後段で、特に、地方公共団体において、申立ての分野に応じた高い専門性を有する人材の選任に配慮すべきとしているのは、以下の事情を背景としていると思われる。地方公共団体において、改正行政不服審査法81条1項または2項の規定に基づく第三者機関に諮問される事案の約4割は、地方税関係と見込まれるため、国会審議の過程において、税理士を委員として登用すべきではないかとの質問がなされ（衆議院会議録第186回国会総務委員会第19号［平成26年5月8日］の近藤昭一議員、西野弘議員の質問参照）、政府参考人は、任命権者の判断で、税理士等、税の専門家を委員に選任することは十分に想定されること、総務省としても、第三者機関の委員について、各任命権者

がそれぞれの諮問が見込まれる案件等に応じて選任することが適当であるという趣旨について、施行通知等により、各団体に周知したい旨の回答をしている（衆議院会議録第186回国会総務委員会第21号［平成26年5月15日］の上村進政府参考人発言参照）。上記附帯決議は、これらの国会審議を踏まえたものである。

したがって、申立ての分野に応じた高い専門性を有する人材としては、税理士が念頭に置かれていることは疑いない。また、地方公共団体に設置される行政不服審査会等に諮問される案件の約7割が地方税法と生活保護法関係であると見込まれることに照らすと（2014年5月8日の衆議院総務委員会における上村進政府参考人発言参照）、生活保護等の社会保障の分野の業務に携わってきた経験が豊富な者も適任と考えられるし、また、法律の専門家である弁護士であれば、多くの法律の解釈において専門知識を発揮することができると思われる。また、各分野の専門の研究者（税の分野であれば、税法学者）も、申立ての分野に応じた高い専門性を有する人材といえよう。

なお、上記附帯決議は、第三者機関のみならず、審理員制度の運用も念頭に置いたものになっているので、審理員に外部の専門家を登用することも十分に検討されるべきであろう。たとえば、任期付職員として採用した弁護士、税理士等を審理員名簿に登載しておき、事案に応じて審理員として指名することが考えられる。

③ **審査請求をすべき行政庁の周知**

衆議院総務委員会附帯決議（ⅱ）、参議院総務委員会附帯決議［2］前段で、審査請求をすべき行政庁の周知について述べているのは、以下の理由によると考えられる。審査請求をすべき行政庁は、改正行政不服審査法4条に定められているが、整備法において、みなし上級行政庁規定が置かれるなど、特例が定められていることが少なくない。また、衆議院総務委員会附帯決議（ⅱ）が特に、地方公共団体が行った処分について審査請求をすべき行政庁を住民に十分説明することを求めているのは、法定受託事務にかかる処分等について、裁定的関与として、国等を審査請求をすべき行政庁とする特例が地方自治法に定められているほか（自治255条の2）、個別法にお

いても、裁定的関与としての審査請求をすべき行政庁の特例が定められていることが少なくないため、改正行政不服審査法4条が定める審査請求をすべき行政庁をみたのみでは、個別具体の事案における審査請求をすべき行政庁が判明するわけではないからである。そこで、上記附帯決議において、審査請求をすべき行政庁の周知が求められたものと思われる。

④再調査の請求の意味の周知

衆議院総務委員会附帯決議(ⅲ)、参議院総務委員会附帯決議[2]後段において、再調査の請求の意味の周知を求めたのは、再調査の請求という用語が（かつて、昭和34年法律第147号で全部改正された国税徴収法134条で不服申立ての意味で用いられたことはあったものの）、最近は、再度の税務調査の意味で広く用いられるようになっており、衆議院総務委員会の参考人質疑において、青木丈参考人からも、再調査の請求という名称は、税務調査のやり直しの意味でとらえられかねず、名称変更ができない場合には、再調査の請求が事後の権利救済手続であることを周知徹底すべき旨の意見が述べられたからであると考えられる。

⑤審理員が作成するメモ等の閲覧・謄写

旧行政不服審査法の全部改正により、審査請求人または参加人による閲覧請求の対象は拡大した。旧行政不服審査法においては、処分庁から提出された書類等のみが閲覧請求の対象であったが、改正により、審理員に提出された全ての書類等の閲覧請求が可能になり、さらに、謄写請求権も認められた。しかし、審理員が審理関係人に対して行った質問・応答の文書は、閲覧・謄写請求の対象とされていない（国税不服審判所における証拠物件の閲覧請求等の対象も担当審判官に提出された資料全般に拡大されたが、担当審判官による質問の記録は対象外とされている（税通97条の3第1項））。審理員が作成するメモは、審理関係人の意見・主張等を聴いて審理員意見書を作成する過程の記録であり、閲覧・謄写の対象とすることは適切でないと考えられたからである（参議院本会議録第186回国会第26号（平成26年5月30日）の新藤義孝総務大臣発言参照）。この問題については、国会審議でも取り上げられ、それを受けて、衆議院総務委員会附帯決議(ⅳ)、参議院総務委員会附帯決議[4]で、審理員が作成するメモ等の閲覧・謄写について、継続的検討が求めら

れたのである。なお、審理員が職権で上記メモ等の閲覧・謄写を認めることは妨げられない。

⑥ **不断の見直し**

衆議院総務委員会において、改正法施行後5年経過後の見直し規定が附則に置かれることになったが、参議院総務委員会では、これを踏まえたうえで、さらに、制度改正後の実施状況を踏まえつつ、今後とも不断の見直しを行うことが附帯決議された（参議院総務委員会附帯決議[1]）。5年経過後の見直し規定が設けられたことは望ましいが、その時点での見直しが終わると、その後は、見直しが行われることなく、長年月が経過してしまい、社会経済状況の変遷に応じた改正が遅れてしまいがちである。望ましいのは、定期的な見直し規定（たとえば、10年ごとの見直し等）を設けることであろう。参議院総務委員会附帯決議[1]は、5年経過後の見直しが行われた後も、不断の見直しを行うべきという認識を示したものと考えられる（なお、2015［平成27］年3月の通常国会に提出された「個人情報の保護に関する法律」改正案附則12条3項においては、施行後3年ごとの見直し規定が置かれている）。

第2章 総　則

（1）目的等

　行政不服審査法は、行政救済機能と行政統制機能を有する。行政救済機能とは、不服申立人による不服申立てを通じて「国民の権利利益の救済を図る」機能である。行政統制機能とは、当該不服申立てを通じて違法または不当な行政が是正され「行政の適正な運営を確保する」機能である。訴願法は行政統制機能を重視し、行政救済機能については多くの欠点を抱えていた。そこで、旧行政不服審査法は、不利益変更禁止原則を明記したり、教示制度を設ける等、行政救済機能をより充実させた。しかし、次第に、旧行政不服審査法の行政救済機能の不備が明らかになってきたため、改正行政不服審査法は、行政救済機能を一層向上させた。

　旧行政不服審査法は、簡易迅速な手続による国民の権利利益の救済を図ることを目的規定において定めていた。しかし、公正な手続による国民の権利利益の救済を図ることは目的規定に定められていなかった。しかし、事前手続の一般法である行政手続法と比較しても、2004（平成16）年に改正された行政事件訴訟法と比較しても、旧行政不服審査法の行政救済制度としての公正性の欠如は顕著であった。そこで、改正行政不服審査法は、簡易迅速性という行政不服審査制度の長所を維持しつつも、審理員制度および行政不服審査会等への諮問制度の導入等により、手続の公正性を向上させている。そのため、公正な手続の下で不服申立てをすることができるための制度を定めることを目的規定において明記している（国税に関する処分についての審査請求は、基本的に国税通則法の定めるところによるが、同法1条の目的規定では、整備法による改正前から、「税務行政の公正な運営」を図ることが目的の1つとして明記されていた）。簡易迅速性という行政不服審査制度の長所を維持するため、裁判のような正式の対審構造ではなく、審理員の職権による柔軟な対応に配慮しつつ、公正性の向上の観点から、対審的要素を部分的

に導入したものといえよう。

　（2）**不当性**
　裁判所は、抗告訴訟において、裁量の逸脱濫用の有無は審査できるが、裁量の逸脱濫用とまではいえない場合に、裁量権行使の妥当性を審査すること、すなわち当不当の審査をすることはできない。他方、行政不服審査は、行政の自己統制としての性格を有するため、当不当の問題を審査しても、権力分立原則と抵触しない。そこで、改正行政不服審査法は、違法な場合に限らず不当な場合にも不服申立てが理由があるものとして処分の取消し等を行うことができるとしている（「不当」概念を精緻に分析したものとして、稲葉馨「行政法上の『不当』概念に関する覚書き」行政法研究3号7頁以下参照）。
　不当を理由とする認容裁決の頻度については、民主党を中心とした連立政権時代に、行政救済制度検討チームの下に設けられた不服申立前置見直しのためのワーキンググループで調査がされている。その結果は、処分によって不当を理由とする認容裁決の頻度には大きな差異があり、公害健康被害の補償等に関する法律108条、石綿による健康被害の救済に関する法律77条のように、不当を理由とする認容裁決が一般化している例がある一方、国税通則法に基づく処分のように、不当を理由とする認容裁決がされないのが一般的である例もある（国税通則法に基づく処分であって、不当を理由とする認容裁決として一般に認知されている唯一の例が、国税不服審判所平成22年12月1日裁決〔裁決事例集 No. 81〕である）。

　（3）**一般法**
　改正行政不服審査法は、行政上の不服申立ての一般法である。他の法律に特別の定めがある場合には、それが特別法として優先して適用される。他の法律における特別の定めの例として、国税通則法8章1節の規定がある。すなわち、国税通則法80条1項は、「国税に関する法律に基づく処分に対する不服申立て（次項に規定する審査請求を除く。）については、この節その他国税に関する法律に別段の定めがあるものを除き、行政不服審査法（第2章及び第3章（不服申立てに係る手続）を除く。）の定めるところによる」

と規定しており、改正行政不服審査法2章（審査請求）、3章（再調査の請求）の規定の特例を国税通則法で定めている。さらに、同法4章（再審査請求）、5章（行政不服審査会等）は、国税に関する法律に基づく処分には関係しないので、適用されない。したがって、同法1章（総則）および6章（補則）のみが適用されうることになり、より具体的には、同法1条（目的等）、82条（不服申立てをすべき行政庁等の教示）、83条（教示をしなかった場合の不服申立て）、84条（情報の提供）、85条（公表）の規定のみが適用されることになる。ただし、整備法による改正後の国税通則法80条2項が定める国税庁長官に対する審査請求については、基本的に改正行政不服審査法の規定が適用されることになる。また、酒税法2章（酒類の製造免許および酒類の販売業免許等）の規定による処分に対する不服申立てについては、改正行政不服審査法の定めるところによることになり、国税通則法8章1節（不服審査）の規定は適用されない（同法80条3項）。

(4) 対象となる行政作用
①処分性を有しない行政作用

旧行政不服審査法や行政事件訴訟法制定時においては、行政法学界において、行政行為中心主義の傾向がなお強く、処分に対象を限定することへの疑問は、それほどなかったように思われる。しかし、多様な行政の行為形式が注目されるようになり、行政行為中心主義への批判が強まるようになる。行政手続法の制定過程においても、行政管理庁の第1次行政手続法研究会の行政手続法法律案要綱案では、処分、行政指導の手続に加えて、命令制定手続、計画策定手続も対象にしていた。総務庁の第2次行政手続法研究会で対象を処分と行政指導に限定したのは、理論的な理由に基づくものではなく、早期に行政手続法制定を実現するためには、当時の行政機関の間で消極的意見が多かった命令制定手続、計画策定手続は将来の課題と位置付け、立法化の対象を限定する必要があるという政策的判断に基づくものであった。司法制度改革の一環として行われた行政事件訴訟法改正に当たっても、処分性を有しない行政作用に対する救済が重大な関心事になり、様々な議論が行われたが、結果として、公法上の当事者訴訟として

の確認訴訟を処分性を有しない行政作用の救済の受け皿として活用すべきとの観点から、公法上の当事者訴訟としての確認訴訟が明記されることになった。

　かかる背景の下で旧行政不服審査法の改正作業が行われたため、行政不服審査法の対象を処分に限定することを前提とするのではなく、処分性を有しない行政作用に対する行政過程における救済も含めて改革が検討された。行政不服審査制度研究会報告書（平成18年3月）Ⅳにおいては、処分以外のものに対する不服申立てとして、行政指導、行政指導以外の事実行為、行政上の契約、行政立法、行政計画について検討が行われている。行政不服審査制度検討会最終報告（平成19年7月）11章3においては、行政指導以外の事実行為、行政上の契約、行政立法および行政計画については、将来的な検討課題とされた（地方公共団体に目を転ずると、2009（平成21）年に制定された多治見市是正請求手続条例は、平成20年法案等を参考にしたものであるが、是正請求手続の対象を処分に限らず、行政指導その他の意思決定および活動、相当の期間内に何らかの行為をすべきにかかわらずしない不作為を広く対象としている）。

　他方、法律に根拠のある行政指導に限定されてはいるものの、「行政指導の中止等の求め」の制度が行政手続法で設けられ、また、「処分等の求め」の制度においても、法律に根拠のある行政指導が対象に含められている。処分性を有しない行政作用への救済の拡充は、このように、部分的にではあるが、行政手続法改正により対応されることになった。そして、改正行政不服審査法においては、旧行政不服審査法と同様、処分性を有する行政作用のみが対象とされることになった。

　②権力的事実行為

　処分性を有する行政作用には、権力的事実行為も含まれる。旧行政不服審査法は、「公権力の行使に当たる事実上の行為で、人の収容、物の留置その他その内容が継続的性質を有するもの」（2条1項）のみを処分に含めていたが、継続的事実行為が処分に含まれることは明記するまでもなく明らかであるので、行政事件訴訟法および行政手続法の処分の定義規定においては、権力的事実行為が処分に含まれる旨は明示されていない。そして、行政事件訴訟法および行政手続法の処分には、非継続的な権力的事実行為

も含まれると解されるので、改正行政不服審査法においても、同様に解すべきである。したがって、改正行政不服審査法の対象となる「処分その他公権力の行使」（1条1項）は、非継続的な権力的事実行為も含むと解される。もっとも、非継続的な権力的事実行為の場合、不服申立てが行われても、不服申立ての利益が失われていると考えられるので、不服申立ては不適法として却下されることになる。旧行政不服審査法の下においては、非継続的な権力的事実行為に対する不服申立ては対象外とされていたので、理由付けは異なるが、却下という結論に変わりはない。非権力的事実行為の中には、行政指導に当たるものとそうでないものがあり、前者については、行政手続法4章の規定の適用があるものがある。

　なお、国税に関する処分に関する不服申立てについては、基本的に国税通則法が適用されるが（他方、地方税に関する処分に関する不服申立てについては、固定資産税の価格に係る審査等の例外はあるものの、基本的には改正行政不服審査法の規定によることになる）、権力的事実行為については、同法ではなく、改正行政不服審査法が適用されるとするのが立法者意思である。

（5）　一律適用主義

　旧行政不服審査法は、同年に制定された行政事件訴訟法と同様、処分について、その根拠が法律に置かれているか、条例に置かれているかを問わず、旧行政不服審査法の規定を適用する一律適用主義を採用した。これに対し、行政手続法は、処分については、根拠法規区分主義を採り、処分の根拠が法律に置かれている場合には、当該処分は「国法の関心事」であるから、その手続も「国法の関心事」であり、行政手続法の規定を適用するが、処分の根拠が条例に置かれている場合には、当該処分は「国法の関心事」ではなく、その手続も「国法の関心事」ではないので、行政手続法の規定は適用せず、行政手続条例で規律されることになった。行政手続法で初めて採用された根拠法規区分主義は、その後、行政手続オンライン化法、民間事業者等が行う書面の保存等における情報通信の技術の利用に関する法律（e-文書法）、特定非常災害の被害者の権利利益の保全等を図るための特別措置に関する法律でも採用されている。旧行政不服審査法が一律適用

主義を採用したのに対し、行政手続法が根拠法規区分主義を採用した背景には、この間の地方分権の理念の浸透があるようにも思われる。このように、旧行政不服審査法が一律適用主義、行政手続法が根拠法規区分主義を採用し、事後手続の一般法と事前手続の一般法で仕組みを異にしていることから生じた具体的な問題が、行政手続条例の規定に基づく聴聞手続が行われた場合の異議申立ての省略の可否であった。すなわち、整備法による改正前の行政手続法27条2項本文（整備法により削除）は、「聴聞を経てされた不利益処分については、当事者及び参加人は、行政不服審査法による異議申立てをすることができない」と定めていたが、これは、事前に慎重な聴聞手続を経て処分庁が不利益処分を行った以上、同じ処分庁に対して異議申立てをしても、結果が変わる可能性は低く、私人の救済に寄与することはほとんど想定し難いし、行政庁にとっては、救済の実効性が乏しいにもかかわらず、事前と事後の双方で手続的コストを課されるのは過重な負担になるという判断に基づくものであった。行政手続条例の規定に基づく聴聞と異議申立てについても同様の問題があったが、異議申立ては旧行政不服審査法という法律に基づくものであるので、法律で保障された手続を条例で認めないこととするのは違法の疑いがあるため、行政手続条例には、行政手続法27条2項本文に対応する規定は置かれなかった。

　行政手続法制定後に旧行政不服審査法を改正する場合、行政手続法と平仄を合わせて、根拠法規区分主義に切り替えることも選択肢としては考えられないわけではない。もっとも、そうなると、条例に基づく処分については、各地方公共団体において、行政不服審査条例を制定し、改正行政不服審査法の施行時に合わせて施行しない限り、これまで旧行政不服審査法で与えられていた手続保障を喪失する期間が生ずることになる。したがって、改正行政不服審査法で根拠法規区分主義を採用することは、理論的には選択肢でありえても、実際問題としては選択困難といえるように思われる。また、旧行政不服審査法の改正に当たり、地方分権を理由として一律適用主義の見直しを求める意見は地方公共団体からも出されなかった。地方公共団体も旧行政不服審査法の一律適用主義を根拠法規区分主義に変更するメリットは感じなかったものと思われる。

(6) 不服申立適格

　改正行政不服審査法の規定に基づく不服申立ては、主観争訟である。したがって、不服申立適格が重要になるが、同法は、処分についての審査請求の場合、「行政庁の処分に不服がある者」（2条）と定めるのみであり、いかなる者が不服申立適格を有するかは、解釈に委ねられている。この点については、不服申立適格と抗告訴訟の原告適格を同一と解する説、行政不服審査法は抗告訴訟よりも行政統制を重視していること等を理由として、不服申立適格は原告適格よりも広いと解する説に分かれている。

　最判昭和53・3・14民集32巻2号211頁（主婦連ジュース事件）は、不服申立適格を有する者とは、当該処分により自己の権利もしくは法律上保護された利益を侵害された者または必然的に侵害されるおそれのある者を意味すると判示し、不服申立適格と原告適格は同一であると解している。この立場に立つ場合、2004（平成16）年の行政事件訴訟法改正で設けれらた同法9条2項の解釈規定は、不服申立適格の判断においても類推適用されるべきである。

　不作為についての審査請求の場合、不服申立適格を有する者は、法令に基づき行政庁に対して処分についての申請をした者であり（3条）、不作為の違法確認訴訟の原告適格（「処分又は裁決についての申請をした者」）と同じである。

(7) 不服申立類型の原則一元化
①審査請求への原則一元化

　旧行政不服審査法においては、基本的な不服申立類型として異議申立てと審査請求が存在した。これに対し、改正行政不服審査法においては、異議申立ての類型は廃止され、基本的な不服申立類型は審査請求に一元化された。旧行政不服審査法においては、異議申立ては基本的に処分庁に上級行政庁がないときに認められており、審査請求は処分庁に上級行政庁があるときに認められていたが、異議申立ては審査請求と比較して不服申立人の手続保障が十分でなく、上級行政庁の有無という不服申立人にとっては無関係な相違により、不服申立てにおける手続保障の水準に差異が生ずる

ことには合理性がない。また、異議申立てと審査請求という複数の不服申立類型が存在することは、不服申立人にとって分かりにくいという問題が存在した。そこで、処分庁が審査庁である場合においても、審理員制度および行政不服審査会等への諮問制度を導入すること等により、審査請求における手続保障の水準を向上させることによって、審査請求への原則一元化を図ったのである。原則としているのは、例外的に、個別法の定めるところにより、再調査の請求、再審査請求という不服申立てが認められる場合があるからである。

 ②不作為についての審査請求

 旧行政不服審査法にも不作為についての不服申立ての規定が置かれていた。処分前の不服申立てであるので、同法の立法過程において、行政手続法に規定することも検討されたが、行政手続法制定の見通しがたたないため、旧行政不服審査法に規定されたのである（座談会「行政不服審査法」ジュリ266号21頁［真田秀夫内閣法制局第2部長発言］）。改正行政不服審査法は、不作為についての審査請求について定めている（異議申立ては廃止）。すなわち、法令に基づき行政庁に対して処分についての申請をした者は、当該申請から相当の期間が経過したにもかかわらず、行政庁の不作為（法令に基づく申請に対して何らの処分をもしないことをいう）がある場合には、当該不作為についての審査請求をすることができる（改正行政不服審査法3条）。「法令」という用語は、条例を含む意味で用いられる場合と含まない意味で用いられる場合があるが（宇賀克也・行政法概説Ⅰ（第5版）（有斐閣、2013年）7頁以下参照）、同条の「法令」は条例を含む。私人のした申請が法令に基づくものであるというためには、法令上、私人が行政庁に対し一定の事件について処分その他公権力の行使に当たる行為をすべき旨を要求する具体的請求権を有するものと認められることが必要であるが、当該申請権は、必ずしも法令の明文をもって規定されていることを要せず、当該法令の解釈上認められるものであれば足りると解される（東京地判平成8・4・26判例自治156号76頁）。

 旧行政不服審査法においては、不作為についての不服申立ての場合、不服申立人は異議申立てと審査請求を選択することができたが、改正行政不

服審査法は、不作為についても異議申立てを廃止し、審査請求に一元化している。

（8）審査請求をすべき行政庁
①処分庁等に上級行政庁がない場合

上級行政庁とは、当該行政事務について処分庁等を直接指揮監督する権限を有する行政庁を意味する。組織編成上の上位に置かれる行政庁がこれに当たるのが原則であるが、そうでない場合であっても、個別法令で特別に指揮監督権が認められる場合がある（金商194条の7第8項等）。

旧行政不服審査法においては、処分庁等に上級行政庁がない場合には、処分庁等に異議申立てを行うのが原則であった。これに対し、改正行政不服審査法は、異議申立てという不服申立類型を廃止し、審査請求という不服申立類型に一元化したため、処分庁等に上級行政庁がない場合の審査請求は、当該処分庁等に対して行うことになる。国の機関であって上級行政庁がないものとしては、衆議院議長、参議院議長、最高裁判所（長官）、人事院、会計検査院長がある。

独立行政法人等の保有する情報の公開に関する法律の対象法人である独立行政法人等にも上級行政庁は存在しないので、同法に基づく開示請求に対する不開示決定についての審査請求は当該独立行政法人等に対してなされることになる。普通地方公共団体の長である都道府県知事または市町村長にも上級行政庁は存在しない。普通地方公共団体の長以外の執行機関（委員会および委員）は、長の所轄の下に置かれるが（自治138条の3第1項）、職権行使について独立性を保障されているので、上級行政庁は存在しない。都道府県医師会が母体保護法14条1項の規定に基づき、人工妊娠中絶を行う医師の指定を拒否した処分に対して不服がある者は、都道府県医師会には上級行政庁は存在しないので、当該医師会に審査請求をすることになる。

②処分庁等に上級行政庁がないものとして扱われる場合

上級行政庁が存在するが、上級行政庁がないものとして、審査請求をすべき行政庁が定まる場合がある。（ⅰ）事務統括権、職員の服務統督権、（ⅱ）（法律に基づく）命令制定権、（ⅲ）告示発出権、（ⅳ）訓令・通達発出

権を有する主務大臣、宮内庁長官、外局の庁の長官、その長を国務大臣をもって充てる大臣委員会に置かれる庁の長官については、その自律性にかんがみ、それらに帰属する行政事務にかかる審査請求については、当該主任の大臣、宮内庁長官、外局の庁の長官、その長を国務大臣をもって充てる大臣委員会に置かれる庁の長に審査請求をすることとしている。外局の庁には、内閣府設置法49条1項、64条の規定に基づくものとして金融庁、消費者庁が、国家行政組織法3条2項の規定に基づくものとして消防庁、国税庁、公安調査庁、文化庁、林野庁、水産庁、資源エネルギー庁、特許庁、中小企業庁、観光庁、気象庁、海上保安庁、スポーツ庁がある。

　③処分庁等に上級行政庁がある場合

　旧行政不服審査法においては、審査主体の中立性を高めるため、できる限り処分庁以外の者が不服申立てを審査すべきという立場から処分庁に上級行政庁が存在する場合には、上級行政庁に対する審査請求を原則とした。改正行政不服審査法は、異議申立てを廃止して原則として審査請求に一元化したが、処分庁等に上級行政庁が存在する場合には、処分庁等以外の者が審査請求を審査すべきという理由により、処分庁等の上級行政庁に審査請求すること原則としている。問題は上級行政庁が複数存在する場合にどの上級行政庁に審査請求をするかであり、旧行政不服審査法においては直近上級行政庁を原則的な審査庁とすることとされていた。これに対し、改正行政不服審査法は、原則として一段階で権利利益の救済を図ること、審査請求人に本府省や地方公共団体の長の審査を受ける機会を確保すること、不服審査の統一性を確保すること、審査の公正中立性をできる限り確保することという観点から、最上級行政庁、すなわち、それ以上の上級行政庁を有しない行政庁を審査庁とすることとしている。

　④処分庁等に上級行政庁があるものとして扱われる場合

　指定機関等にも上級行政庁は存在しないが、整備法の解説で詳述しているように、主務大臣を上級行政庁とみなしている例がある。

（9）　再調査の請求

　①意義

要件事実の認定の当否にかかる不服申立てが大量に行われるものについて、審査請求がなされる前に、処分の事案・内容等を把握している（または把握できる）処分庁が、不服申立てを契機として、審査請求よりも簡易な手続（審理員による審理も行政不服審査会等への諮問もない）により要件事実の認定の当否を見直すことにより、簡易迅速に国民の権利利益の救済を図り、併せて審査庁の負担軽減に資することを目的として、再調査の請求が認められる場合がある。したがって、再調査の請求は、処分庁以外の審査庁に審査請求をすることができる場合に限り認められる。処分庁が当該処分の再調査を行うことに特に意義がある場合に例外的に認められるので、個別の法律で再調査の請求をすることができる旨の定めを置くこととしている。条例により再調査の請求を定めることは認められていない。再調査の請求の意義が認められるのは、要件事実の認定の当否にかかる不服申立てが大量に行われるような場合であるので、不作為の場合は対象にならない。不服申立ての大量性については、画一的基準で判断するのではなく、審査庁の処理体制等も考慮して総合判断により決定された（宇賀克也＝若生俊彦「行政不服審査法の改正に向けて」ジュリ1465号48頁［若生発言］参照）。

②国の機関が行う処分

国の機関が行う処分について、従前、個別法において異議申立前置が法定されていたのは、国税通則法、関税法（とん税法で準用、とん税の当該準用規定を特別とん税法で準用）、道路運送車両法、労働保険の保険料の徴収等に関する法律（労働者災害補償保険法および石綿による健康被害の救済に関する法律において準用）であったが、当該処分にかかる要件事実の認定の当否にかかる大量の不服申立てを処分庁が簡易迅速に見直す意義が特に大きいか否かという観点から精査が行われ、国税通則法、関税法（とん税法で準用、とん税の当該準用規定を特別とん税法で準用）についてのみ再調査の請求が認められた。課税処分については、整備法による改正前から、青色申告については異議申立てを経ることなく審査請求をすることが可能であったにもかかわらず、多くの場合、異議申立てが行われていたことが、納税者にとっても異議申立てのメリットがあるという立法事実となり、再調査の請求を認める根拠の1つとされた。課税処分について異議申立前置でなくても異議

申立てが選択されることが多かった理由としては、最判昭和49・7・19民集28巻5号759頁も指摘するように、国税の賦課処分は大量かつ回帰的なものであり、原処分が必ずしも十分な資料と調査に基づいてされない場合があるので、事案を熟知し、事実関係の究明に便利な地位にある処分庁が要件事実の認定の当否を見直す必要性が高いこと、不服申立先の便宜（税務署は全国に524存在するのに対し、国税不服審判所は本部のほか、支部が12、支所が7にとどまる）、争訟処理の迅速性（平均処理期間が異議申立ては約2．5月、審査請求は約10月）があったと思われる。

③地方公共団体の機関が行う処分

地方公共団体の機関が行う処分については、従前、地方自治法、児童扶養手当法、道路法等の多くの法律で異議申立てが審査請求に前置して行われることになっていたが、基本的には、整備法による改正で、従前の異議申立てが審査請求に、従前の審査請求が再審査請求に変更された。ただし、公害健康被害の補償等に関する法律に基づき、環境省の附属機関である公害健康被害補償不服審査会に行われる審査請求については、公害の影響に起因する疾病多発地域の指定が補償給付の前提であるため、特定の地域・時期に大量の不服申立てが行われる可能性がある。そこで、法定受託事務にかかる裁定的関与として行われる審査請求審理の前段階において、処分庁である都道府県知事に対する再調査の請求が認められた（同法106条1項）。

④審査請求との選択

再調査の請求ができるとされている場合であっても、再調査の請求を選択することが義務付けられるわけではなく、再調査の請求と審査請求を選択することが可能である。平成20年法案においては、再調査の請求ができる場合には審査庁の負担軽減を主たる目的として審査請求に前置することが義務付けられていたのに対し、改正行政不服審査法が再調査の請求と審査請求の選択を認めたのは、要件事実の認定の当否ではなく、通達の解釈を争いたいような場合には、再調査の請求を審査請求に前置する意義に乏しく、直ちに審査請求をすることを認めることが不服申立人の便宜にかなうからである。また、再調査の請求の対象となる処分については不服申立

前置が法定されている場合が稀でないが、かかる場合に再調査の請求を審査請求に前置すると、二重前置になり、司法救済を大きく遅延させるおそれがあることも、再調査の請求と審査請求を選択制にした理由である。

ただし、再調査の請求と審査請求を並行して審理することは争訟経済の観点から妥当ではないので、不服申立人が審査請求を選択したときは、再調査の請求はできないこととしている。本人が再調査の請求を選択した場合には、要件事実の認定の当否について、まず処分庁がその点についての判断を示すことは、審査庁の負担の軽減にも資することになる。そこで、再調査の請求をした場合には、その決定を経ることなく審査請求を提起することはできないことを原則としている（この点は、平成20年法案と変わらない）。「再調査の請求についての決定を経た」とは、審査請求前に処分庁が改めて当該処分について実質的な判断を行ったことを意味するので、かかる実質的な判断が行われていない却下決定は含まれないと解される（旧行政不服審査法20条についての名古屋高金沢支判昭和56・2・4行集32巻2号179頁参照）。しかし、不適法として却下すべきでないにもかかわらず誤って却下した場合には、再調査請求人には責任はないので審査請求の道を閉ざすべきではない。したがって、「再調査の請求についての決定を経た」と解すべきである（行政事件訴訟法8条1項ただし書の「裁決を経た」の意義についての最判昭和36・7・21民集15巻7号1966頁は、「国税庁長官又は国税局長が誤ってこれを不適法として却下した場合には本来行政庁は処分について再審理の機会が与えられていたのであるから、却下の決定であつてもこれを前記規定にいう審査の決定にあたると解すべき」と判示している）。かかる場合には、再調査の請求についての決定を経ないことにつき「正当な理由」（改正行政不服審査法5条2項2号）があると解する余地もあるが、改正行政不服審査法は、前掲最判昭和36・7・21を参考に、却下決定が違法な場合には、再調査の請求についての決定を経たと解する立場をとっている。

再調査の請求をしたときは、当該再調査の請求についての決定を経た後でなければ、審査請求をすることができないという原則を維持することが不合理な以下の場合には、例外が認められている。（ⅰ）第1に、「当該処分につき再調査の請求をした日……の翌日から起算して3月を経過しても、

処分庁が当該再調査の請求につき決定をしない場合」である（5条2項1号）。「再調査の請求をした」とは、適法な請求をした場合に限られると解される。

（ⅱ）第2は、「その他再調査の請求についての決定を経ないことにつき正当な理由がある場合」（同項2号）である。ここでいう「正当な理由がある場合」とは、再調査の請求が行われた後に事情が変化し、再調査の請求に対していかなる決定がなされるか確実に予見可能な状況になったために、再調査の請求に対する決定を経ることを義務付ける合理性が失われるような場合を念頭に置いている。旧行政不服審査法20条3号にも、審査請求に対する異議申立前置の例外として、異議申立てについての決定を経ないことにつき正当な理由があるときが挙げられていた。旧行政不服審査法20条3号に該当する場合として、従来の処分庁の態度等から異議申立ての結果がほぼ予測される場合が例示されることがあった。しかし、改正行政不服審査法のもとでは、再調査の請求について処分庁が同様の態度を表明している場合には、再調査の請求をせずに審査請求を選択することが可能なので、かかる場合が「正当な理由がある場合」に該当することは考えがたい。したがって、旧行政不服審査法20条3号の「正当な理由」がそのまま改正行政不服審査法5条2項2号の「正当な理由」になるわけではなく、後者に当たる場合は、前者に当たる場合よりも限定されると考えられる。

(10) 再審査請求
①個別法で特に認める場合への限定

改正行政不服審査法は基本的な不服申立類型を審査請求に一元化しており、再審査請求は、地方公共団体の機関が行う処分について全国的な統一性確保の観点から所管大臣等が審理・裁決を行ったり（裁定的関与）、専門技術性を確保する観点から第三者機関が審理・裁決を行ったりする場合等、審査請求に対する裁決後の手続として特に意義がある場合に限り、特別に法律で認めることとしている。後者の例を挙げると、厚生年金保険法、労働者災害補償保険法等のように、専門技術性を有する第三者機関が再審査請求の審理を行うものについては、再審査請求を存置している。ただし、

従前は個別法において再審査請求を前置することとしていたものについて、審査請求に対する裁決後は再審査請求を行わず訴訟を提起することを選択できるようにするため、審査請求前置とすることとし、再審査請求前置は全廃された。

　旧行政不服審査法においては、条例に基づく処分については条例で再審査請求をすることも認められていた（8条1項1号かっこ書）。しかし、改正行政不服審査法4条4号は、審査請求は処分庁の最上級行政庁に対して行うことを原則としているので、条例に基づく処分について審査請求に対する裁決を経た後にさらなる審査請求を認める実益は乏しいと考えられること、実際にも条例の規定に基づき再審査請求がなされた例は確認されなかったことから、条例に基づく処分であっても、条例で再審査請求制度を設けることを認められていない。

　なお、旧行政不服審査法は、審査請求または再審査請求をすることができる処分を行う権限を委任した場合に、委任がなされなければ審査庁または再審査庁となるべき行政庁に対して再審査請求または再々審査請求をすることができる旨の規定を設けていた（8条1項2号・2項・3項）。しかし、改正行政不服審査法は、基本的に一段階で適切な権利利益の救済を図るため、原則として審理を一段階化し、処分庁または不作為庁の最上級行政庁を審査庁とする方針を採用した。したがって、処分権限が委任された場合であっても、上級・下級の関係にない行政庁に委任された場合以外は、審査庁に差異は生じないことになる。そのため、処分権限の委任に伴う再審査請求を認める一般的な規定を設ける意義に乏しいため、かかる規定は設けられなかった。

②再審査請求の対象

　　㋐　**処分への限定**　　旧行政不服審査法と同様、再審査請求の対象は処分に限られ、不作為は対象にならない。その理由は、不作為についての審査請求における違法または不当の判断の基準時は当該審査請求における審理手続終結時であると解されるので、その時点における判断が示されたにとどまり、棄却裁決を受けても、その後改めて不作為の状態が継続していれば、再度、不作為についての審査請求を行うことが可能であるので、

再審査請求を認める意義に乏しいし、不作為についての審査請求に対して許可等の処分をする旨を命ずる裁決が出された場合に当該裁決に不服があれば、当該処分に対して審査請求をすることができるからである。

　(イ)　**原裁決と原処分の選択**　　審査請求に対する裁決と再審査請求に対する裁決の区別を明確にするため、再審査請求をすることができる処分についての審査請求の裁決は、「原裁決」と称されている（原裁決と原処分を総称する場合には「原裁決等」と表記している）。旧行政不服審査法においても、再審査請求の対象は、原裁決または原処分のいずれかであり、再審査請求人が選択することができると解されていたが、改正行政不服審査法は、このことを明確にするため、再審査請求は、原裁決または原処分を対象として行う旨を規定している。

　ただし、原裁決により審査請求が認容され原処分が全部取り消された場合には、処分時に遡及して原処分が失効することになるため、原処分の取消しを求めることはできず、原裁決に不服のある利害関係人（審査請求人は請求が全部認容されているため不服申立ての利益がない）は原裁決を対象にして再審査請求をする以外にない。このような場合があるため、再審査請求の対象を原処分に一元化することはできない。

　他方、再審査請求の対象を原裁決に一元化することも適切とはいえない。その理由は、(ⅰ)再審査請求が認容されて原裁決が取り消された場合、再審査請求に対する裁決の拘束力（本法66条において準用される本法52条1項）により審査庁は改めて審査請求に対する裁決をしなければならないことになり、原処分の取消しを求める者にとっては、紛争を早期に解決するためには原処分の取消しを求めるほうが一回的解決が図られ望ましいこと、(ⅱ)個別法において、審査請求後一定期間を経過しても裁決がなされない場合に棄却裁決がなされたものとみなして再審査請求をすることができるとしている場合（国年101条2項、生活保護65条2項参照）、原裁決はみなし棄却裁決であるので、これを再審査請求の対象とすることは適切ではなく、原処分を再審査請求の対象とすべきと考えられること、(ⅲ)不服申立人が原裁決の取消しを求める再審査請求を行い、原処分の執行停止を申し立てたとき、再審査庁が処分庁の上級行政庁でない場合に原処分の執行停止権限を

付与することについては理論的に疑問がありうるので、原処分の執行停止を申し立てたい者は、原処分に対する再審査請求を選択すべきこと、(iv) 原裁決の取消しを求める再審査請求において、再審査庁が処分庁の上級行政庁でない場合に原処分の取消しをすることができるかについても議論があるので、かかる場合、原処分の取消しを求めるのであれば、原処分を対象にすべきことである。

また、原処分と原裁決の双方の取消しを求めることを再審査請求人に義務付ける立法政策も考えられるが、再審査請求人が一方のみの取消しを希望しているにもかかわらず、双方を対象としてそれぞれの違法または不当を争うことを強いることになり、簡易迅速な権利利益の救済の趣旨に反することになるので、適切とはいえない。

このように、再審査請求の対象を原処分または原裁決のいずれか一方に限定することはできず、他方、両者を対象とすることを義務付けることも適切でないため、いずれを選択するかを再審査請求人の選択に委ねているのである。

(11) 適用除外
①不作為

旧行政不服審査法の適用除外規定は、処分のみを対象としており、不作為を対象としていなかった。旧行政不服審査法における不作為についての不服申立ては、不作為庁に対して事務処理の促進を義務付けるものであり、適用除外とされたものについても事務処理の遅延を防止することは、迅速な救済により国民の権利利益の保護を図ろうとする本法の趣旨にかなうからであった。これに対して、改正行政不服審査法7条1項が処分のみならず不作為も含めて適用除外としているのは、不作為についての不服申立ての性格が変化したからである。すなわち、改正行政不服審査法における不作為についての審査請求は、不作為の有無、不作為の違法または不当の有無を審理するにとどまらず、不作為が違法または不当な場合において一定の処分（許可等）をすべきかも審理するものに変わったのである。

不作為についての不服申立ては、従前は、事務処理の迅速化を促進する

ことのみを目的とするものであった。しかし、行政手続法6条が標準処理期間について定め、同法7条が「受理」概念を否定し、申請の到達により審査義務が発生することを明確にし、同法9条1項が、申請にかかる審査の進行状況等を申請者の求めに応じて示す努力義務を定め、同法11条が申請の処理をするに当たり、他の行政庁において同一の申請者からされた関連する申請が審査中であることをもって自らすべき許認可等をするかどうかについての審査または判断を殊更に遅延させることを禁止し、一の申請または同一の申請者からされた相互に関連する複数の申請に対する処分について複数の行政庁が関与する場合において、当該複数の行政庁が、必要に応じ、相互に連絡をとり、当該申請者からの説明の聴取を共同して行う等により審査の促進に努めるものとすると定めており、審理の迅速化については、行政手続法により対応された部分も少なくない。このことも、不作為についての審査請求を単に審理の迅速化を促す手段にとどめず、一歩進めて、争訟の一回的解決を図ることを可能にする手段に変化させた背景事情とみることもできる。

②内閣から独立した機関が、当該分野の特性を踏まえた独自の手続で処分を行うもの

国会、裁判所、会計検査院という内閣から独立した機関が、当該分野の特性を踏まえた独自の手続で処分を行うものであり、審査請求の審理を通じて一定の処分をすべきかを判断することが適切でないものは、適用除外とされている（改正行政不服審査法7条1項1～4号）。

(ア) **国会の両院もしくは一院または議会の議決によってされる処分**

「国会の両院若しくは一院又は議会の議決によってされる処分」（1号）については、審査請求を受けて再検討しても結論が変わる可能性は乏しいため、適用除外とされている。ここでいう「議決」とは、合議制機関の意思決定であり、国会の両院の議決は、各々その総議員の3分の1以上が出席し、日本国憲法に特別の定めがある場合を除き、出席議員の過半数でこれを決し、可否同数のときは、議長の決するところによる（憲法56条）。普通地方公共団体の議会の議決は、地方自治法に特別の定がある場合を除くほか、出席議員の過半数でこれを決し、可否同数のときは、議長の決する

ところによる。議長は、議員として議決に加わる権利を有しない（同法116条）。「議決によってされる処分」とは、議決により直接に特定の者の権利義務を変動させる法効果を生じさせる処分である。

　(イ)　**裁判所もしくは裁判官の裁判により、または裁判の執行としてされる処分**　「裁判所若しくは裁判官の裁判により、又は裁判の執行としてされる処分」（2号）についても、審査請求を受けて再検討しても結論が変わる可能性は乏しいため、適用除外とされている。訴訟事件についての判断は、司法権の行使としてされるものであって、処分性を有しないが、法定の手続を経て示された裁判自体が処分に該当する場合がある。「裁判所……の裁判により……される処分」としては宗教法人の解散命令（宗法81条1項）、過料の裁判（非訟120条1項）等がある。「裁判の執行としてされる処分」とは、刑事裁判の執行の指揮（刑訴472条）のように、裁判として示された判断を実現するために行われる処分を意味する。

　(ウ)　**国会の両院もしくは一院若もしくは議会の議決を経て、またはこれらの同意もしくは承認を経た上でされるべきものとされている処分**　「国会の両院若しくは一院若しくは議会の議決を経て、又はこれらの同意若しくは承認を経た上でされるべきものとされている処分」（3号）も、審査請求を受けて再検討しても結論が変わる可能性は乏しいため、適用除外とされている。法文上は、「議決」、「同意」、「承認」という文言が用いられているが、かかる用語が使われている場合に限定する趣旨ではなく、当該処分を行うことを是認する国会の両院もしくは一院または議会の意思表示全般を意味する。「されるべきものとされている処分」とは、国会の両院もしくは一院または議会の議決等を得ることが義務付けられている処分を意味する。

　国会の議決を得て行う処分の例としては公共用財産の用途の廃止または変更（国財13条1項）、皇室用財産とする目的での寄附または交換による財産の取得（同条2項）、議会の議決を得て行う処分の例としては公有財産を使用する権利に関する旧慣の変更または廃止（自治238条の6第1項）、旧慣のある公有財産の新たな使用の許可（同条2項）、国会の同意を得てされる処分の例としては情報公開・個人情報保護審査会委員の内閣総理大臣によ

る任命（情報審4条1項）、国会の承認を得てされる処分の例としては日本に特別の功労のある外国人の帰化の法務大臣による許可（国籍9条）、議会の同意を得て行う処分の例としては基準に適合しない建築物に対する除却、移転、修繕、模様替、使用禁止または使用制限の命令（建基11条1項前段）がある。

　　(エ)　**検査官会議で決すべきものとされている処分**　「検査官会議で決すべきものとされている処分」（4号）も、内閣から独立した会計検査院の最高意思決定機関である検査官会議で決定するものであるので、国会、裁判所が関与する処分に準じて適用除外とされている。弁償責任の有無の検定（会検32条1項・2項・4項）がその例である。

　③改正行政不服審査法の審査請求よりも慎重な手続で審理するもの

　改正行政不服審査法の審査請求よりも慎重な手続で審理するものであり、審査請求の審理を通じて一定の処分をすべきかを判断することは適切でないと考えられるものは、適用除外とされている（同項5～7号）。

　　(ア)　**形式的当事者訴訟で争うこととされている処分**　形式的当事者訴訟で争うこととされている処分に対する審査請求を認めることは、形式的当事者訴訟で争うこととした趣旨に反するので適用除外とされている（改正行政不服審査法7条1項5号）。なお、行政手続法では、かかる場合の一部は、「相反する利害を有する者の間の利害の調整を目的として法令の規定に基づいてされる裁定その他の処分（その双方を名宛人とするものに限る。）」（3条1項12号）に該当し、処分に関する規定の適用除外とされている。たとえば、土地収用法に基づき、収用委員会が行う権利取得裁決は、「相反する利害を有する者の間の利害の調整を目的として法令の規定に基づいてされる裁定その他の処分（その双方を名宛人とするものに限る。）」に当たり、行政手続法の処分に関する規定の適用を受けないが、権利取得裁決のうち損失補償に関する部分は、形式的当事者訴訟で争うことになるので（収用133条3項）、改正行政不服審査法に基づく審査請求の規定の適用を除外されることになる。他方、形式的当事者訴訟で争うこととされている処分の中には、「相反する利害を有する者の間の利害の調整を目的として法令の規定に基づいてされる裁定その他の処分（その双方を名宛人とするものに限

る。）」に該当しないものもある。損失補償をなすべき行政主体の機関が第三者的立場においてではなく、自ら補償額の裁定等を行う場合がそれである。国宝の修理等によって損失を受けた者に対して国が補償すべき額を文化庁長官が決定する場合（文化財41条2項）がその例である（詳しくは、宇賀克也「損失補償の行政手続」自研69巻2号33頁以下参照）。この場合、補償額に対して不服のある者は、国に対して形式的当事者訴訟を提起することができるが（同条4項）、文化庁長官による補償額の決定は、2面関係で行われ、3面関係で行われるわけではない。したがって、改正行政不服審査法7条1項5号により適用除外になる範囲と行政手続法3条1項12号により適用除外になる範囲は、処分に限定しても（前者は後者と異なり不作為も対象とし、後者は前者と異なり行政指導も対象としている）、完全に一致するわけではない。

　(イ)　**刑事事件に関する法令に基づいて検察官、検察事務官または司法警察職員がする処分**　刑事事件に関する法令とは、刑法等、犯罪とそれに対する刑罰を定める法令全般を意味するが、改正行政不服審査法7条1項6号に実際に該当するのは、刑事訴訟法、少年法のように行政庁の権限を定める法令である。差押状、記録命令付差押状または捜索状の執行中の当該場所への出入りの許可（刑訴112条1項）がその例である。

　(ウ)　**犯則事件に関する法令に基づいてされる処分**　犯則調査手続は、形式的には広義の行政調査に分類されるが、実質的には刑事手続の性格を有し（最判昭和59・3・27刑集38巻5号2037頁）、臨検・捜索・差押等には裁判所の許可を要する等、刑事手続に準じた手続保障が整備されている。したがって、犯則事件に関する法令に基づいてされる処分は、刑事手続でされる処分に準ずる性格を有するものとして適用除外とされている（改正行政不服審査法7条1項7号）。「国税又は地方税の犯則事件に関する法令」とは、国税犯則取締法および関税法のほか、国税犯則取締法の規定を準用している地方税法、関税法の規定を準用しているとん税法、特別とん税法等であるが、これらが税以外の法令で準用されている場合も適用除外になる。通告処分（国犯14条1項、関税138条1項）が処分性を有するとしても、通告処分に従わないと刑事手続に移行するので、刑事手続に準じて適用除外とされている。なお、関税法に基づく通告処分について、最判昭和47・4・20

民集26巻3号507頁は、「関税法においては、犯則者が通告処分の旨を任意に履行する場合のほかは、通告処分の対象になった犯則事案についての刑事手続において争わせ、右手続によって最終的に決すべきものとし、通告処分については、それ自体を争わしめることなく、右処分はこれを行政訴訟の対象から除外することとしているものと解するのが相当である」と判示しており、この判決に従えば、通告処分については、そもそも処分性がないので、改正行政不服審査法7条1項7号により適用除外にする必要もないことになる。金融商品取引の犯則事件に関する法令に基づいてされる処分も、同様に適用除外とされている。他方、2005（平成17）年の私的独占の禁止及び公正取引の確保に関する法律改正で設けられた犯則調査の規定に基づいて公正取引委員会または委員会職員がする処分および行政指導については、行政手続法2章から4章までの規定は適用除外とされ（独禁117条）、犯則調査の規定に基づいて公正取引委員会または委員会職員がする処分またはその不作為については、審査請求の規定の適用が除外されている（独禁118条）。

　④処分の性格に照らし改正行政不服審査法の規定を適用することが適切でないと考えられるもの

　処分の性格に照らし、改正行政不服審査法の規定を適用することが適切でないと考えられるものは、適用除外とされている（同項8〜11号）。

　　㋐　学校等において教育等の目的を達成するために、学生等に対してされる処分　　義務教育は、本人の意思にかかわらず日本国民として最低限必要な教育を受けさせるためにそれを受けることを義務付けており、義務教育でない学校教育も、本人の同意のもとに教育を受けているのであって、かかる関係において行われる処分は、一般の行政処分とは性格を異にするので、適用除外とされている（改正行政不服審査法7条1項8号）。本号に該当する例としては、学校教育法35条1項の規定に基づく市町村教育委員会による児童の出席停止命令がある。

　　㋑　刑務所等において、収容の目的を達成するためにされる処分　　刑務所等の施設においてされる処分は、本人の意思に反して施設に拘束されているという特殊な環境下において、収容の目的（受刑者に対する刑罰の執行、

少年院在住者に対する矯正教育、刑事被告人等の身体の拘束等）または施設の秩序維持もしくは管理運営のためにされるもであるから、適用除外とされている（改正行政不服審査法7条1項9号）。同号に該当する例としては、受刑者に対する刑罰の執行、保護処分を受けた少年に対する矯正教育の授与、少年の資質の鑑別、補導処分に付された未成年の女子の更生のための補導、刑事被告人等の身体の自由の拘束等がある。

　㈦　**外国の出入国または帰化に関する処分**　外国人の出入国に関する処分については、基本的には、国家主権に基づき国家が決定することができることから、審査請求にかかる規定を適用することは適切ではないと考えられた（改正行政不服審査法7条1項10号）。同様に、国籍を付与するか否かも、国家主権に基づき国家が決定することができるものと考えられることから、適用除外とされた。本号に該当する例としては、外国人の上陸の許可にかかる処分（入管9条1項等）、在留資格の変更許可にかかる処分（同法20条1項）、在留期間の更新にかかる処分（同法21条1項）、出国の確認にかかる処分（同法25条1項）、帰化の許可にかかる処分（国籍4条、9条）等がある。

　なお、行政手続法3条1項10号では、外国人の出入国、帰化と並んで難民の認定に関する処分も適用除外とされている。出入国管理及び難民認定法は、異議の申出という独自の不服申立制度を設けて旧行政不服審査法の規定の適用除外としていたが（平成16年法律第73号による改正前の出入国管理及び難民認定法61条の2の4第1項）、2004（平成16）年の出入国管理及び難民認定法の改正により、難民の認定に関する処分についても、旧行政不服審査法の規定が適用されることになった（入管61条の2の9第1項）。

　⑤**争訟経済の観点から好ましくないのみならず、審理の迅速性を阻害するおそれがあるもの**

　改正行政不服審査法7条1項12号は、「この法律に基づく処分（第5章第1節第1款の規定に基づく処分を除く。）」およびその不作為を審査請求についての規定の適用除外としている。改正行政不服審査法に基づく処分は、審査請求または再審査請求に対する裁決、再調査の請求に対する決定、執行停止の申立てに対する決定等である。これらは、不服申立審理機関の判断

としてされるものであり、これらに対して改正行政不服審査法に基づく審査請求を認めた場合、同じ事案において同じ審査庁が、重複して審理する状態が生じうることになり、争訟経済の観点から好ましくないのみならず、審理の迅速性を阻害するおそれがあるため、適用除外とされている（改正行政不服審査法7条1項12号）。ただし、行政不服審査会の委員に対する処分、具体的には、総務大臣による委員の任命（同法69条1項・2項）罷免（同法69条3項・7項）、報酬を得て他の職務に従事し、または営利事業を営み、その他金銭上の利益を目的とする事業を行うことの申請に対する不許可（同条10項）は、不服申立手続における処分ではないので、同法2条、3条の規定の適用を除外しないこととしている。

　なお、行政手続法3条1項15号は、「審査請求、再調査の請求その他の不服申立てに対する行政庁の裁決、決定その他の処分」を適用除外にしているのに対して、改正行政不服審査法7条1項12号は、「この法律に基づく処分」と規定しているので、改正行政不服審査法に基づく処分のみを対象にしていることになる。しかし、改正行政不服審査法以外の法律に基づく不服申立てについても、個別法で改正行政不服審査法に基づく不服申立制度の適用が一般に除外されている。たとえば、地方公共団体の議会の議員および長の選挙の効力に関しては異議の申出および審査の申立てという独自の不服申立てが法定されており（公選202条）、改正行政不服審査法による不服申立てはすることができないとされている（公選265条）。また、行政手続法3条1項16号は、「前号に規定する処分の手続又は第3章に規定する聴聞若しくは弁明の機会の付与の手続その他の意見陳述のための手続において法令に基づいてされる処分及び行政指導」を適用除外にしている。「前号に規定する処分の手続……において法令に基づいてされる処分」とは、総代の互選命令、審理員が行う参加人の許可、口頭意見陳述への補佐人の出頭の許可等である。また、行政手続法3条1項16号の「第3章に規定する聴聞若しくは弁明の機会の付与の手続その他の意見陳述のための手続において法令に基づいてされる処分」としては、利害関係人の参加の許可（行手17条1項）、参考人の陳述および鑑定の要求（電波92条の2）、弁明の聴取を妨げる行為をした者への退去命令（破防15条4項）等がある。これ

らについては、改正行政不服審査法に基づく審査請求をすることはできないとされている（行手27条、電波93条の３、破防36条の３）。

⑥国の機関または地方公共団体その他の公共団体もしくはその機関に対する処分で、これらの機関または団体がその固有の資格において当該処分の相手方となるもの

旧行政不服審査法においては、行政主体または行政機関に対する処分についての同法の適用の有無について、明文の規定を置いていなかったが、改正行政不服審査法は、この点についての明文の規定を置いている（7条2項）。

「固有の資格」とは、旧行政不服審査法57条4項、行政手続法4条1項かっこ書の「固有の資格」と同義であり、一般私人では立ちえず、国の機関または地方公共団体その他の公共団体もしくはその機関（以下「国の機関等」という）であるからこそ立ちうる特有の立場を意味する。処分の名あて人が国の機関等に限られていれば、一般私人では立ちえない「固有の資格」に立つものと解される。たとえば、地方公共団体が地方財政法5条の4第1項の規定により（協議制の例外としての）起債の許可を総務大臣に申請して、総務大臣または都道府県知事がその起債を許可するといったような場合を考えると、起債の許可は、一般私人がその名あて人となることはできず、地方公共団体が固有の資格で名あて人となるものである。

もっとも、国の機関等が処分の名あて人になる場合に特例が設けられており、特例部分のみをみると処分の名あて人が国の機関等に限定されているようにみえるが、実質的には、そうでない場合もある。たとえば、医療法7条1項は、病院を開設しようとするときは、開設地の都道府県知事の許可を受けなければならないと定めており、同法6条は、国が開設する病院については、政令で特別の定めをすることができるとされ、医療法施行令1条では、国が開設する病院につき、主務大臣は、開設地の都道府県知事の許可に代えて、厚生労働大臣の承認を得なければならないと規定している。この場合には、厚生労働大臣の承認の部分のみをみると、国のみを対象とした規制のようにもみえるが、一般私人を対象とした許可の特例にすぎないので、国が名あて人となる場合であっても、「固有の資格」には

当たらないと解すべきである（宇賀克也・行政手続三法の解説［第1次改訂版］（学陽書房、2015年）80頁参照）。

　処分の相手方が国の機関等に限定されていない場合であっても、当該事務について国の機関等が原則的な担い手として想定されている場合には、「固有の資格」に該当する。水道事業を経営しようとする者は、厚生労働大臣の認可を受けることを要するが（同法6条1項）、事業は、原則として市町村が経営するものとされ、市町村以外の者は、給水しようとする区域をその区域に含む市町村の同意を得た場合に限り、水道事業を経営することができるものとされている（同条2項）。すなわち、民間事業者も市町村の同意を得て水道事業を経営することができるが、原則的には、市町村が水道事業の経営主体として想定されているので、市町村は「固有の資格」で水道事業経営の認可を受けていると解される。

　これに対し、一般旅客自動車運送事業（バス事業）を経営しようとする者は、国土交通大臣の許可を受けなければならないが（道運4条1項）、申請者が国の機関等であることを特別扱いする要件は皆無である。したがって、地方公共団体がバス事業の許可を国土交通大臣から受ける場合、一般私人と同等の立場で許可を受けることになり、「固有の資格」に当たらない。

　⑦再調査の請求、再審査請求

　改正行政不服審査法7条1項は、再調査の請求にかかる規定（5条）、再審査請求にかかる規定（6条）については、適用除外とする旨を明記していないが、再調査の請求は処分について審査請求をすることができる場合においてのみ認められるのであるから、処分について審査請求をすることができない以上、再調査の請求もできないことは当然である。また、再審査請求は、処分についての審査請求の裁決に不服がある者が行うものであるため、審査請求の対象とならない処分についての再審査請求はありえない。このように、改正行政不服審査法7条1項に掲げる事項について、本法5条、6条の規定が適用されないのは当然であるので、その旨の明文の規定は置かれていないのである。

　⑧特別の不服申立ての制度

改正行政不服審査法7条の規定に基づき適用除外とされた処分または不作為についても、別に法令で当該処分または不作為の性質に応じた不服申立ての制度を設けることは妨げられない（同法8条）。具体例としては、以下のようなものがある。

(ア) **議会の議決により、または議会の議決を経てされる処分**　議員の除名（自治134条）、公有財産を使用する権利に関する旧慣の変更もしくは廃止または新たな使用の許可（自治238条の6）等、議会の議決により、または議会の議決を経てされる処分については、改正行政不服審査法7条1項1号・3号の規定に基づき、審査請求にかかる規定の適用が除外されているが、「法律の定めるところにより異議の申出、審査請求、再審査請求又は審査の申立てをすることができる場合を除くほか、普通地方公共団体の事務についてこの法律の規定により普通地方公共団体の機関がした処分により違法に権利を侵害されたとする者は、その処分があつた日から21日以内に、都道府県の機関がした処分については総務大臣、市町村の機関がした処分については都道府県知事に審決の申請をすることができる」（自治255条の4）とされている。

(イ) **当事者訴訟の対象となる処分**　防衛大臣は、自衛隊の行う訓練および試験研究のため水面を使用する必要があるときは、農林水産大臣および関係都道府県知事の意見を聴き、一定の区域および期間を定めて、漁船の操業を制限し、または禁止することができ（自衛105条1項）、国は、この制限または禁止により、当該区域において従来適法に漁業を営んでいた者が漁業経営上被った損失を補償する義務を負う（同条2項）。防衛大臣は、補償すべき損失の有無および損失を補償すべき場合には補償の額を決定し、遅滞なくこれを都道府県知事を経由して当該申請者に通知しなければならない（同条6項）。補償額について訴訟で争う場合、形式的当事者訴訟で争うことになるので、改正行政不服審査法7条1項5号の規定により、審査請求にかかる規定は適用されないが、防衛大臣に対する異議の申出（自衛105条7項）ができる。

(ウ) **刑務所等においてされる処分**　刑務所等において収容の目的を達成するためにされる処分についてされる処分は、改正行政不服審査法7

条1項9号の規定により審査請求にかかる規定が適用除外とされているが、刑事収容施設及び被収容者の処遇に関する法律157条の規定に基づく審査の申請をすることができる。

　㈤　**行政主体または行政機関に対してされる処分**　　行政主体または行政機関に対してされる処分は改正行政不服審査法7条2項の規定により審査請求の規定が適用されないが、補助金等に係る予算の執行の適正化に関する法律25条の規定に基づく不服の申出を行うことができる。

第3章　審査請求

　旧行政不服審査法においては、処分についての審査請求の手続（2章2節）と不作為についての審査請求の手続（同章4節）とは別に規定されていた。これに対し、改正行政不服審査法においては、不作為についての審査請求が、争訟の一回的解決の観点から、申請に対して「一定の処分」をするか否かまで判断することができる制度となったため、審査請求についての手続は、処分および不作為に共通する手続として規定されている。

（1）　審理員制度の意義

　旧行政不服審査法においては、審査庁が裁決権限のみならず審理権限も有することを前提としていたが、実際に審理手続に携わる職員については、審査庁が必要があると認めるときは、その庁の職員に、審査請求人もしくは参加人による口頭意見陳述、参考人の意見陳述を聴かせ、検証をさせ、または審査請求人もしくは参加人の審尋をさせることができるとする規定（31条）を置くにとどまっていた。すなわち、審理手続の一部を補助機関である職員に行わせることができることを規定し、審理手続は、基本的には、裁決権限を有する審査庁自身が主宰して行うことを前提とした規定になっていた。もっとも、実際に審査庁の職にある者が審理手続を主宰することは困難であるから、通常は、審査庁の補助機関である職員が審理手続を主宰していた。にもかかわらず、審理手続を主宰する職員についての規定がなく、そのため、審理手続の進行に関する責任の所在が不明確であり、また、処分に関与した職員が審理手続を主宰することも稀ではなかった。異議申立てについても、処分に関与した職員が自身審理手続を主宰することが少なくなかった。そのため、審理の公正性が失われがちであるという批判が強く、公正中立性への信頼が得難い状況であった。そこで、改正行政不服審査法は、審理の公正中立性、客観性を向上させ、行政不服審査制度

に対する国民の信頼を確保し、国民の権利利益の救済と行政の適正な運営を確保するため、処分またはその不作為に関与していないこと等を要件とする審理員制度を導入することになったのである。

（2）　審理員の要件

　審理員は審査庁の補助機関であり、審査庁に所属する職員から指名される。審査庁に所属する職員であれば、任期付き職員や非常勤職員であってもよい。審理員名簿の作成の努力義務が審査庁となるべき行政庁に課されており、審理員となるべき者の名簿が作成されている場合にあっては、当該名簿に記載されている者の中から審査庁が審理員を指名しなければならない。

　行政手続法が聴聞主宰者について除斥事由を定めているように、審理員の公正中立性を確保するために除斥事由が定められている。除斥事由は、処分庁等に関するものと審査請求人または利害関係人に関するものに大別される。処分庁等に関する除斥事由は、「審査請求に係る処分若しくは当該処分に係る再調査の請求についての決定に関与した者」または「審査請求に係る不作為に係る処分に関与し、若しくは関与することとなる者」（9条2項1号）である。原処分に関与した者が審理員となった場合、予断を抱いてしまったり、原処分を弁護しようとする意識が働いたりして、客観性の高い公正中立な審理を行うことが困難になるおそれがある。また、たとえ当該職員が審理員として公正中立を旨として審理を行ったとしても、公正中立性に対する国民の信頼を確保することは困難と思われる。同様のことは、再調査の請求についての決定に関与した者についてもいえる。審査請求にかかる処分に関与した者とは、当該処分を行うか否かの判断に関する事務を実質的に行った者に限らず、当該事務を直接または間接に指揮監督した者も含む。具体的には、（ⅰ）当該処分をするか否かを判断するための立入検査等の調査を行った者、（ⅱ）当該処分の決裁のための稟議書に押印した者、（ⅲ）当該処分について指揮監督権を行使した者、（ⅳ）当該担当課には所属しないが当該処分について協議を受けて決裁書に押印した者等が含まれる。他方、当該処分の所管課には所属しているが、当該処分に

全く関与していない場合には、本号の除斥事由に該当しない。当該処分の根拠となる法令、審査基準、処分基準、解釈について、照会を受けて一般的な情報提供をしたにとどまる者も、除斥事由に該当しないと解される。

　審査請求人または利害関係人に関係する除斥事由は、審査請求人（同項2号）、審査請求人の配偶者、4親等内の親族もしくは同居の親族またはこれらであった者（同項3号・5号）、審査請求人の代理人または代理人であった者（同項4号・5号）、審査請求人の後見人、後見監督人、保佐人、保佐監督人、補助人または補助監督人（同項6号）、審査請求人以外の者であって審査請求にかかる処分または不作為にかかる処分の根拠となる法令に照らし当該処分につき利害関係を有するものと認められる者（同項7号）である。ここでいう利害関係人は参加人であるか否かにかかわらない。参加人でなくても、利害関係人である以上、審理員に指名された場合には審理の公正中立性を確保することが困難になるおそれがあるため、除斥事由としている。

　小規模の地方公共団体においては、除斥事由に該当しない者を審理員とすることが困難な場合があると指摘されることもあるが、弁護士等を任期付職員（地方公共団体の一般職の任期付職員の採用に関する法律3条）または非常勤職員として採用し審理員とすることも考えられる。任期付職員の場合には、条例で定めるところにより、選考により採用することができる。非常勤職員の場合、条例に特別の定めがない限り、その勤務日数に応じて報酬が支給される（自治203条の2第2項）。

（3）　審理員の指名を要しない場合
①要件

　有識者を構成員とする第三者機関が審査庁であり、そこで実質的審理が行われる場合には、審理を主宰する委員や審判官等が個別法で法定されており、当該処分に関与していないこと等の要件を満たす者が審理に当たっていると考えられることから、審理主宰者の公正性は確保されているし、専門技術性、政治的中立性等の要件も充足され、合議により慎重な判断がなされることが制度上担保されていると考えられる。したがって、審理員

による審理を経る必要はないので、審理員による指名を要しないこととされている。具体的には、外局として置かれる委員会（内閣府設置法49条1項、64条に規定する委員会として公正取引委員会、国家公安委員会、特定個人情報保護委員会（2016［平成28］年1月1日より個人情報保護委員会に改組の予定）、国家行政組織法3条2項に規定する委員会として公害等調整委員会、公安審査委員会、中央労働委員会、運輸安全委員会、原子力規制委員会がある）、法律で国務大臣をもってその長に充てることを定められている大臣委員会に、特にその必要がある場合において置かれる委員会（現在なし）、国の審議会等、地方自治法138条の4第1項に規定する委員会または委員、同条第3項に規定する機関が審査庁になる場合である。国の審議会等が裁決権限を有する審査庁となる例としては、中央更生保護審査会があり、地方更生保護委員会がした決定について、同法および改正行政不服審査法の定めるところにより、審査を行い裁決をすることを所掌事務の一つとしている（更生4条2項2号）。地方公共団体に執行機関の附属機関として置かれる機関で裁決権限を有する審査庁となる例としては、建築審査会、開発審査会がある。

　なお、整備法の解説で詳述するように、以上の場合には該当せず、審議会等が審査庁ではなく諮問機関である場合であっても、当該諮問機関で実質的な審理が行われる場合には、個別法で審理員制度の適用を除外している。行政機関情報公開法、独立行政法人等の保有する情報の公開に関する法律、行政機関の保有する個人情報の保護に関する法律、独立行政法人等の保有する個人情報の保護に関する法律に基づいて、情報公開・個人情報保護審査会に諮問される場合がその例である。

　また、条例に基づく処分については、条例で審理員制度の適用を除外することができるので、情報公開審査会、個人情報保護審査会、情報公開・個人情報保護審査会のように実質的に不服申立ての審理を行う場合には、条例で審理員制度の適用を除外することが可能である。

②審査庁が委員会等である場合の特例

　委員会や審議会等が審査庁となるため審理員の指名を要しない場合には、審理員が審理手続を主宰することを前提とした規定（審理員となるべき者の名簿にかかる改正行政不服審査法17条、審理員による執行停止の意見書の提出にかかる

同法40条、審理員意見書の提出にかかる同法42条、裁決書への審理員意見書の添付にかかる同法50条2項等）は適用が除外される。そして、審理員を原則として審査庁に読み替えることになる（同法9条3項）。審理員ではなく審査庁が審理を主宰する場合であっても、弁明書の作成・提出、提出書類の閲覧等請求にかかる規定等は、別表第1による読替えをして適用されることになる。

　また、審理手続をすべて委員会等の審査庁が実施しなければならないとすることは効率的ではないので、審査庁の職員に審査請求人または参加人による口頭意見陳述の聴取、参考人陳述の聴取、検証、審理関係人への質問、審理手続の申立てに関する意見の聴取を行わせることができる（同法9条4項）。審査庁に代わり口頭意見陳述の聴取等を行う職員は、審査庁の指揮監督下でその事務を補助する職員であり、委員会や審議会等の委員、専門委員や事務局の職員等がこれに当たる。かかる職員についても、公正中立性は確保される必要があるため、審理員と同様の除斥事由を定めている。ただし、改正行政不服審査法9条1項各号に掲げる機関は第三者機関であり、かかる第三者機関が、その公正中立性、専門性に照らし、原処分について、諮問を受けて答申をしたり、協議を受けて同意をしたり、意見を述べたりすることがある。また、当該第三者機関が処分庁等であることもある。かかる場合において、当該第三者機関の構成員（委員）は、原処分に関与しており、同条2項1号に該当することになると考えられる。しかし、そのような場合には、個別法令において、原処分および審査請求の双方に、公正中立性、専門性の観点から有識者を関与させようとしたものと考えられるから、当該第三者機関の構成員（委員）が改正行政不服審査法9条4項の定める手続を行えないとすることは適切ではない。そこで、かかる第三者機関の構成員（委員）については、同条2項1号の除斥事由にかかる規定は適用しないこととしている。改正行政不服審査法9条4項でいう「構成員」は、当該第三者機関の委員であり、当該第三者機関に置かれる専門委員や事務局職員は含まれない。

（4）審理員が主宰する手続

　審理員は、改正行政不服審査法2章3節の審理手続を主宰するが、同章

1節（審査庁および審理関係人）に規定する手続も主宰する（改正行政不服審査法9条1項）。これは、総代の互選命令（同法11条2項）、参加の申請の許可（13条1項）、参加の求め（同条2項）も審理員が行うからである。

（5）　審理員の補助職員

　審理員を補助する職員を置くことができるかについて、改正行政不服審査法には明文の規定はないが、実際上、審理員が主宰する審理手続を全て審理員のみで行うことは困難と思われる。したがって、その補助的な業務、具体的には、公表情報の収集、整理、審査請求人に対する日時連絡等、事件の判断に関わらない事務について、補助職員に行わせることは可能である。他方、審理員が独立して職権を行使する趣旨に照らし、口頭意見陳述の主宰、審理意見書案の作成等、事件の判断に関わる事務については、審理員が自ら行うべきであり、補助職員に担わせることは認められない（2014年6月5日の参議院総務委員会における上村進政府参考人発言参照）。補助職員については除斥事由が定められているわけではないが、裁量判断を伴わない事務を担当するとはいえ、公正さへの審理関係人の信頼を確保することも重要であるので、原処分に関与した者は補助職員とすることも避ける運用をすべきであろう。

（6）　総代と代理人

　総代は、互選により選任されるのが原則である（改正行政不服審査法11条1項）。互選とは、選任者の要件と被選任者の要件が一致する場合の選任であるから、選任者の要件を満たす者は、誰でも被選任者の要件を満たす。互選の方法は法定されていないが、原則として全員の同意を要すると考えられる。総代は3人を超えないこととされているので、総代を互選できるのは審査請求人が4人以上の場合と解される。審理員は必要があると認めるときは総代の互選を命ずることができること（改正行政不服審査法11条2項）、総代が選任されたときは、共同審査請求人は、総代を通じてのみ審査請求に関する行為を行うことができること（同条4項）、共同審査請求人に対する行政庁の通知その他の行為は1人の総代に対してすれば足りるこ

と（同条5項）にかんがみ、総代の互選は、同一の処分に対して多数の者が審査請求をする場合等、審理の画一的処理が必要な場合に限り認められると解される。総代互選命令は、全部の共同審査請求人を名宛人とする。この命令に従わない場合、当該審査請求は不適法になり、却下裁決がされるとするのが、旧行政不服審査法の立法者意思であった（田中真次=加藤泰守・行政不服審査法解説［改訂版］（日本評論社、1977年）106頁参照）。もっとも、これについては、総代互選命令に従わなくても、直ちに審査請求を不適法とすべきではなく、手続の分離または併合により対応すべきとする説もある（南博方=小高剛・全訂注釈行政不服審査法（第一法規、1988年）124頁参照）。

東京地判昭和49・6・27行集25巻6号694頁は、旧行政不服審査法12条1項によって認められている不服申立手続の代理人については、代理人に選任したことを書面で証明しなければならないほか（同法13条1項）、その資格や人数を制限するような規定は何ら存在せず、代理人は各自不服申立人のために当該不服申立てに関する一切の行為をすることができるのであり（同法12条2項）、この規定は代理人が複数選任されることを予定し、これを是認しているものといえると述べている。そして、いかなる者を幾人代理人に選任するかは、もっぱら不服申立人の意思によって決められるべき事柄であり、不服申立てを受けた行政庁においてこれを決めたりあるいは干渉したりすべき事柄ではないから（代理人の人数についてもこれを制限しうる旨の規定がない以上、法はこれをいかほどにするかを不服申立人の意思にかからしめていると解するのが相当であるとする）、被告が原告の選任した代理人の異議申立手続への関与を拒絶したことは、旧行政不服審査法12条に違反し、違法であると判示している。この判示は、改正行政不服審査法12条の規定に基づく代理についても妥当すると考えられる。審査請求において代理人が選任された場合、審理員または審査庁が送付した書類を代理人が受領し、了知したときは、本人が受領し、了知したものと解される（東京地判昭和52・7・19税資95号99頁参照）。無権代理人が本人名義で行った審査請求に関する行為は無効であるが、本人または法定代理人が追認すれば、民事訴訟法34条2項の規定の類推適用により、遡って有効になると解される。旧行政不服審査法の下での事案であるが、福井地判昭和57・5・28判時1057号

142頁は、無権代理人が本人名義でした審査請求および再審査請求は、当該無権代理人が本人の法定代理人に就任し、当該行為を追認した場合、民法116条の追認に関する規定の類推適用により、遡及的に有効となると判示している。

　総代と代理人の重要な相違点は、総代は、特別の委任があっても審査請求の取下げをすることはできないのに対し（改正行政不服審査法11条3項）、代理人は、特別の委任があれば、審査請求の取下げをすることができることにある（同法12条2項）。代理人による審査請求の取下げについて特別の委任が必要とされたのは、審査請求の取下げが審査請求人に与える影響が大きいからである。なお、改正行政不服審査法12条が定める代理は、任意代理を念頭に置いており、未成年者の親権者のような法定代理を念頭に置いているわけではない。しかし、法定代理人が行う審査請求に関する行為の効果は、代理の一般原則に従い、被代理人である本人に帰属する。

　なお、旧行政不服審査法13条1項は、「代表者若しくは管理人、総代又は代理人の資格は、書面で証明しなければならない。前条第2項ただし書に規定する特別の委任についても、同様とする」と定めていたが、民事訴訟の場合、民事訴訟規則14条で「裁判所は、法人でない社団又は財団で代表者又は管理人の定めがあるものとして訴え、又は訴えられた当事者に対し、定款その他の当該当事者の当事者能力を判断するために必要な資料を提出させることができる」、同規則15条で「法定代理権又は訴訟行為をするのに必要な授権は、書面で証明しなければならない。選定当事者の選定及び変更についても、同様とする」、同規則23条1項で「訴訟代理人の権限は、書面で証明しなければならない」と定められている。したがって、旧行政不服審査法13条1項が定めていた事項は、政令で規定されるものと思われる。

　同様に、旧行政不服審査法13条2項は、「代表者若しくは管理人、総代又は代理人がその資格を失つたときは、不服申立人は、書面でその旨を審査庁（異議申立てにあつては処分庁又は不作為庁、再審査請求にあつては再審査庁）に届け出なければならない」と定めていたが、民事訴訟法では、「法定代理権の消滅は、本人又は代理人から相手方に通知しなければ、その効力を

生じない」(36条1項)、「前項の規定は、選定当事者の選定の取消し及び変更について準用する」(同条2項)、「この法律中法定代理及び法定代理人に関する規定は、法人の代表者及び法人でない社団又は財団でその名において訴え、又は訴えられることができるものの代表者又は管理人について準用する」(37条)、「第34条第1項及び第2項並びに第36条第1項の規定は、訴訟代理について準用する」(59条)と定めるものの、代理権の消滅等の通知については、法律事項とせず、民事訴訟規則で定められている。すなわち、同規則では、「法定代理権の消滅の通知をした者は、その旨を裁判所に書面で届け出なければならない。選定当事者の選定の取消し及び変更の通知をした者についても、同様とする」(17条)、「この規則中法定代理及び法定代理人に関する規定は、法人の代表者及び法人でない社団又は財団でその名において訴え、又は訴えられることができるものの代表者又は管理人について準用する」(18条)、「訴訟代理人の権限の消滅の通知をした者は、その旨を裁判所に書面で届け出なければならない」(23条3項)と定められている。したがって、旧行政不服審査法13条2項が定めていた事項は、政令で規定されるものと思われる。

(7) 参加人
①要件

利害関係人(審査請求人以外の者であって審査請求にかかる処分または不作為にかかる処分の根拠となる法令に照らし当該処分につき利害関係を有するものと認められる者)は、審理員の許可を得て参加人になることができるし(同法13条1項)、審理員の求めに応じて参加人になる場合もある(同条2項)。審理員が職権で参加を求めた場合には、当該利害関係人の諾否にかかわらず参加人として取り扱われることになる。利害関係人であるためには、裁決に法律上の利害関係がなければならず、反射的利益を有するにとどまる者は含まれない(旧行政不服審査法24条の「利害関係人」について、静岡地判昭和54・5・22行集30巻5号1030頁参照)。

改正行政不服審査法13条1項は、利害関係人を「当該処分につき利害関係を有するものと認められる者」と定義し、「当該処分により自己の法律

上の利益を害される者」とは定義していない。このことからも、審査請求人と利害が反する者が参加人になることは当然にありうるが、審査請求人と利害が一致する場合であっても、参加人となることは排除されていないと考えられる。多数の審査請求人がいる場合に、共同審査請求人となりうる者が審査請求をせずに参加を申し出る場合が考えられるが、かかる者の参加を認めることが審理の迅速化・効率化を目的とする総代制度の潜脱となるような場合には、参加人となることを認めないこともありうると考えられる。

②通知

利害関係人が審査請求があったことを認識していなければ参加の申出ができないので、利害関係人に審査請求があった旨を通知することが望ましい。しかし、実際に、審理員が利害関係人を網羅的に把握することは困難なので、かかる通知は義務付けられていない。

③権限

参加人は、意見書の提出（本法30条2項）、口頭意見陳述（本法31条1項）、証拠書類等の提出（本法32条1項）、物件の提出要求（本法33条）、参考人の陳述および鑑定の要求（本法34条）、検証の要求（本法35条1項）、審理関係人への質問の要求（本法36条）、提出書類等の閲覧または写しの交付の求め（本法38条1項）のように、審理手続において審査請求人とおおむね同等の権利を有するので、参加人の代理人もこれらの行為をすることができる。ただし、審査請求への参加の取下げは、参加人が熟慮して判断すべきであるので、特別の委任を必要としている。意見書の提出権のように参加人の手続的権利が強化されたことは、審査請求人と参加人の利害が反する三面関係の事案において、特に意義がある。審査請求人には認められて、参加人には認められないのは、審査請求の取下げと執行停止の申立てである。

④審査請求への参加の取下げ

改正行政不服審査法は、参加の申立てをして参加人になった者による参加の取下げについて正面からは規定していない。しかし、改正行政不服審査法13条4項は、参加人の代理人が参加人の特別の委任に基づき参加の取下げができるとしているので、参加人が審査請求への参加の取下げができ

ることを前提としていると考えられる。もっとも、利害関係人が参加を希望しない場合であっても、審理員は、必要があると認めるときは、利害関係人に参加を求めることができるから（改正行政不服審査法13条2項）、当該参加人の参加を必要と審理員が認めるときは、取下げを認めた上で改めて参加を求めるのは迂遠であるので、参加の取下げを許可しないことができると解すべきと考えられる。なお、審理員が職権により参加させた者について、審理員が参加させる必要がなくなったと判断した場合、当該参加人の意向を確認し、参加を望まない場合には、職権で参加を取り消すことができると解すべきであろう。

（8） 行政庁が裁決権限を有しなくなった場合の措置

　行政庁が審査請求がされた後に法令の改廃により当該審査請求につき裁決をする権限を有しなくなったときは、当該行政庁は、審査請求書または審査請求録取書および関係書類その他の物件を新たに当該審査請求につき裁決をする権限を有することとなった行政庁に引き継がなければならない（改正行政不服審査法14条前段）。行政庁が裁決権限を有しなくなる場合としては、行政機関の新設または統廃合により、処分庁が上級行政庁を異にする他の機関に移管される場合等が考えられる。もっとも、かかる場合に、当初の審査庁が裁決権限を失わないようにする経過規定を個別法で設ける場合もありうる。引継ぎを受けた行政庁は、速やかに、その旨を審査請求人及び参加人に通知し（同条後段）、改めて、改正行政不服審査法9条1項の規定に基づき、審理員を指名しなければならない。

　引継ぎを受けた行政庁が、上記通知を懈怠したことによって、審理関係人が不利益を受ける場合の救済について、特段の定めはない。一例として、引継ぎ前の行政庁が証拠書類もしくは証拠物または書類その他の物件の提出をすべき相当な期間を定めたが（32条3項）、引継ぎを受けた行政庁が引継ぎの通知を懈怠したため、相当の期間経過後に、証拠書類もしくは証拠物または書類その他の物件が提出された場合、引継ぎを受けた行政庁の審理員は、相当の期間が経過したことに正当な理由があるものとして取り扱うべきであろう。

(9) 審理手続の承継

　①一般承継

　審査請求人が死亡したときは、相続人その他法令により審査請求の目的である処分にかかる権利を承継した者は、審査請求人の地位を承継する（改正行政不服審査法15条1項）。相続人以外の者が審査請求人の地位を一般承継する例として、地方公務員等共済組合法47条の規定に基づく支払未済の給付の受給権がある。すなわち、受給権者が死亡した場合において、その者が支給を受けることができた給付でその支払を受けなかったものがあるときは、これをその者の配偶者、子、父母、孫、祖父母、兄弟姉妹またはこれらの者以外の3親等内の親族であって、その者の死亡の当時その者と生計を共にしていたものに支給することとされている。審査請求人について合併または分割（審査請求の目的である処分にかかる権利を承継させるものに限る）があったときは、合併後存続する法人その他の社団もしくは財団もしくは合併により設立された法人その他の社団もしくは財団または分割により当該権利を承継した法人は、審査請求人の地位を承継する（同条2項）。審査請求人の死亡または合併もしくは分割があった場合には、即時に審査請求人の地位が承継されるが、審査庁または審理員が認識していないため、審理が遅延するおそれがある。そこで、審査請求人の地位を承継した相続人その他の者または法人その他の社団もしくは財団は、書面でその旨を審査庁に届け出る義務を負うこととされている（同条3項前段）。前述したように、同条1項・2項の一般承継による地位の承継自体は、審査請求人の死亡または合併もしくは分割により即時に行われることになり、届出により地位の承継の効果が生ずるわけではない。

　②特定承継

　審査請求の目的である権利を譲り受けた特定承継の場合には、当該権利の譲渡人にとっては、当該権利にかかる処分についての審査請求を継続する利益はない。他方、当該権利の譲受人にとっては、当該権利にかかる処分についての審査請求の帰趨が重大な関心事であるにもかかわらず、参加人としてしか参加できず、当該権利の譲渡人が審査請求を取り下げることを阻止できないことは不合理である。そこで、かかる場合、審査請求人の

地位の特定承継を認めている。特定承継の場合、承継関係をめぐり争いが生ずる可能性があるので、審査庁の許可を地位の承継の要件としている（同条6項。なお、義務承継人の訴訟引受けについての民訴50条1項参照）。審査請求人の地位の承継の許否は、審査請求適格の判断と同様、誰が審査請求人足りうるかを決定するものであるので、審査請求適格の判断と平仄を合わせて、審理員ではなく審査庁を許可権者としている。

(10) 標準審理期間
①意義
　改正行政不服審査法は、審理の遅延を防止するために、行政手続法6条が定める標準処理期間の制度を参考にして、標準審理期間の制度を導入した。標準審理期間とは、審査請求がその事務所に到達してから当該審査請求に対する裁決をするまでに通常要すべき標準的な期間のことである。これまでも、自主的に標準審理期間を定めている例はあった。すなわち、国税庁は、異議申立ては3月以内、審査請求は1年以内に処理するという目標を定めており、2013（平成25）年度においては、異議申立ての97.0パーセント、審査請求の96.2パーセントは目標期間内に処理されていた（国税庁「平成25年度における異議申立ての概要」［平成26年6月］、国税不服審判所「平成25年度における審査請求の概要」［平成26年6月］）。改正行政不服審査法は、一般的に標準審理期間を定める努力義務を規定している。

②設定主体
　標準審理期間の設定は審査請求がなされる前に行われるものであるから、審査庁となるべき行政庁が定めることになる。

③努力義務
　標準審理期間の作成は努力義務にとどめられている。その理由は、審査請求は、申請に対する処分に対してのみならず、不利益処分に対しても行われる等、多様な処分に対して行われるが、不利益処分については実績が皆無であることも少なくなく、そのことが行政手続法12条が処分基準の作成を努力義務にとどめた主たる理由であるが、ある不利益処分の実績がない場合、当然、当該不利益処分についての不服申立ての実績もないことに

なるから、標準審理期間を定めることも困難になる。そこで、標準審理期間の作成を義務付けず、努力義務として規定している。

④通常要すべき標準的な期間

「通常要すべき標準的な期間」とは、審査請求の態様および処分庁の審理体制の双方が通常であることを所与としたうえで必要とされる期間を意味する。形式的要件を満たさない審査請求は、通常の態様の審査請求ではないので、審査請求書を補正するのに要する期間は、「通常要すべき標準的な期間」に含まれないことになる。処分の中にいくつかの類型があり、類型により「通常要すべき標準的な期間」が異なる場合に、類型ごとに標準審理期間を定めることもできる。

⑤不作為の違法確認訴訟との関係

行政事件訴訟法3条5項が定める不作為の違法確認訴訟における「相当の期間」と標準審理期間とは必ずしも一致しない。行政庁が長すぎる標準審理期間を定めている場合には、標準審理期間経過前であっても、「相当の期間」が経過していると判断されることはありうるし、逆に、行政庁が短かすぎる標準審理期間を定めている場合には、標準審理期間が経過していても「相当の期間」を経過していないと判断されることも理論的にはありうる。もっとも、標準審理期間が「相当の期間」を判断するに当たり、有力な参考になるということはいいうる。また、不作為についての審査請求の場合には、行政庁の不作為が違法な場合に限らず不当な場合にも「相当の期間」が経過していることになるのに対し、行政事件訴訟法3条5項においては、行政庁の不作為が違法な場合にのみ「相当の期間」が経過していることになるから、同一の文言が用いられているものの、両者は一致せず、不作為についての審査請求における「相当の期間」のほうが行政事件訴訟法3条5項の「相当の期間」よりも一般的には短いと考えられる。

⑥公にしておくこと

標準審理期間を定めたときは、これを公にしておかなければならない。標準審理期間を公にしておくことにより、審査請求がその事務所に到達してから当該審査請求に対する裁決をするまでに通常要すべき標準的な期間について、審理関係人に予測可能性を与えることになり、また、審査請求

を迅速に審理するインセンティブを審査庁、審理員に付与することになる。公にしておく方法については、審査庁の裁量に委ねられているが、事務所への備付けに加えて、審査庁のホームページで公表することが望ましいと思われる。

(11) 審査請求期間
①主観的審査請求期間

　主観的審査請求期間は、処分があったことを知った日の翌日から起算される。処分があったことを知った日とは、処分の名宛人が、書類の交付、口頭の告知その他の方法により処分の存在を現実に知った日を指し、抽象的な知りうべかりし日を意味するものでない。ただし、処分を記載した書類が当事者の住所に送達されること等により、社会通念上処分のあったことを名宛人が知りうべき状態に置かれたときは、反証のない限り、処分があったことを知ったものと推定することができる（最判昭和27・11・20民集6巻10号1038頁）。地方税法20条4項は、「通常の取扱いによる郵便又は信書便によつて……書類を発送した場合には、この法律に特別の定めがある場合を除き、その郵便物又は民間事業者による信書の送達に関する法律第2条第3項に規定する信書便物……は、通常到達すべきであつた時に送達があつたものと推定する」と規定しているが、それ以外の場合であっても、処分通知書が郵送され、返戻されなかった場合、通常到達すべき時に送達があったものと推定されると解される。当該処分にかかる権利を本人に代わって処理する権限を有する者（法定代理人等）が当該処分を知った場合、本人のために郵便物を受領する権限を有している者に配達された場合には、本人が知ったものと解しうる。

　不作為についての審査請求は、不作為状態が継続している限りいつでも行うことができるが、処分についての審査請求については、期間制限がある。旧行政不服審査法は、主観的審査請求期間を60日としていたが、改正行政不服審査法は、これを3月に延長している。これは、60日という審査請求期間では、審査請求の提起の準備が十分にはできず、国民が審査請求を提起することにより自己の権利利益を擁護する機会を喪失しないように

するためには、期間の延長が必要と考えられたためである。2004（平成16）年の行政事件訴訟法改正では、取消訴訟の主観的出訴期間が6月に延長されたことに照らし、主観的審査請求期間も6月に延長すべきとする意見も有力であった。しかし、結局、取消訴訟の主観的出訴期間より短い3月とされた。

再調査の請求についての主観的請求期間も、処分があったことを知った日の翌日から起算して3月とされており（改正行政不服審査法54条1項本文）、さらに実際に再調査の請求がされているので、再調査の請求の決定があったことを知った日は、処分があったことを知った日からかなりの期間が経過していると考えられる。したがって、再調査の請求についての決定があったことを知った日の翌日から起算して1月以内に審査請求をしなければならないこととしている。

旧行政不服審査法14条1項ただし書は、主観的審査請求期間の例外として、「天災その他審査請求をしなかつたことについてやむを得ない理由があるときは、この限りでない」と規定していた。このただし書の期間は不変期間とされ、その理由がやんだ日の翌日から起算して1週間以内に審査請求をしなければならないこととされていた（同条2項）。「やむを得ない理由」は厳格に解され、東京地判昭和45・5・27行集21巻5号836頁は、行政庁が教示義務を懈怠して審査請求期間を教示しなかったために審査請求人が審査請求期間について誤信をしたとしても、かかる場合を、行政庁が誤った審査請求期間を教示したことにより審査請求人がその旨誤信した場合と同一に取り扱うことはできないとして、審査請求期間の教示の懈怠があっても、「やむを得ない理由」に当たらないと判示していた。このような解釈・運用に対する批判を踏まえて、改正行政不服審査法は、主観的審査請求期間の例外を不変期間ではなく「正当な理由」がある場合に認めることとした。労働保険審査官及び労働保険審査会法8条1項ただし書にいう主観的審査請求期間経過の「正当な理由」について、福岡高判平成4・6・22労判621号69頁は、「天災地変等一般的に請求人では如何ともしがたい客観的事情により審査請求をすることができなかった場合に限られないが、請求人の単なる主観的事情により請求期間内に請求できなかった

というのみでは足らず、請求人が審査請求のため通常なすべき注意を払ったにもかかわらず請求期間内に請求できなかった場合等期間経過の責めを請求人に帰するのが相当でないと判断される事情が存する場合をいうと解すべきである」と判示している。誤って長期の審査請求期間が教示された場合には、当該期間内に審査請求がされた以上、ここでいう「正当な理由」があると解される。また、審査請求期間が教示されなかった場合であって、審査請求期間を経過して審査請求がされたときには、審査請求期間の教示がされなかったという事実は、「正当な理由」の判断に当たり重要な考慮要素になると解される。審査請求人が審査請求期間にかかる教示の懈怠にもかかわらず、他の方法で正しい審査請求期間を知ることができたというような特段の事情がない限り、審査請求期間の経過について「正当な理由」があると解すべきと思われる。

②客観的審査請求期間

客観的審査請求期間が問題になるのは、一般的には、個々の名宛人への処分の通知がなされず、公示送達による場合と考えられる。

(12) 審査請求書

①処分についての審査請求書

処分についての審査請求書には、(ⅰ)審査請求人の氏名または名称および住所または居所、(ⅱ)審査請求にかかる処分の内容、(ⅲ)審査請求にかかる処分（当該処分について再調査の請求についての決定を経たときは、当該決定）があったことを知った年月日、(ⅳ)審査請求の趣旨および理由、(ⅴ)処分庁の教示の有無およびその内容、(ⅵ)審査請求の年月日を記載しなければならない（改正行政不服審査法19条2項）。これらをいかなる順序で記載するかについては定めはないので、(ⅰ)から(ⅵ)の順序で記載する必要はない。(ⅱ)について旧行政不服審査法15条1項2号においては、「審査請求に係る処分」と規定されていたが、これは審査請求にかかる処分の内容を意味していたので、実質的な変更ではない。(ⅲ)については、旧行政不服審査法15条1項3号においては「審査請求に係る処分があつたことを知つた年月日」と規定されていたが、再調査の請求についての決定を経たときは、

当該決定があったことを知った日の翌日が主観的審査請求期間の起算日となるため、当該決定があった日を記載することとしている。(iv)については、処分権主義をとる民事訴訟と異なり、審理の対象が審査請求の趣旨に拘束されるわけではない。以上のほかに、審査請求書という標題、審査請求をする旨の文言、審査庁となるべき行政庁を記載することが望ましいと思われるが、これらの記載は任意であるので、記載されていなくても補正を求めるべきではない。

②**不作為についての審査請求書**

不作為についての審査請求書には、(i)審査請求人の氏名または名称および住所または居所、(ii)当該不作為にかかる処分についての申請の内容および年月日、(iii)審査請求の年月日を記載しなければならない（改正行政不服審査法19条3項）。これらのほか、審査請求書という標題、不作為についての審査請求をする旨の文言、不作為庁を記載することが望ましいと思われるが、これらの記載は任意であるので、記載されていなくても補正を求めるべきではない。

③**押印**

旧行政不服審査法15条4項は、「審査請求書には、審査請求人（審査請求人が法人その他の社団又は財団であるときは代表者又は管理人、総代を互選したときは総代、代理人によって審査請求をするときは代理人）が押印しなければならない」と定めていた。しかし、民事訴訟では訴状への押印は法律事項ではなく（民訴133条2項参照）、民事訴訟規則で定められている（2条1項）。したがって、審査請求書への押印については法律事項とはされておらず、政令で定められると考えられる。

(13) 口頭による審査請求

口頭による審査請求が可能なのは、法律（条例に基づく処分については条例）にその旨の定めがある場合に限られる。口頭による審査請求を認めている法律として、感染症の予防及び感染症の患者に対する医療に関する法律25条1項・26条、検疫法16条の2第1項、障害者の日常生活及び社会生活を総合的に支援するための法律101条、介護保険法192条本文、国家公務員共

済組合法103条1項、地方公務員等共済組合法117条1項・144条の3第1項、私立学校教職員共済法36条1項、国民健康保険法99条、独立行政法人農業者年金基金法52条1項、社会保険審査官及び社会保険審査会法5条1項（同法32条4項で再審査請求に準用）、労働保険審査官及び労働保険審査会法9条、恩給法18条の2の規定の委任に基づく恩給給与規則39条等がある。

口頭による審査請求における陳述事項は、改正行政不服審査法19条2項から5項に規定する事項であるが、個別法で陳述事項が追加されている可能性がある点に留意が必要である。口頭による審査請求の陳述を受ける行政庁は、一般的には審査庁となるべき行政庁であるが、処分庁等を経由する審査請求も可能であるから（改正行政不服審査法21条1項）、処分庁等が口頭による審査請求の陳述を受ける場合もありうる。この場合には、処分庁等は、直ちに審査請求録取書を審査庁となるべき行政庁に送付しなければならない（同条2項）。口頭による審査請求の陳述を受けた行政庁（処分庁等が陳述を受けた場合には、審査請求録取書の送付を受けた審査庁）は、処分庁等に送付するために審査請求録取書の写しを作成し、処分庁等に送付しなければならない。ただし、処分庁等が審査庁である場合は、この限りではない（改正行政不服審査法29条1項）。

(14)　処分庁等を経由する審査請求

審査請求をすべき行政庁が処分庁等と異なる場合における審査請求は、処分庁等を経由してすることができる（改正行政不服審査法21条1項前段）。個別法においては、処分庁等の経由を義務付けている例がある。登記関係の法律（不動産登記法156条2項等）で登記官、供託法1条の5で供託官の経由を義務付けているのがその例である。また、処分庁等以外の機関の経由を認めている場合もある。刑事施設に収容され、もしくは労役場に留置されている者または少年院に収容されている者の審査請求は、審査請求書を当該刑事施設（労役場に留置されている場合には、当該労役場が附置された刑事施設）の長または少年院の長に提出してすることができると定める更生保護法93条1項がその例である。

旧行政不服審査法17条も、処分庁経由による審査請求について定めてい

たが、同条は、審査請求人に、処分庁を経由してする審査請求権を付与し、処分庁に審査請求書の送付義務を課したのであるから、処分庁が、審査請求の対象の処分性を否定して、審査請求書の受理を拒否したことは違法であるとした裁判例（長崎地判平成6・1・19判夕868号164頁）がある。改正行政不服審査法21条1項前段の定める処分庁等を経由する審査請求についても、処分庁等に審査請求の適法性を判断する権限を付与するものではなく、処分庁等は提出された審査請求書または審査請求録取書を直ちに審査庁に送付しなければならない（同条2項）。

(15) 誤った教示がなされた場合の救済
①審査請求をすべき行政庁を誤って教示した場合

審査請求をすることができる処分につき、誤って審査請求をすべきでない行政庁が教示され、それに従い審査請求書が提出されたときは、処分庁の誤りに起因する不利益を審査請求書を提出した者に負わせるべきではない。そこで、審査請求書の提出を受けた行政庁において、速やかに審査庁となるべき行政庁に審査請求書を送付することとしている。もっとも、審査請求書の提出を受けた行政庁が審査庁となるべき行政庁がどこかを自信をもって判断できない場合もありうる。かかる場合には処分庁に送付することもできる。誤った教示に従って審査請求がされた行政庁から審査請求書を送付された処分庁は、誤りを繰り返さないように慎重に審査庁となるべき行政庁を確認し、速やかに、審査庁となるべき行政庁に審査請求書を送付するとともに、審査請求書を審査庁となるべき行政庁に送付した旨を審査請求人に通知する義務を負う。誤った教示に従い審査請求書の提出を受けた行政庁は、審査請求書の送付の事実と送付先の処分庁または審査庁となるべき行政庁を速やかに審査請求人に通知しなければならない。以上により審査請求書が審査庁となるべき行政庁に送付されたときは、初めから審査庁となるべき行政庁に審査請求がされたものとみなされる。

審査請求をすべきでない行政庁に審査請求がされた場合、他の法律（条例に基づく処分については条例）に口頭ですることができる旨の定めがある場合であっても、当該審査請求について責任を負うべき立場にない行政庁に

陳述を受けてその内容を録取することを義務付けることは適切でないため、誤って教示された行政庁への審査請求は書面でしなければならないこととされている（改正行政不服審査法22条1項）。しかし、誤って教示された行政庁に口頭で審査請求をしようとする者がいる可能性がある。かかる場合には、誤って教示された行政庁は、正しい審査庁となるべき行政庁を教示するか、または処分庁を経由して審査請求をするように教示すべきであろう。この教示に従って改めて審査請求がされた場合には、改正行政不服審査法22条5項の規定が適用されるわけではないので、初めから正しい審査庁となるべき行政庁に審査請求がされたものとみなされることにはならない。しかし、改正行政不服審査法18条1項ただし書の「正当な理由」に該当すると解すべきと思われる。

②審査請求をすることができる処分であって、再調査の請求をすることができない処分について、誤って再調査の請求をすることができる旨が教示された場合

再調査の請求をすることができる旨のみを教示した場合も、再調査の請求または審査請求のいずれかをすることができる旨を教示した場合も、当該処分庁に再調査の請求がされたときは、処分庁は、速やかに、再調査の請求書または再調査の請求録取書を審査庁となるべき行政庁に送付し、かつ、その旨を再調査の請求人に通知しなければならない。再調査の請求書または再調査の請求録取書が審査庁となるべき行政庁に送付されたときは、初めから審査庁となるべき行政庁に審査請求がされたものとみなされる。この場合に再調査の請求を受けるのは処分庁であり、当該処分と無関係な行政庁ではないから、口頭による再調査の請求も認められ、その場合には、再調査の請求録取書が作成されることになる（改正行政不服審査法22条3項）。なお、同項は、誤って処分庁に再調査の請求がされた場合のみについて規定しているが、誤った教示に従って、処分庁以外の行政庁に再調査の請求がなされる可能性も絶無ではない。かかる場合には、同条1項の規定を類推適用して、当該行政庁は、速やかに、再調査の請求書または再調査の請求録取書を処分庁に送付し、かつ、その旨を再調査の請求人に通知し、再調査の請求期間については、同条5項の規定を類推適用して初めから処分

庁に再調査の請求がされたものとみなすか、同法54条1項ただし書の「正当な理由」に当たるとして救済すべきであろう。

　③**再調査の請求をすることができる処分について、処分庁が誤って審査請求をすることができる旨を教示しなかった場合**

　再調査の請求をすることができる処分は審査請求もすることもできる処分である。そして、平成20年法案とは異なり、改正行政不服審査法においては、再調査の請求前置は義務付けられていないから（同法5条1項本文）、再調査の請求をすることができる処分とは、再調査の請求と審査請求のいずれかを選択できる処分である。したがって、同法82条1項の規定に基づき、再調査の請求と審査請求のいずれかを選択できる旨を教示すべきであるが、処分庁が誤って審査請求をすることができる旨を教示せず、再調査の請求ができる旨のみを教示した場合、当該処分庁に再調査の請求がされたときにどうするかという問題がある（全く教示がなかったが再調査の請求がされた場合も、処分庁が誤って審査請求をすることができる旨を教示しなかった場合に含まれる）。なお、再調査の請求書または再調査の請求録取書には処分庁の教示の有無およびその内容が必要的記載事項とされているので（改正行政不服審査法61条よる19条2項5号の規定の準用）、処分庁は、それにより審査請求にかかる教示の有無およびその内容を確認することができる。

　審査請求もすることができる旨の教示がなかったため、再調査の請求人が再調査の請求をした後、審査請求も選択できたことを知った場合であっても、不服申立てをする者は、再調査の請求と審査請求の選択が可能であるから、再調査の請求が不適法になるわけではない。また、再調査の請求の決定後に審査請求を行うこともできる。したがって、かかる場合に再調査の請求人からの申立てなしに当然審査請求として扱うことは、逆に、不服申立人の選択を否定することにつながる。他方、審査請求も選択できることを知っていたならば審査請求を選択したであろう者の選択権も尊重する必要がある。そこで、再調査の請求人が希望する場合には、再調査の請求がされた後においても、それに対する決定を経ることなく、審査請求をすることを可能にすべきである。そこで、審査請求として扱うかは、不服申立人の選択に委ね、再調査の請求人から審査請求として扱うことの申

立てがあった場合に限り審査請求として扱うこととしている。この申立てがあった場合、処分庁は、速やかに、再調査の請求書または再調査の請求録取書および関係書類その他の物件を審査庁となるべき行政庁に送付しなければならない。関係書類その他の物件も送付する旨規定されているのは、再調査の請求についての審理が開始され、関係書類その他の物件が提出された後に、再調査の請求人から審査請求として扱うことの申立てがされる可能性があるからである。

この場合において、その送付を受けた行政庁は、速やかに、その旨を再調査の請求人および当該再調査の請求に参加する者に通知する義務を負う。処分庁ではなく送付を受けた行政庁に通知義務を課したのは、再調査の請求人の申立てがあった場合に必ず行われる手続であるため、引継ぎを受けた行政庁に通知義務を課す改正行政不服審査法14条の規定と平仄を合わせたからである。以上により、再調査の請求書または再調査の請求録取書が審査庁となるべき行政庁に送付されたときは、初めから審査庁となるべき行政庁に審査請求がされたものとみなされる。

(16) 審査請求書の補正

審査請求書が補正され、処分性、不服申立適格等の適法要件も満たされている場合には、当該審査請求は当初から適法な審査請求として扱われる。補正を命ずることができるにもかかわらず補正を命ずることなく却下裁決を行った場合には、裁決固有の瑕疵があることになる。補正を命ずべきか否かは、審理員による審理手続を経ることなく形式的に判断可能であるので、審理員を指名する前に審査庁が判断することとしている。

(17) 執行停止

①執行不停止原則

改正行政不服審査法も、旧行政不服審査法と同様、執行不停止原則を採用している（25条1項）。

②裁量的執行停止と義務的執行停止

執行停止には、裁量的執行停止と義務的執行停止がある。裁量的執行停

止は、審査庁が必要があると認める場合に行うことができる（同条2項・3項本文）。他方、義務的執行停止は、審査請求人の申立てがあった場合において、処分、処分の執行または手続の続行により生ずる重大な損害を避けるために緊急の必要があると認めるときに行わなければならない。ただし、公共の福祉に重大な影響を及ぼすおそれがあるとき、または本案について理由がないとみえるときは、この限りでない（同条4項）。旧行政不服審査法43条4項は、「処分の執行若しくは手続の続行ができなくなるおそれがあるとき」という消極要件も定めていた。しかし、処分、処分の執行または手続の続行により生ずる重大な損害を避けるために緊急の必要があると認めるときであって、公共の福祉に重大な影響を及ぼすおそれがあるときにも、本案について理由がないとみえるときにも当たらないにもかかわらず、執行停止を行わないことは、行政救済法としての性格に照らし適切でないこと、行政事件訴訟法25条4項（「執行停止は、公共の福祉に重大な影響を及ぼすおそれがあるとき、又は本案について理由がないとみえるときは、することができない」）も、執行停止の消極要件として、「処分の執行若しくは手続の続行ができなくなるおそれがあるとき」という要件を設けていないことにかんがみ、改正行政不服審査法は、かかる消極要件を設けていない。

　　③判断権限

　執行停止は、暫定的とはいえ、処分の効力に関わるものであるので、その判断権限は、補助機関である審理員ではなく、審査庁が有する。

　　④審査庁による差異

　（ⅰ）審査庁が処分庁の上級行政庁または処分庁である場合と（ⅱ）審査庁が処分庁の上級行政庁でも処分庁でもない場合では、以下の点で差異がある。

　第1に、審査庁が処分庁の上級行政庁であれば、処分庁に対する一般的指揮監督権があることに照らし、職権による裁量的執行停止が可能である。また、処分庁が審査庁である場合にも、当該処分を行う権限を有することに照らし、職権による裁量的執行停止が可能である（同条2項）。これに対し、審査庁が処分庁の上級行政庁でも処分庁でもない場合には、申立てがあった場合のみ、執行停止が可能である（同条3項本文）。

　第2に、審査庁が処分庁である場合はもとより、審査庁が処分庁の上級

行政庁である場合も、執行停止をするに当たり、処分庁の意見を聴取する必要はないが（同条2項）、審査庁が処分庁の上級行政庁でも処分庁でもない場合には、執行停止をするに当たり、処分庁の意見を聴取しなければならない（同条3項本文）。

第3に、審査庁が処分庁の上級行政庁または処分庁である場合、処分の効力、処分の執行または手続の続行の全部または一部の停止以外の措置をとることができるのに対し（同条2項）、審査庁が処分庁の上級行政庁でも処分庁でもない場合には、処分の効力、処分の執行または手続の続行の全部または一部の停止以外の措置をとることはできない（同条3項ただし書）。処分の効力、処分の執行または手続の続行の全部または一部の停止以外の措置とは、原処分を変更して暫定的な処分をすることによって、「処分の効力、処分の執行又は手続の続行の全部又は一部の停止」と同様の効果が発生するような措置であり、懲戒免職処分についての審査請求において、暫定的に停職処分に変更するような措置である。審査庁が処分庁の上級行政庁でも処分庁でもない場合において、審査庁が行い得る執行停止の種類は取消訴訟における執行停止の種類（行訴25条2項）と異ならないが、執行停止の要件は異なり、審査庁は必要があると認められるときに執行停止が可能であり、取消訴訟におけるよりも柔軟に執行停止が可能になっている。

⑤処分の効力の停止の補足性

処分の効力の停止は、処分の効力の停止以外の措置によって目的を達することができるときは、することができない（同条6項）。すなわち、処分の内容を実現させる行政作用を停止させる「処分の執行」の停止、当該処分を所与としてそれに続く処分を行わせないようにする「手続の続行」の停止等の措置によって目的を達することができるときは、処分の効力の停止はできないことになる。執行停止は仮の救済であるので、暫定的とはいえ処分の効力を停止するという強力な執行停止は、より温和な仮の救済措置で目的を達することができない場合にのみ補足的に認めることとしているのである。

⑥執行停止の決定の時期

執行停止の申立ては、裁決の前まで行うことが可能である。しかし、通

常は、審査請求書の提出と同時に行われることになると考えられ、審査庁は、速やかに執行停止をするかどうかを決定しなければならない。したがって、審理員の指名前であっても、審査庁の判断で執行停止をすることが可能である。また、審理員は、審理を主宰する過程において、執行停止を行うべきと考えるときは、改正行政不服審査法40条の規定に基づき、審査庁に対し、執行停止をすべき旨の意見書を提出することができるが、この意見書が提出された場合も、審査庁は、速やかに、執行停止をするかどうかを決定しなければならない。

⑦取消し

（ⅰ）執行停止後に事情が変更し、執行停止が公共の福祉に重大な影響を及ぼすことが明らかになったとき、（ⅱ）すでに存在していた事実が執行停止後になって判明し、執行停止が公共の福祉に重大な影響を及ぼすことが明らかになったとき、（ⅲ）執行停止後の審理の進行により、本案について理由がないとみえるようになったとき等に、執行停止を取り消すことができる。本案について理由がないとみえるようになったときは、審査請求を棄却すべきとも考えられるが、審理員意見書で審査請求を棄却すべき旨の意見が述べられ審査庁も同様の判断をしたとしても、行政不服審査会等へ諮問して答申を得るまでに相当の期間を要するため、かかる場合には、行政不服審査会等へ諮問する前に執行停止を取り消すことが考えられる。取消訴訟における執行停止の取消しは、相手方の申立てがあることを要件とするが（行訴26条1項）、改正行政不服審査法26条の執行停止の取消しは、相手方の申立てを要件としない。執行停止は本案の裁決があるまでの暫定的なものであるため、本案の裁決があったときは、執行停止は目的を達して失効することになる。

(18) 審査請求の取下げ

①手続

審査請求の取下げの形式については法定されていない。審査請求を取り下げる意思が明確に書面で示されていれば足りるが、当該書面が審査請求人の意思に基づいて作成されたことを明らかにするために、審査請求人の

署名または記名押印がなされるべきであろう。

　②代理人による取下げ

　代理人は特別の委任があるときに限り、審査請求の取下げができる（改正行政不服審査法12条2項）。審査請求について委任する際に、審査請求の取下げを含めて委任する旨を明記するかたちで特別の委任を行う方法以外に、審査請求後に、審査請求の取下げの委任を追加する方法も認められる。

　③意思表示の瑕疵

　審査請求人による取下げの意思表示が要素の錯誤に基づくものである場合には、民法95条により審査請求人に重過失がない限り当該取下げは無効になり、審査請求はなお係属しているものと評価される（大阪地判平成20・9・19税資258号-177（順号11035））。

　④取下げの撤回

　審査請求の取下げは、取下書が提出されたときに直ちに効力を生じ、参加人や処分庁等の同意を必要とせず、審査庁や審理員の許可も要しない（直接請求における請求者署名簿の署名の効力に関する異議申立ての取下げは、当該選挙管理委員会に取下書が提出されたときに直ちに発効すると判示したものとして、新潟地判昭和28・12・24行集4巻12号3158頁参照）。審査請求が取り下げられると、審査請求がなかったことになるので、適法に取下げがなされた以上、当該取下げを撤回することはできないと解される（前掲新潟地判昭和28・12・24）。審査請求を取り下げた後に改めて審査請求をすることが認められるかについては議論がありうるが、再度の審査請求をする場合には主観的審査請求期間を経過しているのが通常であると思われる。

(19)　審理手続の計画的進行

　改正行政不服審査法は、審理手続における公正の確保を最重要視しているが、審理手続の迅速性という行政不服審査制度の長所を損なわないような配慮もしている。そのため、審理手続の計画的進行を図ることとしている。すなわち、審理関係人である審査請求人、参加人、処分庁等と審理手続を主宰する審理員の全てが、審理を迅速に行う必要性についての認識を共有し、協力する必要があるため、審理関係人と審理員に審理手続の計画

的な進行を図る責務を課している。

(20) 弁明書
①意義
　審理員は、審査庁から指名されたときは直ちに審査請求書または審査請求録取書の写しを処分庁等に送付しなければならない。ただし、審理員は、審査庁に所属する職員であるので（改正行政不服審査法9条1項柱書本文）、審査庁と処分庁等が同一の場合には、処分庁等に送付する必要はない。審査請求書または審査請求録取書は審査請求がされた行政庁（審査庁）に提出されているので、これを審理員に交付しておかなければならないが、審理員が審査庁の職員であるため、この点について明文の規定はない。実際には、審査庁が審理員を指名した際に、審査庁が審査請求書または審査請求録取書を審理員に交付する運用になると思われる。
　改正行政不服審査法においては、審理員は原処分に関与していない者、または審査請求にかかる不作為にかかる処分に関与しておらず、もしくは関与しない者であるので、原処分の理由または審査請求にかかる不作為の理由を処分庁等に弁明させて知る必要がある。さらに、審査請求書または審査請求録取書に示された審査請求の趣旨および理由に対して、処分庁等として、事実誤認の有無、原処分の理由または審査請求にかかる不作為の理由をより詳細に説明することができる立場にある。そこで、処分庁等に対し弁明書の提出を求めることを審理員に義務付けている（旧行政不服審査法の下において、審査請求人が弁明書の送付を審査庁に請求した場合、審査庁は処分庁に弁明書提出を求める義務を負うかについて裁判例は分かれていた（肯定説をとるものとして大阪地判昭和44・6・26行集20巻5＝6号769頁、否定説をとるものとして大阪高判昭和50・9・30行集26巻9号1158頁参照））。処分庁等の弁明書提出義務は、明文で規定されているわけではない。しかし、処分庁等は審理において協力する義務を負うのであり（改正行政不服審査法28条）、弁明書の提出の求めには真摯に応ずべきである。もし相当の期間内に弁明書が提出されず、さらに一定の期間を示して弁明書の提出を求めたにもかかわらず、当該提出期間内に弁明書が提出されなかったときは、審理員は審理手続を終結するこ

とができる（同法41条2項1号）。

　②正本・副本

　旧行政不服審査法22条2項は、弁明書は、正副2通を提出しなければならないと定めていた。これに対応する規定は改正行政不服審査法には置かれていないが、政令で定められると考えられる。

　③記載内容

　処分についての審査請求に対する弁明書には処分の内容および理由を、不作為についての審査請求に対する弁明書には処分をしていない理由ならびに予定される処分の時期、内容および理由を記載しなければならない。

　④添付書類

　処分庁が（ⅰ）行政手続法24条1項の聴聞調書および同条3項の聴聞主宰者の報告書、（ⅱ）行政手続法29条1項に規定する弁明書（不利益処分を行う前の意見陳述手続として弁明の機会が付与された場合、処分庁に弁明を記載した書面を提出するのが原則とされている。この書面が、ここでいう弁明書である）を保有するときは、これを添付して審理員に提出しなければならない。

　⑤送付

　弁明書の内容を審査請求人および参加人に知らせる必要があるが、処分庁等から主張・説明を受ける手続の透明性を確保するため、弁明書は審理手続を主宰する審理員に提出し、審理員から審査請求人および参加人に送付することとしている。審理員は、弁明書の添付書面については、審査請求人および参加人に送付する義務を負わないが、審査請求人または参加人は、改正行政不服審査法38条1項の規定に基づき、閲覧または写しの交付の請求をすることができる。なお、旧行政不服審査法22条5項には、審査請求を全部認容すべきときは、弁明書の審査請求人への送付は不要としていたが、改正行政不服審査法においては、審理員が審査請求を全部認容すべきと考えたとしても、審理員意見書は審査庁を拘束するわけではないので、全部認容という裁決が出るとは限らない。したがって、審理員が審査請求を全部認容すべきと考えた場合においても、審査請求人および参加人に弁明書を送付しなければならない。旧行政不服審査法22条5項では、処分庁から提出された弁明書は審査請求人にのみ送付することが義務付けら

れていたが、改正行政不服審査法では、参加人に意見書提出権が認められたため（30条2項）、参加人も弁明書の内容を知る必要性が大きくなった。そこで、参加人にも弁明書を送付することとしている（29条5項）。

(21) 反論書および意見書
①反論書
審査請求人は、弁明書に記載された事項に対する反論を記載した書面（反論書）を提出することができる。反論書を提出するか否かは、審査請求人の意思に委ねられている。

②意見書
参加人は、審査請求にかかる事件に関する意見を記載した書面（意見書）を提出することができる。審査請求にかかる事件に関する意見とは、処分が違法または不当であるという本案に関する意見に限らず、審査請求の適法性に関する意見も含む。審査請求人と利害が反する参加人であれば、審査請求が不適法であるという意見を述べることもありうる。旧行政不服審査法においては、参加人は口頭意見陳述権（25条1項ただし書）、証拠書類等の提出権（26条本文）等の権利を保障されていたが、自己の主張に関する書面の提出権は認められていなかった。しかし、書面審理原則に照らし、参加人の主張も書面で提出されるべきといえるし、参加人の主張内容が審理手続の当初から審理員、審査請求人および処分庁等に明らかにされることは、審理を公正かつ迅速に進めるために有益である。また、審査庁が審査請求を全部認容することとする場合には、行政不服審査会等への諮問義務は原則としてないが、参加人が全部認容に反対する意見を述べている場合には、諮問義務は免除されないので、この意味においても、参加人の主張を書面で明確にしておく意義がある。そこで、改正行政不服審査法は、参加人の意見書提出権を認めたのである。

③送付
審理員は、審査請求人から反論書の提出があったときはこれを参加人および処分庁等に、参加人から意見書の提出があったときはこれを審査請求人および処分庁等に、それぞれ送付しなければならない（30条3項）。審査

請求人が複数いる場合に、1人の審査請求人から提出された反論書を他の審査請求人にも送付すべきか、参加人が複数いる場合に、1人の参加人から提出された意見書を他の参加人にも送付すべきかについては、明文の規定はない。しかし、かかる場合、他の審査請求人、参加人にも送付すべきであろう。とりわけ、一部の参加人は審査請求人と利害が一致し、一部の参加人は審査請求人と利害が反する場合、一方の側から出された意見書の内容を他方の参加人が認識し、それに対する反論の機会を保障する必要性は大きい。審理員は、反論書および意見書で示された主張に対して、改正行政不服審査法36条の定める質問を行う等により、処分庁等の審理関係人に反論の機会を付与する運用を行うべきと考えられる。

(22) 口頭意見陳述
①意義
審査請求人または参加人の申立てがあった場合には、審理員は、当該申立てをした者に口頭で審査請求にかかる事件に関する意見を述べる機会を与えなければならない（改正行政不服審査法31条1項本文）。改正行政不服審査法における審査請求は、基本的には書面主義によるが、その例外として、審査請求人および参加人の権利利益の保護が十分に行われるように、審査請求人および参加人には口頭意見陳述権が認められているのである。
②範囲
旧行政不服審査法25条ただし書においても、審査請求人および参加人には口頭意見陳述権が保障されていたが、「審査庁は、申立人に口頭で意見を述べる機会を与えなければならない」と規定するのみであったので、審査請求の適法要件についても口頭で意見を述べることができるかについて裁判例が分かれていた（適法要件も対象とするものとして、長崎地判昭和44・10・20行集20巻10号1260頁、対象外とするものとして名古屋高金沢支判昭和56・2・4行集32巻2号179頁参照）。改正行政不服審査法31条1項は、「審査請求に係る事件に関する意見」を口頭で述べることを認めているので、審査請求の適法要件についても口頭意見陳述権が保障されていることになる。処分性、不服申立適格のように、審査請求の適法要件であっても本案の審理と関わる

ような論点については、審査請求人または参加人が口頭で意見を述べることを希望することがありうることから、これを認める趣旨である。

③期日および場所の指定

民事訴訟の場合、期日は、申立てにより、または職権で裁判長が指定するが（民訴93条1項）、刑事訴訟の公判期日は裁判長が（刑訴273条）、特許審判の期日および場所は審判長が（特許145条3項）、労働審判手続の期日は労働審判官が（労審14条）、不利益処分にかかる聴聞の期日および場所は行政庁が（行手15条1項）職権で定めることとしている。改正行政不服審査法における口頭意見陳述は、審理員が期日および場所を指定し、全ての審理関係人を招集してさせるものとされており（同法31条2項）、期日および場所の指定については審理員が職権で定めることとしているが、全ての審理関係人が出席可能かについて確認したうえで、期日および場所を定める必要がある。

④補佐人

口頭意見陳述において、申立人は、審理員の許可を得て、補佐人とともに出頭することができる（同条3項）。補佐人とは、自然科学、社会科学、人文科学の専門知識を有し、審査請求人または参加人を補佐することができる者であって、審査請求人でも参加人でもない第三者である。補佐人は、法律問題についても事実問題についても意見を述べることができる。補佐人は代理人とは異なり、審査請求人または参加人とともに出頭することが必要であり、単独で出頭することはできない。補佐人とともに出頭することを認める他の例として、行政手続法20条3項（聴聞手続）、公害健康被害の補償等に関する法律130条後段がある。

⑤陳述の制限

口頭意見陳述において、審理員は、申立人のする陳述が事件に関係のない事項にわたる場合その他相当でない場合には、これを制限することができる（改正行政不服審査法31条4項）。旧公正取引委員会の審判に関する規則30条にも、「審判長は、審査官、被審人又はその代理人の行う陳述が既に行った陳述と重複し、又は事件と関係のない事項にわたるときその他特に必要があると認めるときは、これを制限することができる」と定められて

いた。

⑥放棄とみなしうる場合

指定された口頭意見陳述の期日に申立人が正当な理由がないにもかかわらず出頭しなかった場合においては、申立人は口頭意見陳述権を放棄したとみなすことができ、審査請求の迅速な処理の要請にもかんがみれば、再度口頭意見陳述の機会を付与する必要はないと解してよいと思われる。かかる場合には、改正行政不服審査法41条2項2号の規定に基づき、他の必要な審理を終了したときは、審理を終結することができる。

⑦口頭意見陳述を認めないことができる場合

刑務所、少年院等の矯正施設に収容されていて、当分の間は出所の見込みがない場合等、当該申立人の所在その他の事情により当該意見を述べる機会を与えることが困難であると認められる場合には、口頭意見陳述を認めないことができる（改正行政不服審査法31条1項ただし書）。

⑧質問権

口頭意見陳述は、全ての審理関係人を招集してさせるものとされている（改正行政不服審査法31条2項）。なお、出入国管理及び難民認定法61条の2の9においては、申立人から処分庁等の招集を要しない旨の意思の表明があったとき、そのほか、審査請求にかかる事件に関する処分庁等に対する質問の有無およびその内容について申立人から聴取した結果、処分庁等を招集することを要しないと認めるときには、全ての審理関係人の招集を要しないとされている。口頭意見陳述の期日に申立人および処分庁等は出頭したが、その他の審査請求人または参加人が出頭しなかった場合においても、申立人は口頭意見陳述を行うことができ、処分庁等に対する質問もできるから、改めて期日を設定することなく、当日に口頭意見陳述を行わせてよいと解される。口頭意見陳述の申立人は、一方的に意見を述べるのみならず、処分庁等に質問をすることを希望する場合も少なくないと考えられる。そこで、口頭意見陳述に際し、申立人は、審理員の許可を得て、審査請求にかかる事件に関し、処分庁等に対して、質問を発することができるとされている。審理員の許可を得ることとしているのは、質問権が濫用されて審理が混乱することを避けるためである（行政手続法20条2項においても、当

事者または参加人による行政庁の職員に対する質問は、主宰者の許可を得ることとされている）。質問内容は、「審査請求に係る事件」に関するものに限定される。質問は審理員に対してではなく、処分庁等に対して行うことになる。回答義務について明文の規定はないが、質問権を保障した以上、守秘義務を負う内容でなければ回答義務があるのは当然である。したがって、原処分の担当者等、質問に的確に回答することができる職員が出席すべきである。処分庁等は、その場において回答することを原則とすべきであるが、事実関係の確認のために調査を要する場合等、即答が困難な場合には、後日、可及的速やかに書面で回答することも認められる場合がありうると思われる。

　口頭意見陳述の申立人が、処分庁等に対する質問の許可を審理員に求めた場合、審理員は、質問事項の概要を記載した書面の提出を求め、当該事案の処理に無関係な質問は許可しないこととするとともに、処分庁等に当該書面を交付して質問への回答を準備させる運用が望ましいと思われる（中村健人著・折橋洋介監修・改正行政不服審査法（第一法規、2015年）59頁参照）。ただし、口頭意見陳述の申立人は、質問事項の概要を記載した書面を事前に提出する義務はないので、口頭意見陳述の期日において、当該書面にない事項について質問することを制限すべきではないし、当該書面が提出されなかったこともって、口頭意見陳述の申立てを制限することもできないと解される。

　⑨**時期**

　口頭意見陳述の申立ての時期について特段の定めはないので、他の証拠調べの前に口頭意見陳述を実施することもできる。もっとも、質問権が行使されたときに、審理員が質疑応答の内容を十分に理解できるためには、証拠書類等の提出（改正行政不服審査法32条）、物件の提出要求（同法33条）、参考人の陳述および鑑定の要求（同法34条）、検証（同法35条）、審理関係人への質問（同法36条）をその前に終了したほうがよいという考え方もある（中村健人著＝折橋洋介監修・改正行政不服審査法（第一法規、2015年）72頁参照）。

　⑩**公開**

　改正行政不服審査法に基づく口頭意見陳述の申立ては、口頭意見陳述を

公開で行うことの請求権まで付与するものではない。したがって、個別法で公開による口頭意見陳述が義務付けられている場合以外は、口頭意見陳述の申立人が公開での意見陳述を希望したとしても、審理員はこれに応ずる義務はない。

(23) 証拠書類等の提出
①審査請求人または参加人による提出

審査請求人または参加人は、自己の主張を基礎付けるため、証拠書類または証拠物を審理員に提出する権利を有する（改正行政不服審査法32条1項）。改正行政不服審査法が「証拠書類又は証拠物」という法的概念を用いているのは、審査請求人または参加人が提出した書類その他の物件は、すべて裁決の判断資料とされるべきであるという認識に基づいている。審査請求人は審査請求書や反論書の提出と同時に証拠書類または証拠物を提出しなければならないわけではないし、参加人は意見書の提出と同時に証拠書類または証拠物を提出しなければならないわけではない。しかし、審査請求書、反論書、意見書の提出と同時に証拠書類または証拠物を提出する場合には、審査請求書、反論書、意見書において、証拠書類または証拠物を適宜引用し、主張する事実とそれを根拠付ける証拠書類または証拠物の対応関係を明らかにすることが望ましいと思われる。

②処分庁等による提出

処分庁等は、当該処分の理由となる事実を証する書類その他の物件を審理員に提出することができる（同条2項）。

処分庁等は、弁明書提出後も、処分または不作為が違法でも不当でもないことを根拠付ける理由を審理の状況に応じて提出することができる。「当該処分の理由となる事実を証する書類その他の物件」については、改正行政不服審査法33条の規定に基づき、審理員から提出要求がなされる可能性はあるが、提出要求を受けて提出するよりも、自発的に提出することが、簡易迅速な救済制度を定める改正行政不服審査法の趣旨に合致するといえよう。また、審理員から物件の提出の要求がなされないと「当該処分の理由となる事実を証する書類その他の物件」を処分庁等が提出できない

のは不合理である。そこで、処分庁等による能動的な物件提出を認めている。このように改正行政不服審査法32条2項は、処分庁等の裁量により物件提出を認める規定になっているが、処分庁等は弁明書の提出と同時に、または提出後遅滞なく、当該処分の理由となる事実を証する書類その他の物件を審理員に提出する運用をすべきであろう。

処分庁等は弁明書の提出と同時に証拠書類または証拠物を提出しなければならないわけではないが、弁明書の提出と同時に証拠書類または証拠物を提出する場合には、弁明書において、証拠書類または証拠物を適宜引用し、主張する事実とそれを根拠付ける証拠書類または証拠物の対応関係を明らかにすることが望ましいと思われる。

処分庁等が自発的に提出する「当該処分の理由となる事実を証する書類その他の物件」の中には、審査請求後に他の法令の規定に基づく調査権の行使により取得したものも含まれうる。審理員が他の法令の規定に基づく調査権を行使することは、審理員の公正中立な立場と矛盾するので認められないが、処分庁等が他の法令の規定に基づき有する調査権の行使は、審査請求後もできなくなるわけではない。このことは、処分庁等が審査庁である場合であっても同じである。旧行政不服審査法32条は、「審査庁である行政庁が他の法令に基づいて有する調査権の行使を妨げない」旨を定めていたが、これは確認規定であり、改正行政不服審査法は、あえて確認規定を置くまでもないとして、それに対応する規定を設けていない。処分庁等が審査庁である場合であっても、審査請求後に処分庁等が他の法令の規定に基づく調査権の行使により取得した物件が、審理員に提出される可能性もあることになる。

③審理の終結

審理員が定めた期間内に物件が提出されなかった場合には、当該期間経過後に提出された物件を受け取る必要はない。この場合、審理員は、必要な審理を終えたと認めるときは、審理を終結することができる。また、審理員が定めた提出期間内に物件が提出されず、さらに一定の期間を示して物件の提出を求めたにもかかわらず、当該提出期間内に当該物件が提出されなかったときは、審理を終結することができる（なお、国税通則法97条4項

においては、国税不服審判所長は、審査請求人等（審査請求人と特殊な関係がある者で政令で定める者を含む）が、正当な理由がなく、担当審判官の質問、物件の提出要求、検査に応じないため審査請求人等の主張の全部または一部についてその基礎を明らかにすることが著しく困難になった場合には、その部分にかかる審査請求人等の主張を採用しないことができると定めている）。

　審理員が定めた期間経過後に新たな事実やその証拠書類等が発見され、発見が遅れたことについて審理関係人に故意または重過失がなかった場合には、当該期間経過後であっても、提出を認めて裁決の判断資料とすべきではないかと思われる。また、審理手続終結後に、新たな事実やその証拠書類等が発見され、発見が遅れたことについて審理関係人に故意または重過失がなかった場合にどうすべきかという問題がある。行政手続法25条前段においては、行政庁は、聴聞の終結後に生じた事情にかんがみ必要があると認めるときは、主宰者に対し、報告書を返戻して聴聞の再開を命ずることができる旨が定められている。改正行政不服審査法においては、かかる明文の規定はないが、審理員が審理手続を終結した後、行政不服審査会等に諮問する前に、新たな事実やその証拠書類等が発見され、発見が遅れたことについて審理関係人に故意または重過失がなかった場合において、審理手続を再開する運用を認めてもよいのではないかと思われる。

(24)　物件の提出要求
①申立権者
　審理員は、審査請求人もしくは参加人の申立てにより、または職権で、書類その他の物件の所持人に対し、相当の期間を定めて、その物件の提出を求めることができる（改正行政不服審査法33条前段）。処分庁等には、物件の提出要求の申立権は認められていない。
②相手方
　「書類その他の物件の所持人」は、審理関係人以外の者であることもあれば、処分庁等を含む審理関係人であることもありうる。審査請求の審理に必要な物件を審理関係人以外の者が所持するために、当該物件を審理の対象とすることができないのでは、行政救済と行政統制の目的を実現でき

ないことになりかねない。そこで、審理関係人以外の者にも物件の提出要求をすることができるとしている。もっとも、物件の提出要求を受けた者は、提出義務を負うわけではなく、提出しなくても制裁を科されるわけではない。しかし、審理関係人が物件の提出要求を受けた場合には、審理関係人は、審理に相互に協力する義務を負うので、かかる要求に真摯に対応すべきである。

③「相当の期間」

審理員が物件の提出要求を行う場合には、「相当の期間」を定めて行う。旧行政不服審査法28条の物件の提出要求の規定には、「相当の期間」を定めて行う旨の明文の定めはなかった。ここでいう「相当の期間」とは、提出要求を受けた相手方が、提出の準備をして提出するのに必要な合理的期間を意味する。「相当の期間」内に当該物件が提出されず、さらに一定の期間を示して当該物件の提出を求めたにもわらず、当該提出期間内に当該物件が提出されなかったときは、審理員は、審理手続を終結することができる（改正行政不服審査法41条2項1号ホ）。

④物件の留置

審理員は、提出された物件を留め置くことができるが（改正行政不服審査法33条）、提出義務なく提出されたものであることにもかんがみ、審理中であっても、提出者が当該物件を必要とする場合、審理員は写しを作成して当該物件を返却するなど、提出者の便宜に配慮した運用をすべきと思われる。

(25) 参考人の陳述および鑑定の要求

①参考人の陳述

審理員は、審査請求人もしくは参加人の申立てにより、または職権で、参考人としてその知っている事実の陳述を求めることがきできる。処分庁等には、申立権は認められていない。参考人の陳述の申立てがあっても、審理員は必ずこれを認めなければならないわけではない。しかし、旧行政不服審査法のもとにおいて、参考人の陳述等の申立ては、単に職権発動の端緒として位置付けられているわけではなく、申立権を付与したものとす

る行政解釈が採られていた（行政管理庁行政管理局・行政不服審査法関係回答例集［昭和48年8月］164頁以下参照）。この行政解釈は、改正行政不服審査法のもとにおいても変更されていないものと思われる。審査請求人または参加人から特定の者を指定して参考人陳述の申立てがあったとしても、別の者が参考人としてより適任と審理員が判断した場合、審査請求人または参加人が求めた者以外の者を参考人とすることができる。

　参考人として述べるのは自らが直接見分した事実についてであって意見ではない。したがって、参考人が意見を述べた場合、当該意見は審理員の判断のための資料にされるべきではないし、審理員は参考人に対して、意見でなく事実を陳述するように促すべきである。参考人が複数いる場合に、全部の参考人が一堂に会して意見を述べる方式をとるか、各参考人を別々に呼ぶ方式をとるか、参考人陳述に審理関係人の立会いを認めるか等は、審理員の裁量に委ねられている。電波法92条の2のように、参考人として陳述する義務を課し、義務違反に対して罰則を科す例もあるが（同法115条）、改正行政不服審査法34条1項は、罰則の威嚇により陳述を行わせたり陳述内容の正確性を担保したりするのではなく、参考人が任意に協力することを期待するにとどまるものである。参考人陳述があったとしても、陳述の信憑性が乏しい場合には、審理員は、陳述結果を事実認定の資料とする必要はない。

　②鑑定

　審理員は、審査請求人もしくは参加人の申立てにより、または職権で、鑑定を求めることができる。鑑定とは、特別な学識経験を有する者から、その専門的知識またはその知識を利用した判断の報告を求めることを意味する。これについても、鑑定を義務付けるわけではなく、任意の協力を期待するにとどまる。審査請求人または参加人から特定の者を指定して鑑定の申立てがあったとしても、別の者が鑑定人としてより適任と審理員が判断した場合、審査請求人または参加人が求めた者以外の者を職権で鑑定人とすることができる。鑑定結果の信憑性が乏しい場合には、審理員は、鑑定結果を事実認定の資料とする必要はない。

(26) 検証
　①対象
　審理員は、審査請求人もしくは参加人の申立てにより、または職権で、必要な場所につき、検証をすることができる（改正行政不服審査法35条1項）。処分庁等には検証の申立権はない。検証とは、一般的には人、物または場所について、その存在、性質、状態等を五官の作用により認識することを意味する。しかし、改正行政不服審査法35条1項では、場所について行われるものを念頭に置いている。もっとも、このことは、場所以外の検証を禁ずる趣旨ではないから、審理員が職権で場所以外の人、物の検証をすることは妨げられない。

　②立会い
　同条の検証には、審査請求人または参加人の申立てにより行われるものと、職権より行われるものがある。前者の場合には、申立てをした者に立会いの機会を付与すべきであるので、検証の日時および場所を当該申立てをした者に事前に通知することを義務付け、立会いの機会を保障することとしている（同条2項）。検証への立会権を保障する以上、検証の日時を決定するに当たっては、申立てをした者が実際に立会い可能なものとなるように配慮すべきである。もし、申立人が立ち会うことが到底不可能な日時を定めて通知をしても、適法な通知が行われたとはいえないと思われる。審理員は、検証の申立てをした者以外に事前に通知し立会いの機会を保障する義務を負わないが（旧行政不服審査法29条2項の検証についてであるが、東京高判昭和44・8・30判タ242号290頁参照）、可能な限り通知をする運用が望ましい。

(27) 審理関係人への質問
　①申立て
　審理員は、審査請求人もしくは参加人の申立てにより、または職権で、審査請求にかかる事件に関し、審理関係人に質問することができる（改正行政不服審査法36条）。処分庁等には申立権はない。同条による質問は、審理員が行うもので、審査請求人または参加人が他の審理関係人に対し質問を

行いたい場合であっても、直接に行うのではなく、審理員に対し、質問を行うように申し立てることになる。

②対象

口頭意見陳述と同様、審査請求の適法要件についても質問権が保障されている。旧行政不服審査法30条の審尋の対象は、審査請求人または参加人であったが、審理の公正性、透明性を向上させるために審理員制度が導入されたことを踏まえ、改正行政不服審査法36条の規定に基づく質問の対象は審理関係人とされているので、処分庁等に対しても質問をすることができる。

③方法

同条による質問は、書面で行うこともできるし、口頭意見陳述の際に申立人に口頭で陳述内容について質問する場合のように、口頭で行われる場合もありうる。

④用語

同条と同内容の旧行政不服審査法30条においては、「質問」ではなく「審尋」という用語が用いられていた。しかし、通常、「審尋」という文言は裁判所が行う場合に用いられ、行政機関が行う場合に使用されることは稀であること、行政手続法20条4項、国税通則法97条1項1号においても「質問」という文言が使用されていることに照らし、改正行政不服審査法36条においては、「審尋」ではなく「質問」という用語を使用している。

⑤秘密保持義務

処分庁等の職員は、秘密保持義務を負う情報については、回答を拒否することができる。

⑥質問の結果

審理員は、質問を行ったときは、質疑応答の内容を記録し、事実認定の資料とすることができる。審理員は、質問の結果について他の審理関係人に反論の機会を付与する運用をすべきである。

⑦職権探知

民事訴訟においては弁論主義が適用され、当事者が自白した事実は裁判所が証明することを要せず（民訴179条）、当事者が口頭弁論において相手

方の主張した事実を争うことを明らかにしない場合には、その事実を自白したものとみなされる（民訴189条1項本文）。これに対し、審査請求においては、職権探知主義が採用され、処分庁等の主張を審査請求人が争わない場合であっても、処分庁等の主張の根拠となる資料に照らし、処分庁等の主張に疑義があるときには、審理員は、処分庁等に対して、物件の提出要求や質問を行う等して、処分庁等の主張が妥当かを審理し、その結果、処分庁等の主張を認めないこともありうる。

(28) 審理手続の計画的遂行
　①意義
　審理すべき事項が多数であり又は錯綜しているなど事件が複雑であることその他の事情により、迅速かつ公正な審理を行うため、口頭意見陳述（改正行政不服審査法31条）、証拠書類等の提出（同法32条）、物件の提出要求（同法33条）、参考人の陳述および鑑定の要求（同法34条）、検証（同法35条）、審理関係人への質問（同法36条）の手続を計画的に遂行する必要があると認める場合には、期日および場所を指定して、審理関係人を招集し、あらかじめ、これらの審理手続の申立て等に関する意見の聴取を行うことができる（同法37条1項）（審理員は、審理手続の申立てに関して聴取した意見に法的に拘束されるわけではない）。これらの審理手続が対象とされているのは、これらが、弁明書、反論書、意見書の提出後に実施されるものと考えられ、審査請求人もしくは参加人の申立てが認められていたり（31条、33〜36条）、または審理関係人が任意に行うことができる（32条）ものであるので、申立て等の有無を事前に審理員が把握して審理手続を計画することが有益であるからである。

　審理手続の計画的遂行のための意見聴取手続がとられる具体的場合は、多数の参考人に陳述を求める必要があったり、多分野にわたる専門家の鑑定を求める必要がある場合、事実関係が複雑であったり、審査請求の内容が多岐にわたり、処分庁等の弁明書、審査請求人の反論書、参加人の意見書を読んでも、争点を明確に理解することが困難な場合、審査請求の趣旨・内容に不明瞭な点がある場合等である。かかる事案では、審理員が審

理関係人を招集し、口頭で事後の審理手続についての意見を聴取し、必要に応じ質問を行い、争点等の整理を行うことが、公正で迅速な審理にとって有益と考えられる。そこで、計画的審理の進行のための意見聴取手続について規定されることになったのである。改正行政不服審査法31条、33条から36条までに定める審理手続については、審査請求人または参加人は申立てができるが、同法37条が定める意見聴取手続については、審理員が審理手続の計画的遂行の観点から職権で行うのであり、審査請求人または参加人の申立ては認められていない。

改正行政不服審査法37条が定める審理手続の計画的遂行は、同法28条が定める審理手続の計画的進行の責務の具体化ともいえる。したがって、審理員は、同法37条が定める意見聴取手続を行わない場合であっても、審理手続の期日等を事前に決定し、審理関係人に通知する等、審理手続の計画的進行を図らなければならない。

②手続

審理手続の申立てに関する意見聴取のための期日および場所の指定権限は審理員が有する。意見聴取は、審理関係人が出頭可能な期日および場所で行われるべきであるから、審理員は、審理関係人の都合を事前に確認した上で、期日および場所を指定すべきである。

この意見聴取手続には、全ての審理関係人が出頭することが望ましいが、審理手続の計画的遂行のための準備手続にとどまるので、必要な範囲の審理関係人のみを招集することも可能である。また、全ての審理関係人が出頭する予定であったが、一部の審理関係人が出頭しなかった場合においても、出頭した審理関係人のみで意見聴取手続が支障なく実施できる場合には、当日にこの手続を実施することができ、改めて意見聴取手続をやり直す必要はない。

③対象

この意見聴取は、「審理手続の申立てに関する意見」のみを対象としており、審理関係人が、この手続において、それ以外の意見（処分の違法性または不当性等）を述べることは認められない。また、審理員も、審理関係人の主張の内容について質問するような場合には、改正行政不服審査法36条

の規定に基づき行うことになり、37条1項の規定に基づく意見聴取は、それとは区別されるべきである。

　④手段
　（ⅰ）審理関係人のうちのいずれかが意見聴取手続の実施場所から遠く離れた場所に居住している場合または（ⅱ）遠隔地に居住しているわけではないが、病気、怪我等により、出頭することが困難な場合やその他の理由により出頭を望まない場合、（ⅲ）審理員が審理関係人と一対一で通話することにより十分に目的を達成できる場合等において、審理員が審査請求人もしくは参加人または処分庁等と個別に電話で通信を行うことにより意見聴取を行うことができる。審理員と審理関係人全員が通話する必要はなく、審理員と一部の審理関係人の通話も認められる。書面による通信では主張および立証事項を明確にすることが困難な事案において、口頭での説明、質問を通じて、主張および立証事項の明確化を図る意義を重視して、電子メールによる意見聴取については規定されていないが、審理関係人が同意する場合には、電子メールによる方法も運用上認めてよいと思われる。

　⑤具体的事例
　具体的に想定されるのは、（ⅰ）審理員が審査庁の所在する本省庁舎を意見聴取手続を実施する場所として指定するが、審査請求人は遠隔に居住し上京が困難なため、処分庁等の職員は本省庁舎に出頭するが、審査請求人の意見聴取は本省庁舎に所在する審理員が通話により行う場合、（ⅱ）地方支分部局の長が処分庁等である場合に、当該処分庁等の所在する地方支分部局庁舎を意見聴取手続を実施する場所として指定し、審査請求人と処分庁等の職員は地方支分部局庁舎に出頭するが、審理員は審査庁の所在する本省庁舎から電話で審査請求人および処分庁等の職員の意見を聴取する場合等である。

　⑥通知
　審理員は、この意見聴取を行ったときは、遅滞なく、口頭意見陳述（改正行政不服審査法31条）、参考人の陳述および鑑定の要求（同法34条）、検証（同法35条）、審理関係人への質問（同法36条）の手続を実施する期日および場所、証拠書類等の提出（同法32条）、物件の提出要求（同法33条）について

は、それらを提出すべき相当の期間の終期、審理手続の終結の予定時期を決定し、これらを審理関係人に通知するものとされている（改正行政不服審査法37条3項）。意見聴取手続は審理手続の計画的遂行による迅速化のために実施されるので、審理の計画について、審理員および審理関係人が認識を共有し、事後の審理手続について協力する必要があるし、審理手続の透明性を確保する観点からも、決定された審理計画を全ての審理関係人に周知する必要があるからである。なお、通知する「審理手続の終結の予定時期」は、当該時期までに審理を終結する義務を審理員に課すものではない。

(29) 審査請求人等による提出書類等の閲覧等
①請求権者

処分の根拠を正確に認識できなければ、審査請求人または参加人が有効な反論を行うことは困難である。そこで、審査請求人または参加人には、提出書類等の閲覧等を審理員に請求する権利が付与されている。他方、（ⅰ）閲覧等請求権が防御権の一環として位置付けられるものであること、（ⅱ）処分庁等が審査庁である場合はもとより、処分庁等以外の行政庁が審査庁となる場合も最上級行政庁が審査庁となるのが原則であり、審理員はその裁量により処分庁等に閲覧等をさせることは妨げられないことにかんがみ、審理関係人である処分庁等には、かかる請求権は認められていない（なお、整備法による改正後の国税通則法97条の3は、処分庁等も含む審理関係人が提出書類等の閲覧等を請求できるとしている）。

②時期

提出書類等の閲覧等の権利は、審査請求人または参加人が審理手続において有効な主張・立証をすることを可能とするために認められたものであるから、この権利を行使できるのは審理手続が終結するまでの間である。もっとも、審理手続終結後であっても、情報公開制法制、個人情報保護法制に基づく開示請求をすることはできる。

③対象

旧行政不服審査法33条2項前段が、処分庁から審査庁に提出された書類その他の物件に限って閲覧請求権を審査請求人および参加人に付与してい

たことについては、批判が多かった。行政手続法が聴聞手続における文書等閲覧請求権の対象を「当該事案についてした調査の結果に係る調書その他の当該不利益処分の原因となる事実を証する資料」(同法18条1項前段) としたことの対比においても、旧行政不服審査法33条2項前段の対象が限定されすぎているという批判がなされていた。そこで、改正行政不服審査法は、閲覧請求権の対象を処分庁等から提出されたものに限定せず、処分庁等以外の所持人から物件の提出要求を受けて提出された物件等も含め対象を拡大している。

具体的には、(ⅰ)行政手続法24条1項の聴聞調書および同条3項の聴聞主宰者の報告書ならびに同法29条1項に規定する弁明の機会の付与における弁明書、(ⅱ)審査請求人もしくは参加人が提出した証拠書類もしくは証拠物(改正行政不服審査法32条1項)、(ⅲ)処分庁等が提出した当該処分の理由となる事実を証する書類その他の物件(同条2項)、(ⅳ)審理員が所持人に対し提出を求めて提出された書類その他の物件(同法33条)が閲覧請求の対象になる。他方、写しの交付については、書面もしくは書類またはこれらに相当する電磁的記録のみが対象とされており、それ以外の物件は対象外であることに留意する必要がある。

参考人の陳述および鑑定(改正行政不服審査法34条)の結果は、改正行政不服審査法38条1項の規定に基づく閲覧等請求の対象外である。民事訴訟の場合、鑑定意見は口頭弁論期日に口頭でなされるか、または鑑定書でなされるので、当事者はその結果を認識することが可能である。これに対し、審査請求においては、参考人の陳述および鑑定の結果について、閲覧等が認められないと、審査請求人または参加人の申立てによって参考人の陳述および鑑定が行われた場合であっても、その結果を認識できないことが起こりうる(これに対し、検証を審査請求人または参加人の申立てにより行う場合には、あらかじめ、その日時および場所を当該申立てをした者に通知し、これに立ち会う機会を与えなければならないこととされている)。したがって、参考人の陳述および鑑定の結果について、審理員は審理関係人に質問を行う等の方法によって、その結果を認識できるように運用すべきであろう(中村健人著・折橋洋介監修・改正行政不服審査法(第一法規、2015年)58頁参照)。

④閲覧

　同項に規定する閲覧の対象となる物件は、行政手続オンライン化法2条3号が定義する書面等（書面、書類、文書、謄本、抄本、正本、副本、複本その他文字、図形等人の知覚によって認識することができる情報が記載された紙その他の有体物）に限らず、同法3条1項の規定に基づき、書面等の提出に代えて電子情報処理組織（行政機関等の使用にかかる電子計算機（入出力装置を含む）と申請等をする者の使用にかかる電子計算機とを電気通信回線で接続した電子情報処理組織をいう）を使用して申請等（同法2条6号）により提出された電磁的記録の場合もありうる。後者の場合には、電磁的記録の閲覧を認めることになる。電磁的記録を端末の画面に表示して閲覧をさせたり、電磁的記録をプリントアウトし、当該書面を閲覧させる方法等が考えられる。なお、閲覧を行う際にカメラで撮影を行うことも、庁舎管理上の問題等の特段の事情がない限り、認めてよいと思われる（この点について、「行政機関の保有する情報の公開に関する法律及び独立行政法人等の保有する情報の公開に関する法律の趣旨の徹底等について」総管管13号（平成17年4月28日）参照）。

⑤写しの交付

　旧行政不服審査法33条2項前段は、閲覧請求権のみを認めていたが、改正行政不服審査法38条1項は、写しの交付請求権も認めることとしている。改正行政不服審査法は、行政手続法18条が定める文書等閲覧請求権と比較して、著しく限定されていた文書等閲覧請求権の対象を拡大するとともに、行政手続法18条では認められていない写しの交付請求権まで認めており、その点では、行政手続法の手続水準を超えている。このように、改正行政不服審査法の手続保障の水準が行政手続法のそれを超える部分については、逆に、行政手続法の手続保障の水準をそこまで引き上げるべきではないかという問題が生ずる。すなわち、行政手続法18条についても、写しの交付請求権を認めるべきではないかという論点である。もし、両者でこの点について異なる扱いをするのであれば、それを正当化する合理的理由の説明が求められるようになると思われる。電子的なファイルの交付を求める権利について明文の規定はないが、審査庁の判断によって、審査請求人等に電子的なファイルを提供することは可能であり、電子的に保存されている

ファイルの電子的な提供は、行政の効率化および国民の利便性向上に資すると考えられる（2014年5月8日の衆議院総務委員会における濱村進委員の質問に対する上川陽子総務副大臣の答弁参照）。

⑥拒否事由

審理員は、第三者の利益を害するおそれがあると認めるとき、その他正当な理由があるときでなければ、その閲覧または交付を拒むことができない（改正行政不服審査法38条1項後段）。「第三者の利益を害するおそれがあると認めるとき」とは、第三者のプライバシーを侵害するおそれがあるとき（「行政機関の保有する個人情報の保護に関する法律」14条2号に該当）等である。「その他正当な理由があるとき」とは、監査・検査等の手法等が明らかになり当該事務の適正な遂行に支障を及ぼすおそれがあるとき（同条7号に該当）等である。審理に著しい支障をもたらすような著しく大量の写しの交付請求についても、「その他正当な理由があるとき」に当たると解しうる場合がないとはいえないと思われる。なお、裁判における記録等の閲覧・謄写の制限については、民事訴訟法91条2項・5項・92条1項・2項、人事訴訟法35条2項、家事事件手続法47条4項・7項、非訟事件手続法32条3項・6項、破産法12条1項・2項を参照されたい。

⑦意見聴取

審査請求人または参加人から閲覧または写しの交付請求があった場合、閲覧または写しの交付をしようとするときは、第三者の権利利益を害することがないように、当該閲覧または交付にかかる提出書類等の提出人の意見を聴くことが審理員に義務付けられている（同法2項本文）。もっとも、この意見聴取は、参考意見としての聴取であり、提出者に拒否権を与えるものではない。審理員が閲覧または写しの交付を拒否しようとするとき（2項本文）、または、提出者の意見を聴くまでもなく閲覧等の請求に対する判断を審理員が行うことが可能な場合には、意見を聴く必要はない（同項ただし書）。

⑧手数料

行政機関情報公開法16条1項、独立行政法人等の保有する情報の公開に関する法律17条1項の規定に基づく開示請求の場合、閲覧についても手数

料を徴収することとしているのに対し、審査請求の審理手続における提出書類等の閲覧については手数料を徴収しないこととしている。その理由は、情報公開法制の場合、何人にも、目的・理由を問わず開示請求が認められる客観的情報開示請求制度が採用されているため、一部の者がそれを利用することにより生ずる行政コストを全て租税等の一般財源で負担すべきではなく、受益者にも一部とはいえ負担を求めるべきとするのが社会通念と考えられるのに対し、改正行政不服審査法38条1項が定める閲覧請求権は、審査請求人または参加人の救済の実効性を確保するためのものであるからである。

　他方において、写し等の交付については、主観的情報開示請求制度であっても、閲覧の場合と異なり、審査庁に発生する行政コストを全て一般財源で賄うことが社会通念上肯定されているとは考えられない。また、行政機関の保有する個人情報の保護に関する法律26条1項、独立行政法人等の保有する個人情報の保護に関する法律26条1項の規定による自己情報の開示請求の場合であっても手数料負担が発生するため、改正行政不服審査法38条1項の規定に基づく写しの交付に対する手数料を徴収しないこととすれば、無料で自己情報の開示請求をする手段として、審査請求が行われるおそれすら皆無とは言い切れない。そこで、写し等の交付については手数料を徴収することとしている。ただし、手数料は、実費の範囲内において政令で定められる（同条4項）。「実費」を超える額の手数料を徴収することにより審査庁の所属する国、地方公共団体等が利益を得ることは適切ではないし、写しの交付請求権の行使を手数料により抑制すべきではないからである。なお、国に所属しない行政庁（地方公共団体に所属する行政庁、国にも地方公共団体にも所属しない行政庁）が審査庁となる場合には、手数料額を政令で定めることは適切ではないので、地方公共団体に所属する行政庁が審査庁である場合には条例で、国にも地方公共団体にも所属しない行政庁が審査庁である場合には審査庁が定めることになる（同条6項）。また、審理員は、経済的困難その他特別の理由があると認めるときは、手数料を減額し、または免除することができる（同条5項）。

(30) 審理手続の併合または分離
①職権
　審理員は、必要があると認める場合には、数個の審査請求にかかる審理手続を併合し、または併合された数個の審査請求にかかる審理手続を分離することができる（改正行政不服審査法39条）。審理手続の併合または分離については、審査請求人にも参加人にも申立権は付与されていない。
②要件
　審理手続の併合または分離は、審理員が必要があると認める場合に行うことができ、審理員の裁量で判断される。もっとも、審理手続の併合は、審査請求の対象となる処分が同一の事実関係に基づいて行われた場合等、審査請求相互に密接な関係がある場合に認められるべきであり、全く関係のない審理手続を併合することは、裁量権の逸脱濫用になりうると思われる。
③法効果
　審査請求にかかる審理手続を併合することにより発生する法効果は、以下のとおりである。（ⅰ）併合前に一の審査請求に参加していた者は、併合された審査請求の全てにおいて参加人の地位を得ることになり、改正行政不服審査法本法31条１項の規定に基づく口頭意見陳述の申立て、同法32条１項の規定に基づく証拠書類等の提出、同法33条１項の規定に基づく物件の提出要求、同法34条の規定に基づく参考人の陳述および鑑定の要求、同法35条１項の規定に基づく検証の申立て、同法36条の規定に基づく審理関係人への質問の申立て、同法38条１項の規定に基づく提出書類等の閲覧または写し等の交付請求を行うことができることになる。（ⅱ）併合前に一の審査請求について提出された証拠書類等の物件は、併合審理される複数の審査請求の全てに共通の審理資料となる。（ⅲ）審査請求についての弁明書等の主張書面は、併合審理される複数の審査請求の全てに共通のものとして提出されることになり、共通の審理資料となる。
　逆に、審理手続を分離すると、各審査請求は別個の審理手続で審理されることになる。

(31) 審理員による執行停止の意見書の提出

　一般的には、審査請求人は、審査請求の提起と同時に執行停止の申立てを行うと考えられ、審査庁は、審理員の指名を行う前に、執行停止をすべきかを判断することになると想定される。しかし、審査請求提起と同時になされた執行停止の申立てに対し、審査庁が執行停止の必要性がないと判断した場合においても、審理手続の進行過程において、審理員が執行停止の必要性があると判断する場合がありうる。また、執行停止の申立てがなされなかった場合においても、審理を主宰する過程において、審理員が執行停止の必要性を認識することもありうる。執行停止の権限は審査庁にあるが（改正行政不服審査法25条2項・3項）、このように、審理員が審査請求人の権利利益の救済のために執行停止をすべきと考える場合がありうるので、審理員に執行停止をすべき旨の意見書の提出権限が付与されている（同法40条）。審理員が提出することができるのは、「執行停止をすべき旨の意見書」であり、執行停止の取消しをすべき旨の意見書を提出することはできない。執行停止をすべき旨の意見書の提出を受けた審査庁は、速やかに、執行停止をするかどうかを決定しなければならない（同法25条7項）。

(32) 審理手続の終結

①要件

　審理員は、必要な審理を終えたと認めるときは、審理手続を終結する（同法41条1項）。また、必要な審理を終えたと認められる場合のほか、審理関係人に主張および立証の機会を与えたが、審理関係人がその機会を利用しなかったときにも、審理員は、審理手続を終結することができる（同条2項）。すなわち、審理関係人は、審理において、相互に協力するとともに、審理手続の計画的な進行を図る義務を負っている（同法28条）ことに照らし、審理関係人が審理手続の計画的な進行を図る義務を懈怠したと認められる場合には、審理手続を終結することができることとしているのである（同法41条2項柱書）。提出期間内に弁明書、反論書、意見書、証拠書類もしくは証拠物その他の物件が提出されなかったり、正当な理由なく口頭意見陳述に出頭しなかったとしても、そのことのみで審理を終結すること

を義務付けるわけではなく、審査請求事件の内容、審理の状況、審理関係人の対応等を総合考慮して、審理を継続すべき場合もありうるので、審理員の裁量で終結することを認める趣旨である。

具体的には、（ⅰ）審理員が相当の期間を定めて書面その他の物件の提出を求めたが、当該期間内に提出されなかった場合には、審理関係人の手続的権利を慎重に保障するために、さらに一定の期間を示して、当該物件を提出する機会を与えることとしている。当該期間内にも当該物件等の提出がなされなかった場合には、それ以上の主張・立証の機会を付与することは、審理手続の迅速性の要請にかんがみ不要と考えられるので、審理手続を終結することができることとしている（聴聞の終結に関する行手23条2項参照）。（ⅱ）口頭意見陳述の申立人が、正当な理由なく、口頭意見陳述に出頭しないときには、申立人が口頭意見陳述権を放棄したとみなすことができ、審理の迅速性の要請に照らし、審理を終結することを認めている（整備法による改正後の国税通則法97条の4第2項も同様の立法政策をとっている。聴聞の終結に関する行手23条1項も参照）。

②手続

審理員が審理手続を終結したときは、速やかに、審理関係人に対し、審理手続を終結した旨ならびに審理員意見書および事件記録を審査庁に提出する予定時期を通知しなければならない（同条3項前段）。通知されるのは「予定時期」であるから、それよりも遅延することが直ちに審理手続を違法とし、裁決固有の瑕疵になるわけではない。

(33) 審理員意見書
①記載事項

審理員は、審理手続を終結したときは、遅滞なく、審査庁がすべき裁決に関する意見書を作成し、速やかに、これを事件記録ともに、審査庁に提出しなければならない（42条）。審理員意見書の記載事項について改正行政不服審査法42条は定めておらず、審理員の裁量に委ねているが、審理員による審理結果を裁決に適切に反映させるために、裁決の記載事項（同法50条1項）に準じて作成するのが望ましいと思われる。

②行政規則への拘束の有無

　審理員意見書を作成する場合において、審理員が訓令・通達という行政規則と異なる判断に基づくことができるかという問題がある。審理員は、審査庁の補助機関であるから、一般的には、訓令・通達に従うべき立場にある。また、審査庁は一般的な指示（不服申立適格を判断するに当たっては、当該処分または裁決の根拠となる法令の規定の文言のみによることなく、行政事件訴訟法9条2項の解釈規定を類推適用して判断すべきという指示等）を行うことはできても、具体的な事件の手続についての指揮監督は、審理員制度の趣旨に照らし、行うことができないと考えられる。また、審理員は、審査請求に対する最終的な判断である裁決を行うわけではないし、また、行政規則は行政組織の外部の審査請求人や参加人を拘束するわけではなく、審理員は審査請求人や参加人がその権利利益の救済を求めている審査請求を独立した立場で審理する。さらに、審理員意見書は、審査庁を拘束するわけでもない。したがって、審理員は、訓令・通達に従って当該事案を処理することが適切でないと判断する場合には、これと異なる判断に基づく審理員意見書を提出することが可能と解すべきと思われる。

(34)　行政不服審査会等への諮問
　①意義
　改正行政不服審査法は、原処分に関与した者であること等を除斥事由とする審理員による公正中立な立場での審理を行うこととしているが、審理員は審査庁の職員から指名されるため、公正中立性の確保の観点からは、審理員による審理のみでは必ずしも十分とはいいがたい。そこで、審理手続の終結後、さらに法律または行政の有識者からなる行政不服審査会等の審査を原則として予定している。すなわち、行政不服審査会等は、合議制の第三者機関として、審理員による事実認定、法令解釈等に問題がないかを審査することとされている。したがって、行政不服審査会等への諮問は、改正行政不服審査法42条2項の規定に基づき、審査庁が審理員意見書の提出を受けたときに行うこととしている。
　②諮問を要する場合

行政不服審査会等への諮問を原則として要する場合は、以下のとおりである。

（ⅰ）第1に、審査庁が主任の大臣または宮内庁長官もしくは内閣府設置法49条1項もしくは2項もしくは国家行政組織法3条2項に規定する庁の長である場合である。これらは、審査請求をすべき行政庁について定める改正行政不服審査法4条1号において上級行政庁がないものとして取り扱われる審査庁と同一である。国に所属するこれらの行政庁は、いずれも独任制の機関であり、審議会等への諮問により、合議制機関による慎重な審理手続が個別の法律または政令で定められていない場合には、行政不服審査会等による審査の意義が認められるので、諮問が義務付けられている。

（ⅱ）第2に、普通地方公共団体である都道府県、市町村の長は独任制の機関であり、審議会等への諮問により、合議制機関による慎重な審理手続が個別の法律または政令（条例に基づく処分については条例）で定められていない場合には、本法81条1項または2項の機関（行政不服審査会等）による審査の意義が認められるので、諮問が義務付けられている。

（ⅲ）特別区は、基礎的な地方公共団体であり（自治281条の2第2項）、地方自治法または政令で特別の定めをするものを除くほか、同法2編および4編中市に関する規定は、特別区に適用することとされていること（同法283条）、特別区には執行機関として区長（同法139条2項）および議会（同法89条）が置かれ、条例で執行機関の附属機関を置くことができることとされている（同法138条の4第3項）。このことに照らし、市と同様、特別区の長が審査庁となる場合、改正行政不服審査法81条1項または2項の機関への諮問が義務付けられている。

（ⅳ）地方公共団体の組合が実施する事務については、設置した都道府県、市町村または特別区に権限が残るわけではなく、地方公共団体の組合が排他的に執行することになる。また、地方公共団体の組合については、法律またはこれに基づく政令に特別の定めがあるものを除くほか、都道府県の加入するものにあっては都道府県に関する規定、市および特別区の加入するもので都道府県の加入しないものにあっては市に関する規定、その他のものにあっては町村に関する規定が包括的に準用されている（同法292条）。

そのため、地方公共団体の組合には執行機関も議会も設置される（一部事務組合の議会の議員および管理者は、規約の定めるところにより、選挙または選任され、広域連合の議会の議員および長は、直接公選または間接選挙による）。そして、執行機関には条例で附属機関を置くこともできる（同法138条4項）。さらに、地方公共団体の組合が行う事務は、一般的には、都道府県、市町村および特別区が実施する事務であり、地方公共団体の組合が設置されていない場合には、行政不服審査会等への諮問が原則として義務付けられ、本法81条1項または2項の機関の審査を受ける機会が審査請求人に保障されていることとの均衡にも配慮して、本法81条1項または2項の機関への諮問を地方公共団体の組合の長等に原則として義務付けることとしている。

地方公共団体の組合の執行機関は、一部事務組合の場合には管理者（自治287条2項）または理事会（複合的一部事務組合にあっては管理者に代えて理事会を設置することができる。自治287条の3第2項）、広域連合の場合は長または理事会となる（自治291条の2第4項、291条の13、287条の3第2項）。管理者または理事会が執行機関となる場合であっても、本法81条1項または2項の機関への諮問義務が原則としてある。理事会は合議制機関であっても、有識者から構成される第三者機関ではないので、本法81条1項または2項の機関への諮問義務が免除されない点に留意が必要である。

（ⅴ）民間の指定検査機関等が主務大臣の指定を受けて指定機関として行った処分については、当該指定機関は主務大臣の権限を代行しているため、行政機関としての統一性確保の観点から主務大臣を上級行政庁とみなして、それへの審査請求を個別法で認めている例がある。かかる場合には、主務大臣の判断の公正性、客観性を確保するため、行政不服審査会への諮問を義務付けている。

③諮問を要しない場合

（ⅰ）行政委員会が審査庁の場合には、行政不服審査会等への諮問義務は課されていない。これらの委員会は、中立性、専門技術性の確保等のために有識者で構成された合議制機関であり、組織法上、公正中立の立場での慎重な審議が担保されており、改正行政不服審査法が、処分の事前または事後のいずれかの段階で、少なくとも1度は、有識者等で構成される合議

制の第三者機関による公正で慎重な審理の機会を確保するという立法政策を採用した以上、委員会が審査庁である場合には、行政不服審査会等に諮問するまでもなく、かかる機会が確保されていると考えられるからである。

（ⅱ）内閣府設置法37条、54条、国家行政組織法8条の規定に基づき内閣府もしくは省またはその外局に置かれる審議会等は、一般的には諮問機関であるが、審査庁として自ら裁決を行う裁決庁とすることも、立法政策として排除されない。社会保険審査会（健保189条1項・2項、社審43条等）がその例である（宇賀・行政法概説Ⅲ［第3版］209頁）。かかる立法政策が採られた場合、審議会等が有識者から構成される合議制第三者機関であり、公正かつ慎重な審議が制度的に確保されていると考えられること、かかる裁決庁としての審議会等は特に独立性の確保が重要であることにかんがみ、委員について国会同意人事とする方針が採られていることに照らし（社審22条1項、労保審27条1項、更生6条1項）、行政不服審査会等への諮問が義務付けられていない。

（ⅲ）国会、裁判所、会計検査院の機関が審査庁となる場合にも、行政不服審査会等への諮問は義務付けられていない。国会、裁判所、会計検査院の機関が審査庁となる場合も考えられるが、国会は立法機関であり、裁判所は司法機関であるため、これらの機関が審査庁の場合には、三権分立の観点から行政機関である総務省に置かれる行政不服審査会等への諮問を義務付けるべきではない。また、会計検査院は実務上は行政機関として位置付けられているものの（宇賀・行政法概説Ⅲ［第3版］239頁）、内閣から独立した機関であるため、内閣の統轄下にある総務省に置かれる行政不服審査会等への諮問は義務付けられていない。人事院は、内閣補助機関であるが、内閣の所轄の下にあり、内閣から職権行使の独立性を保障された機関であること、また、合議制機関として公正で慎重な手続による審理が行われることが制度的に担保されていると考えられることに照らし、行政不服審査会への諮問は義務付けられていない。

（ⅳ）普通地方公共団体の執行機関である委員会は合議制機関であり、公正かつ慎重な審理が制度的に担保されている。監査委員は独任制機関であるが、重要な事項については、合議によることとされており（自治199条11

項)、同様に、公正かつ慎重な審理が制度的に担保されているといえる。そこで、普通地方公共団体の委員会および委員については、本法81条1項または2項の機関への諮問が義務付けられていない。

(ⅴ)普通地方公共団体の議会は、立法機関であると同時に、情報公開条例に基づく開示請求に対する開示等の決定のように行政的な意思決定を行う場合もあるので、議長が審査庁になる場合もあるが、議会が公選の議員により構成される合議制機関であることに照らし、本法81条1項または2項の機関への諮問は義務付けられていない。

(ⅵ)日本弁護士連合会のような民間団体が審査庁となる場合には、当該団体の独立性、自主性を尊重する必要がある。したがって、不服申立てについても国の行政機関を関与させないことが適切と考えられ、行政不服審査会への諮問義務を課さないこととしている。

(ⅶ)改正行政不服審査法は、事前または事後のいずれかにおいて、公正中立性または専門技術性を確保する観点から設置された合議制の第三者機関の審査を受けることとされている場合には、それにより行政不服審査会等の審査機能が代替されていると考えられるため、行政不服審査会等への諮問を義務付けないこととしている。処分前に、かかる第三者機関に諮問できることとされている場合にあっては、実際に当該諮問に対する答申を経て当該処分がされた場合に、合議制の第三者機関の審査を受けるという国民の手続的権利がすでに実現していると考えられることから、行政不服審査会等への諮問義務を免除することになる。処分後に審査請求がされた場合、実際に当該機関への諮問手続を経て裁決をしようとする場合であることが、行政不服審査会等への諮問義務の例外を認める要件とされている。

法律または行政に関して優れた識見を有する者からなる行政不服審査会等（改正行政不服審査法69条1項）による公正かつ慎重な審査に代替するといいうる諮問機関による審査であることが、行政不服審査会等への諮問義務の例外を認めるために必要であるので、かかる例外を認める場合の諮問機関は、公正中立性、専門技術性を有する有識者により構成されるか、諸利益が公正に代表される構成の機関に限らなければならない。

この要件を満たすとされたのは、第1に、改正行政不服審査法9条1項

各号に掲げる機関であり、(ア)内閣府設置法49条1項もしくは2項または国家行政組織法3条2項に規定する委員会（同項1号）、(イ)内閣府設置法37条もしくは54条または国家行政組織法8条に規定する機関（同項2号）、(ウ)地方自治法138条の4第1項に規定する委員会もしくは委員または同条3項に規定する機関（同項3号）を意味する。内閣府設置法37条に規定する審議会等に処分前に諮問がされる例として、公益認定等委員会（公益法人32条1項）が公益認定の申請に対する処分、公益認定の取消しをするに当たり諮問される例（公益法人43条3項）、内閣府設置法37条に規定する審議会等に処分後に諮問がされる例として、公文書管理委員会（公文書管理28条）が特定歴史公文書等に対する利用請求に関する処分についての審査請求がされた場合に諮問される例（公文書管理21条2項）がある。国家行政組織法8条に規定する審議会等に処分前に諮問がされる例として、社会資本整備審議会（国土交通省設置法6条1項）が事業認定に関する処分をするときに諮問される例（収用25条の2第1項）、国家行政組織法8条に規定する審議会等に処分後に諮問がされる例として、関税等不服審査会（関税法施行令82条1項）が関税の確定もしくは徴収に関する処分または滞納処分についての審査請求がされた場合に諮問される例（関税91条1項）、地方自治法134条1項に規定する執行機関に処分前に諮問がされる例として、海区漁業調整委員会（漁業82条）が漁業の免許申請に対する処分をするに当たり諮問される例（漁業12条）、地方自治法134条3項に規定する附属機関に処分前に諮問される例として、私立学校審議会（私学9条）が私立学校の寄附行為の認可をするに当たり諮問される例（私学31条2項）、地方自治法134条3項に規定する附属機関に処分後に諮問される例として、自治紛争処理委員（自治251条）が長の失職決定についての審査請求がされた場合に諮問される例（同法255条の5第1項）がある。

　第2は、地方公共団体の議会である。地方公共団体の議会は、公選の議員により構成される合議制機関であり、諸利益が民意を反映して公正に代表されていると認められることに照らし、本法81条1項または2項の機関への諮問を義務付けていない。地方公共団体の議会への諮問の例としては、分担金、使用料、加入金、手数料および過料その他の普通地方公共団体の

歳入を納期限までに納付しない者があるときに普通地方公共団体の長が行う滞納処分についての審査請求（自治231条の3第7項）、公の施設を利用する権利に関する処分についての審査請求（同法244条の4第2項）がある。もっとも、合議制機関とはいっても、地方公共団体の議会は、有識者からなる第三者機関ではないので、本法81条1項または2項の機関への諮問を義務付けるべきであるという意見、または、議会への諮問と本法81条1項または2項の機関への諮問の選択を審査請求人に認めるべきという意見も存在する。

　第3は、これらの機関に類するものとして政令で定めるものである。個別の法律または政令で諮問が定められている場合には、本法9条1項各号に掲げる機関、地方公共団体の議会以外にも多様なものがありうる。そこで、定型的に行政不服審査会等への諮問義務を免除しうる本法9条1項各号に掲げる機関、地方公共団体の議会への諮問以外については、個別に、行政不服審査会等への諮問に代替しうるものかを審査し、政令で定めることとしている。改正行政不服審査法43条1項1号の規定に基づき、処分前に諮問される機関であって政令で定めるものとして予定されているのが、民間紛争解決手続の業務の認証に対する処分を行うに当たり認証審査参与員（裁判外紛争解決10条1項）の意見を聴取した場合（裁判外紛争解決9条3項）、認証紛争解決手続の業務の内容またはその実施方法の変更の認証を行うに当たり認証審査参与員の意見を聴取した場合（裁判外紛争解決12条4項）、民間紛争解決手続の業務の認証の取消しを行うに当たり認証審査参与員の意見を聴取した場合（裁判外紛争解決23条6項）、税理士に関する登録または登録の拒否をしようとする場合に資格審査会（税理士49条の16第1項）の意見を聴取した場合（税理士22条1項）、弁理士の登録の拒否をしようとする場合に登録審査会（弁理士70条1項）の意見を聴取した場合（弁理士19条1項）、社会保険労務士の登録を拒否しようとする場合に資格審査会（社労士25条の37）の意見を聴取した場合（社労士14条の6第1項）、行政書士の登録を拒否しようとする場合に資格審査会（行書18条の4第1項）の意見を聴取した場合（行書6条の2第2項）、司法書士の登録を拒否しようとする場合に資格審査会（司書67条1項）の意見を聴取した場合（司書10条1項）、土地家屋調査

士の登録を拒否しようとする場合に登録審査会（土調士62条1項）の意見を聴取した場合（土調士10条1項）、保険医療機関の指定の取消しをしようとする場合に地方社会保険医療協議会（社会保険医療協議会法1条2項）の意見を聴取した場合（健保82条2項）、権利変換の決定をしようとする場合に独立行政法人都市再生機構に置かれる市街地再開発審査会（都開59条1項）の意見を聴取した場合（都開84条1項）、保留地の決定をしようとする場合に独立行政法人都市再生機構に置かれる住宅街区整備審議会（大都市地域における住宅及び住宅地の供給の促進に関する特別措置法60条1項）の意見を聴取した場合（同法84条1項）、減価補償金の交付をしようとする場合に独立行政法人都市再生機構に置かれる土地区画整理審議会（区画整理71条の4第1項）の意見を聴取した場合（区画整理109条2項）、農地転用許可をしようとする場合に都道府県農業会議（農委36条）の意見を聴取した場合（農地4条1項）、郵便貯金銀行の業務に対する認可をしようとするときに郵政民営化委員会（郵政民営化法18条）の意見を聴取した場合（同法110条6項）国家戦略特別区域計画の認定を行うに際し、国家戦略特別区域諮問会議（内閣府18条2項）に対し意見を聴取した場合（戦略特区8条8項）等である。

　地方自治の尊重の観点から、条例に基づく処分については、個別の条例で地方公共団体の附属機関等への諮問条項が置かれている場合には、本法81条1項または2項の機関への諮問義務の例外を認めている。審査請求がされた場合、情報公開条例に基づき情報公開審査会に、個人情報保護条例に基づき個人情報保護審査会に諮問され、その答申を踏まえて裁決が行われる場合には、改正行政不服審査法43条1項2号の規定により、行政不服審査会等への諮問は行われない。この場合、情報公開審査会、個人情報保護審査会の審理手続は、それぞれ情報公開条例、個人情報保護条例の定めるところによることになり、改正行政不服審査法74条から79条までの規定が準用されるわけではない。したがって、情報公開条例、個人情報保護条例により情報公開審査会、個人情報保護審査会にインカメラ審理手続を行う権限が付与されている場合、改正行政不服審査法施行後も、情報公開審査会、個人情報保護審査会は、この権限を行使することが可能である。

　(ⅷ)(ｱ)法令に基づく申請を拒否する処分に対する審査請求がなされ、審

査庁が、拒否処分を全部または一部取り消すにとどまらず、㈦処分庁の上級行政庁である審査庁が当該処分庁に対し、当該処分をすべき旨を命ずるか、処分庁である審査庁が当該処分をする場合であって、㈡改正行政不服審査法43条1項1号に規定する議を経るべき旨の定めがあるケースにおいて、審査庁は、当該処分庁に対し、当該処分をすべき旨を命じ、または自ら当該処分をするために必要があると認めるときは、審査庁は、当該定めにかかる審議会等の議を経ることができる。また、㈢法令に基づく申請に対する不作為についての審査請求がなされ、審査庁が、裁決で、当該不作為が違法または不当である旨を宣言するにとどまらず、㈣不作為庁の上級行政庁である審査庁が当該不作為庁に対し、当該処分をすべき旨を命ずるか、不作為庁である審査庁が当該処分をする場合であって、㈥改正行政不服審査法43条1項1号に規定する議を経るべき旨の定めがあるケースにおいて、審査庁が当該処分をすべき旨を命じ、または自ら当該処分をするために必要があると認めるときは、審査庁は、当該定めにかかる審議会等の議を経ることができる。

　上記のような場合、審査庁が当該定めにかかる審議会等の議を経て裁決をしようとする場合にも、審査庁の裁決前に行政不服審査会等に匹敵する諮問機関の審理がなされることになるので、行政不服審査会等への諮問義務の例外としている。

　(ix) 平成20年法案においては、審理員による審理の後、行政不服審査会等への諮問を行うか否かの判断に当たり、審査請求人の希望は考慮されないことになっていた。しかし、平成20年法案が審理員制度に加えて行政不服審査会等への諮問制度を設けたことに対しては、「屋上屋を架す」ことになり、迅速な救済を阻害するという批判も存在した。そこで、改正行政不服審査法は、審査請求人が行政不服審査会等への諮問を希望しない場合には、原則として、審査庁に諮問義務を課さないこととした。ただし、審査請求人と利害が一致しない参加人が、行政不服審査会等への諮問を希望している場合には、参加人の権利利益の保護に配慮する必要があるため、審査請求人が行政不服審査会等への諮問を希望しない場合であっても、諮問義務を免除しないこととしている。

（ⅹ）処分の要件が明確に法定され、行政裁量が認められず、行政不服審査会等に諮問するまでもなく、要件該当性を客観的に判断することが可能な場合等には、行政不服審査会等への諮問が審査請求人や参加人の権利利益の救済に資するわけではないと考えられる。いかなる場合がそのような場合に該当するかは、あらかじめ法定するよりも、行政不服審査会等の運用の蓄積に委ねるほうが適切と考えられるため、行政不服審査会等によって諮問を要しないものと認められたものについて、諮問義務を課さないこととしている。

同様の事案において、行政不服審査会等の先例答申が存在し、行政不服審査会等に諮問してもそれと同内容の答申がされることが明らかな場合には、諮問を要しないとすることが考えられる。もっとも、(i)先例答申時と行政不服審査会等の委員が変更している場合、(ii)行政不服審査会等の委員は変更していなくても別の部会に諮問される可能性がある場合には、結論が変わらないことが明らかとは必ずしもいえないため、諮問を要しないとすべきかについては慎重な判断を要すると思われる。いかなる場合に行政不服審査会等が諮問不要とするかについては、運用の蓄積を経て精緻化されていくことになると考えられるが、公正性・透明性の確保の観点から、可能な限り、基準を具体的に作成し、それを公表すべきであろう。

（ⅺ）審査請求が不適法であり、本案の審査の必要性が認められない場合には、行政不服審査会等に諮問する意義に乏しいという認識の下、行政不服審査会等への諮問義務は課さないこととされた。もっとも、審査請求人適格、処分性のように、適法要件の判断が本案の判断と密接に関連する場合があり、審査請求の適法要件を満たすか否かの判断が困難な場合もありうる。かかる場合、審査庁が不適法と考えれば行政不服審査会等への諮問義務はないことになるが、運用上は、行政不服審査会等に諮問することが望ましいように思われる。

不作為についての審査請求の場合、申請から相当の期間が経過していなければ、審査請求は不適法であり却下されることになるが（改正行政不服審査法49条1項）、申請から相当の期間が経過していれば、不作為が違法または不当かが本案事項として審理されることになるし、不作為が違法または

不当であれば、一定の処分をすべきか否かが審理されることになるので、行政不服審査会等への諮問義務が生ずることになる。

(xii)審査庁が申請に対する拒否処分以外の処分についての審査請求を全部認容する裁決をしようとするときには、審査請求人にとり完全に満足な結果が得られることになるので、審査請求人から諮問を希望しない旨の申出があるか否かにかかわらず、行政不服審査会等への諮問を義務付ける必要はないという判断の下、諮問義務の例外としている。ただし、審査請求人と利害が一致しない参加人が、行政不服審査会等への諮問を希望している場合には、参加人の権利利益の保護に配慮する必要があるため、審査請求人が行政不服審査会等への諮問を希望しない場合であっても、諮問義務を免除しないこととしている（改正行政不服審査法43条1項7号）。参加人が反対の意見を述べている場合とは、反対意見を記載した意見書を提出している場合（同法30条2項本文）、参加人が口頭意見陳述の申立て（同法31条1項本文）をして反対意見を述べた場合、審査請求人が申し立てた口頭意見陳述の場において、参加人が審理員からの質問（同法36条）に対して反対意見を述べた場合等である。

④諮問の時期

審査庁は、審理員意見書の提出を受けたときは、審理員意見書と添付された事件記録の内容をチェックし、審査庁として行う裁決の考え方をまとめ、行政不服審査会等への諮問を要する場合かを確認し、諮問を要する場合には、速やかに諮問を行うべきである。

⑤手続

行政不服審査会等の審査は、基本的には、審理員意見書および事件記録に基づいて行われるので、諮問は、審理員意見書および事件記録の写しを添えてしなければならない（改正行政不服審査法43条2項）。審査関係人は、行政不服審査会等における審理において、意見の陳述（同法75条）、主張書面等の提出（同法76条）、提出書類の閲覧等（同法78条）を行う権利を有するため、諮問が行われたことを認識する必要がある。また、これらの権利を行使するためには、審理員意見書の内容も認識している必要がある。そこで、諮問をした審査庁は、審理関係人（処分庁等が審査庁である場合にあって

は、審査請求人および参加人）に対し、当該諮問をした旨を通知するとともに、審理員意見書の写しを送付しなければならないこととされている（同法43条3項）。通知の方法については法定されていないが、通知があった事実を明確にして紛争を回避するために書面で行うべきであろう。

　⑥諮問の懈怠

　行政不服審査会等への諮問が義務付けられている場合に諮問を経ないで裁決がされたり、諮問を経た場合であっても、行政不服審査会等の審理、答申の過程に行政不服審査会等への諮問を経ることを要求した趣旨に反すると認められるような瑕疵があるときは、裁決は違法として取消しを免れないと解される（最判昭和50・5・29民集29巻5号662頁参照）。

(35)　行政不服審査会による調査審議

　①行政不服審査会の調査権限

　行政不服審査会は、必要があると認める場合には、審査請求にかかる事件に関し、審査請求人、参加人または諮問庁（これらを総称して審査関係人という）にその主張を記載した書面（主張書面）または資料の提出を求めること、適当と認める者にその知っている事実の陳述または鑑定を求めることその他必要な調査をすることができる（改正行政不服審査法74条）。

　②意見の陳述

　行政不服審査会は、審査関係人の申立てがあった場合には、当該審査関係人に口頭で意見を述べる機会を与えなければならないが、審査会が、その必要がないと認める場合には、この限りでない（同法75条1項）。審理員による審理手続において口頭意見陳述の申立てがあった場合には、当該申立人の所在その他の事情により当該意見を述べる機会を与えることが困難であると認められる場合に限り、申立てを認めないことができるのに対し（同法31条1項ただし書）、行政不服審査会の審理手続において口頭意見陳述の申立てがあった場合には、行政不服審査会が、それを認める必要がないと判断すれば、申立てを拒否することが認められている。また、審理員による審理手続における口頭意見陳述が全ての審理関係人を招集して行われる（同条2項）のと異なり、行政不服審査会の審理手続における口頭意見

陳述は、対審的審理構造のもとで行われるものではなく、他の審査関係人に対する質問権は認められていない。

③主張書面の提出

審査関係人は、行政不服審査会に対し、主張書面または資料を提出することができる（同法76条前段）。

④委員による調査手続

行政不服審査会は、必要があると認める場合には、その指名する委員に、同法74条の規定による調査をさせ、または同法75条1項本文の規定による審査関係人の意見の陳述を聴かせることができる（同法77条）。

⑤提出資料の閲覧等

審査関係人は、行政不服審査会に対し、同審査会に提出された主張書面もしくは資料の閲覧（電磁的記録にあっては、記録された事項を同審査会が定める方法により表示したものの閲覧）または当該主張書面もしくは当該資料の写しもしくは当該電磁的記録に記録された事項を記載した書面の交付を求めることができる。この場合において、行政不服審査会は、第三者の利益を害するおそれがあると認めるとき、その他正当な理由があるときでなければ、その閲覧または交付を拒むことができない（同法78条1項）。行政不服審査会における閲覧等請求の対象になる「審査会に提出された主張書面若しくは資料」とは、（ⅰ）同法74条の規定に基づき、行政不服審査会が審査関係人に提出を求め、これを受けて審査関係人から提出された主張書面または資料、（ⅱ）同法76条の規定に基づき、審査関係人が自主的に行政不服審査会に提出した主張書面または資料の双方を含む。しかし、行政不服審査会が適当と認める者にその知っている事実の陳述または鑑定を求めることその他必要な調査をする権限に基づき、参考人の陳述を聴き、鑑定を求めた結果の記録については、閲覧等請求権の対象外である。そこで、運用上、これらの調査結果について審査関係人に知らせ、意見を述べる機会を付与すべきと思われる。同法78条1項本文の規定に基づく閲覧等請求権は行政不服審査会による答申が行われるまでのみ行使できる。答申後に当該提出書類等の閲覧等を望む場合には、行政機関情報公開法、行政機関の保有する個人情報の保護に関する法律に基づく開示請求をすること

が考えられる。

　⑥公開

　行政不服審査会における審議を公開することは義務付けられていない。「審議会等の整理合理化に関する基本的計画」(平成11年4月27日閣議決定)別紙3「審議会等の運営に関する指針」3（議事）(4)（公開）においては、会議または議事録を速やかに公開することを原則とし、議事内容の透明性を確保し、特段の理由により会議および議事録を非公開とする場合には、その理由を明示するとともに、議事要旨を公開するものとするとされているが、行政処分、不服審査、試験等に関する事務を行う審議会等で、会議、議事録または議事要旨を公開することにより当事者または第三者の権利、利益や公共の利益を害するおそれがある場合は、会議、議事録または議事要旨の全部または一部を非公開とすることができるとされている。行政不服審査会は、この不服審査を行う審議会等に当たるので、会議を公開する義務はないことになる。行政不服審査会の審理においては、審査請求人、参加人その他の者の個人情報や法執行の方針等の事務・事業情報等、行政機関情報公開法5条が定める不開示情報に該当する内容が口頭意見陳述や審理員による質問等において陳述される可能性が低くなく、一般的に会議の公開になじまないと思われる。もっとも、会議の公開が禁止されているわけではないので、審査関係人から会議の公開の要望があり、全ての審査関係人が公開に同意し、行政不服審査会としても、会議を公開しても支障はないと判断した場合において、行政不服審査会の裁量により、会議を公開することを認めてもよいと思われる。

　行政不服審査会は、諮問に対する答申をしたときは、答申書の写しを審査請求人および参加人に送付するとともに、答申の内容を公表しなければならない（同法79条）。

(36)　裁決

　①裁決事務の補助

　改正行政不服審査法において、裁決を行う審査庁を補助する職員については、審理員のような厳格な要件は定められておらず、運用に委ねられて

いるが、審査庁は、審理員意見書にも行政不服審査会等の答申にも法的は拘束されないので、審理員による審理、行政不服審査会等への審査が公正に行われたとしても、審査庁による判断に公正さが欠如している場合には、画竜点睛を欠くことになる。したがって、処分または当該処分にかかる不作為に関与した者または関与する者は、裁決に関与すべきではない。また、行政不服審査会等における調査審議に関与した者が、裁決に関与することも避けるべきである。

②時期

旧行政不服審査法には、裁決の時期についての規定はなかったが、改正行政不服審査法44条は、裁決の時期について定めている。審査庁は、行政不服審査会等から諮問に対する答申を受けたとき、行政不服審査会等への諮問を要しない場合にあっては審理員意見書が提出されたとき、他の法律または政令に基づく諮問が行われた場合はその答申を受けたときに、遅滞なく裁決する義務を負う。「直ちに」または「速やかに」ではなく「遅滞なく」とされているのは、事案の複雑さは多様であり、全ての事案において、「直ちに」または「速やかに」裁決を行うことができるとは限らないからである。なお、個別法において、裁決期間を法定している場合がある。たとえば、生活保護法65条1項では、行政不服審査会等への諮問をする場合は70日、それ以外の場合は50日という裁決期間が定められている。法定された裁決期間を徒過して裁決がされた場合であっても、そのことが裁決自体を当然に違法にするものではない。

③処分についての審査請求

(ア) **却下裁決**　処分についての審査請求が法定の期間経過後にされたものである場合その他不適法である場合には、却下裁決がなされる。

(イ) **棄却裁決**

(a) **審理範囲**　審査請求の適法要件は満たしているが、審査請求にかかる処分が違法でも不当でもない場合には、棄却裁決がなされる。審査請求の審理範囲は、審査請求人が主張する理由に限定されず、当該処分の適法性および妥当性を判断するために必要な範囲すべてにわたる。しかし、審理員または審査庁は、審査請求人が主張しない事項について、審

査請求人が主張する事項と同じ密度で審理する義務まで負うわけではない。審査請求人が主張しない事項について、審理員または審査庁がいかなる範囲・程度で審理するかは、審理員または審査庁の判断に委ねられる。

(b) **違法性または不当性判断の基準時**　違法性または不当性判断の基準時については議論があるが、一般的には、処分時と解されている。国税不服審判所平成19年１月31日裁決（裁決事例集 No. 73 の453頁）は、「延納申請却下処分は、その処分時を基準としてそれまでに生じた客観的事実を対象として行われるもので、当該却下処分の適否は、当該却下処分を基準として判断すべきものである。また、審査請求は、審理終了時において処分行政庁の立場でいかなる処分をすべきかを判断する制度ではなく、国税不服審判所における審理は、審査請求人の申立てにかかる原処分の適否を判断するために行われるものである。したがって、本延納申請却下処分の適否は、当該却下処分を基準として判断すべきである」と述べているのが、その例である。もっとも、審査庁が処分庁の上級行政庁である場合は、裁決時点において何が行政目的に適合するか考慮すべきであり、裁決時の法令ないし事実に基づいて原処分を取り消したり、変更したりすることが可能とする説もある（行政不服審査制度研究会編・新行政不服審査制度（ぎょうせい、2014年）179頁参照）。

(c) **事情裁決**　審査請求にかかる処分が違法または不当ではあるが、これを取り消し、または撤廃することにより公の利益に著しい障害を生ずる場合において、審査請求人の受ける損害の程度、その損害の賠償または防止の程度および方法その他一切の事情を考慮したうえ、処分を取り消し、または撤廃することが公共の福祉に適合しないと認めるときは、審査庁は、裁決で、当該審査請求を棄却することができる。これは、事情裁決と呼ばれる。この場合には、審査庁は、裁決の主文で、当該処分が違法または不当であることを宣言しなければならない。事情裁決をすることができる場合であっても、審査庁は事情裁決をすることを当然に義務付けられるわけではなく、事情裁決をするか否かは、審査庁の裁量に委ねられている。

(ウ) **認容裁決**

(a) **処分（事実行為を除く）についての審査請求**　審査請求が理由がある場合には、認容裁決がなされるのが原則である。ただし、事情裁決が行われる場合には、審査請求は棄却される。認容裁決には、処分（事実上の行為を除く）の取消しまたは変更（ただし、審査庁が処分庁の上級行政庁または処分庁のいずれでもない場合には、当該処分を変更することはできない）がある。

　(b) **申請拒否処分についての審査請求**

　　（Ⅰ）**意義**　旧行政不服審査法の下においては、処分の取消し、変更についての規定はあったが、申請拒否処分についての審査請求がされた場合、申請認容処分をする裁決が可能かについては議論があった。立法者意思は、かかる場合、取消しで足りると考えていたと解されるが、上級行政庁の指揮監督権の発動の一環として認容命令を出すことができる以上、裁決においてこれを否定する実際上の意味はないので、認容命令も変更命令に含まれるとする説もあった（宇賀克也・行政法概説Ⅱ［第5版］（有斐閣、2015年）73頁以下参照）。

　この点について、改正行政不服審査法は、法令に基づく申請を却下し、または棄却する処分の全部または一部を取り消す場合において、当該申請に対して一定の処分をすべきものと認めるときは、処分庁の上級行政庁である審査庁は当該処分庁に対し当該処分をすべき旨を命ずること、処分庁である審査庁は当該処分をすることができることとした。すなわち、処分庁の上級行政庁である審査庁が、処分の取消しにとどまらず「一定の処分」を行わせることが争訟の一回的解決を図るために望ましいと認めるときには、2004（平成16）年の行政事件訴訟法改正により設けられた申請型義務付け訴訟を参照して、上級行政庁としての一般的な指揮監督権の行使により、処分庁に対し、当該処分をすべき旨を命ずることとした。処分庁である審査庁は、処分庁としての処分権限に基づき、「一定の処分」をすることとしている。ただし、行政事件訴訟法37条6項前段が、取消訴訟または無効等確認訴訟と申請型義務付け訴訟が併合提起された事案において、審理の状況その他の事情を考慮して、取消訴訟または無効等確認訴訟についてのみ終局判決をすることにより迅速な解決に資すると認めるときは、当該訴えについてのみ終局判決をすることができると定めているのと同様、

審査庁は、審理の状況その他の事情を考慮して、処分の取消しのみを行うことも可能である。立法過程では、裁決は基本的に審査請求人に対してされるものであり、処分庁を名宛人とするわけではないので、処分庁の上級行政庁である審査庁が当該処分庁に対し当該処分をすべき旨を命ずること、処分庁である審査庁が当該処分をすることは、裁決自体の内容をなすものではないと整理されており、この整理を前提とすれば、裁決の主文の内容に含まれるものではないことになるが、裁決の理由において示されるべきであろう（審理員意見書、行政不服審査会等の答申において、一定の処分を命ずべきこと、または処分庁等が自ら当該処分をすべきことを意見として述べることは、可能である）。裁決書に処分庁の上級行政庁である審査庁が当該処分庁に対し当該処分をすべき旨を命ずること、処分庁である審査庁が当該処分をすることが記載されたとしても、それにより、当然にかかる効果が発生するわけではなく、裁決とは別に、審査庁が上級行政庁として一定の処分をすることを命じ、処分庁が審査庁である場合には、処分庁が自ら当該処分をすることが必要になるというのが立法者意思である。

　　　　(II)　一定の処分　　「一定の処分」はある程度の幅のある概念であり、どの範囲までが「一定の処分」といえるかは、当該処分の根拠法令の趣旨および社会通念により定まることになる。処分庁は、「一定の処分」の範囲内で附款付き処分を行うことができる場合もある。以上は、審査庁が処分庁でない場合を念頭に置いているが、処分庁が審査庁となる場合には、自らの判断で処分の具体的内容を決定し「特定の処分」を行うことになる。したがって、「一定の処分」の範囲を問題にする必要はないと思われる。

　　　　(c)　審議会等への諮問　　申請を認容する処分をしようとするときに他の法律または政令（条例に基づく処分については条例）に本法9条1項各号に掲げる機関（内閣府設置法49条1項もしくは2項または国家行政組織法3条2項に規定する委員会、内閣府設置法37条もしくは54条または国家行政組織法8条に規定する機関、地方自治法138条の4第1項に規定する委員会もしくは委員または同条3項に規定する機関）もしくは地方公共団体の議会またはこれらの機関に類するもの（以下「審議会等」という）の議を経るべき旨の定めがある場合がある。

議を経るべき旨の定めがある場合とは、諮問が義務付けられている場合を意味し、諮問が任意である場合は含まない。申請認容処分前に諮問が義務付けられている場合、申請拒否処分をする場合には、かかる手続をとる必要がないとされていることがあり、その場合、審査庁が申請拒否処分を取り消し、申請を認容する処分をすべきことを命じ、または自らしようとするときに、認容処分前の審議会等への諮問手続がとられていないことになる。かかる場合において、個別法令で定められた審議会等への諮問手続を経ることなく、審査庁が申請を認容する処分をすべきことを命じ、または自らしようとすることは、個別法令が審議会等への諮問手続をとることを義務付けた趣旨と抵触することになる。そこで、かかる場合には、審査庁は、申請拒否処分を取り消して、申請を認容する処分をすべきことを命じ、または自らしようとするときには、当該定めにかかる審議会等の議を経ることができることとされている（改正行政不服審査法46条3項）。すなわち、審査庁が、申請に対して一定の処分をすべきものと認め、改正行政不服審査法46条2項各号に定める措置とるに当たり、審議会等の議を経ることにより、当該個別法が義務付けている諮問手続をとったという法効果が生ずることになる。この諮問手続がとられた場合には、行政不服審査会等への諮問は不要になる（同法43条1項1号）。

　　(d) **関係行政機関との協議等**　改正行政不服審査法43条1項1号に規定する審議会等の議を経るべき旨の定めがある場合のほか、同条2項に規定する一定の処分を行おうとするときに、他の法令に、説明会の開催等（収用15条の14）、利害関係人・地方公共団体の長等からの意見聴取（密集市街122条3項等）、公聴会の開催（収用23条）、関係行政機関との協議（「就学前の子どもに関する教育、保育等の総合的な提供の推進に関する法律」17条5項等）等の手続をとるべき旨の定めがある場合において、審査庁が当該措置をとるために必要があると認めるときは、審査庁は、当該手続をとることができるとされている。当該措置をとるために審査庁が必要があると認めて、個別の法令が定める手続をとった場合には、個別の法令で要求されている手続を履践した法効果が生ずることになる。

　　(e) **事実上の行為についての審査請求**　ここでいう「事実上の行

為」には文理上は、公権力の行使に当たらないものも含まれうるが、改正行政不服審査法に基づく審査請求は、「処分その他公権力の行使に当たる行為」（1条）に対象が限定されており、非権力的な事実上の行為は対象外であるので、非権力的な事実上の行為を対象とした審査請求は不適法として却下されることになる。

　事実上の行為についての審査請求が理由がある場合には、審査庁は、裁決で、当該事実上の行為が違法または不当である旨を宣言する。ただし、事情裁決が行われる場合には、審査請求に理由があっても、審査請求は棄却される。公権力の行使に当たる事実上の行為の場合、処分（事実上の行為を除く）とは異なり法効果を生ずるものではないので、「取消し」という法概念にはなじまないともいえる。そこで、裁決で、当該事実上の行為が違法または不当である旨を宣言し、撤廃または変更の措置を講ずることとしているのである。

　審査庁が処分庁以外の場合と審査庁が処分庁である場合では、講ずる措置が異なる。すなわち、処分庁以外の審査庁は、当該処分庁に対し、当該事実上の行為の全部若しくは一部を撤廃し、またはこれを変更すべき旨を命ずることになる。ただし、審査庁が処分庁の上級行政庁以外の審査庁である場合には、処分庁に対して上級行政庁としての一般的な指揮監督権を有しないので、事実上の行為の変更を命ずることはできない。事実上の行為の撤廃とは、人の収容を例にとれば、拘束状態から解放することを意味する。事実上の行為の変更とは、同じく人の収容を例にとれば、隔離病棟から開放病棟に移すことがこれに当たる。処分庁以外の審査庁は、自ら事実上の行為の撤廃または変更を行うのではなく、処分庁にそれを命ずることになる。これに対し、処分庁である審査庁は、自ら、当該事実上の行為の全部もしくは一部を撤廃し、またはこれを変更することになる。

　　(f) **不利益変更禁止**　改正行政不服審査法は、「国民の権利利益の救済を図るとともに、行政の適正な運営を確保することを目的とする」（1条1項）ので、行政救済と行政統制の双方を目的としているが、行政救済を重視したものであるので、旧行政不服審査法40条5項ただし書と同様、不利益禁止原則をとっている。変更裁決が行われるのは、認容裁決の場合

に限られ、却下裁決、棄却裁決は含まない。処分（事実上の行為を除く）についての審査請求が理由がある場合、審査庁は、審査請求人の不利益に当該処分を変更することはできない。また、審査庁は、事実上の行為を審査請求人の不利益に変更すべき旨を命じ、またははこれを変更することはできない（同法48条）。したがって、免職処分を停職処分に変更する裁決は可能であるが、停職処分に対する審査請求を受けて審査庁が免職処分が相当と判断したとしても、棄却裁決をすることになる。課税処分に対する審査請求について、下級審裁判例は、原処分と異なる理由で原処分を維持することは不利益変更に当たらないとし（東京高判昭和48・10・26税資71号699頁）、原処分の前提とされた原因事実や要素とされた事実についての変更が制限されているわけではないとする（札幌地判昭和53・7・18訟月24巻11号2411頁）。また、最高裁も、課税処分に対する審査請求における審査の範囲は、総所得金額に対する課税の当否を判断するのに必要な事項全般に及ぶので、裁決が総所得金額を構成する給与所得の金額を新たに認定して、これを考慮の上、審査請求を棄却したことは違法とはいえないと判示する（最判昭和49・4・18訟月20巻11号175頁）。

④不作為についての審査請求

　㋐　**却下裁決**　不作為についての審査請求が当該不作為にかかる処分についての申請から「相当の期間」が経過しないでされたものである場合その他不適法である場合には、審査庁は、裁決で、当該審査請求を却下する。不作為についての審査請求が当該不作為にかかる処分についての申請から「相当の期間」が経過しないものである場合、当該審査請求を不適法と解するか、適法であるが理由がないと解するかという問題があるが、改正行政不服審査法は、かかる場合には、審査請求は不適法であるとする立場を明確にしている。その他不適法である場合とは、処分性のない行政作用に対して審査請求がされた場合、法令に基づく申請をしていない者からの審査請求であり不服申立適格がない場合、法令に基づく申請に対する応答がなされ不作為状態がない場合、審査請求をすべき行政庁を誤った場合（教示の懈怠または誤りがあるために救済される場合を除く）、審査請求書の補正を命じられたが、審査庁により定められた期間内に補正しなかった場合

等が考えられる。「相当の期間」の経過の有無は、審理員を指名して審理員による審理を行うまでもなく、審査庁が容易に判断できる場合もありうるが、他方、審理員を指名して審理員による審理を行わなければ判断が困難な場合もありうる。この場合、「相当の期間」の経過の有無の判断の基準時は、審理手続の終結時となると考えられる。

　(イ)　**棄却裁決**　　審査請求が適法であるが、本案の判断として不作為が違法でも不当でもない場合には棄却裁決がなされる。申請を処理するのに通常要する期間が経過しているが、そのことを正当化する特段の事情がある場合には、不作為は違法でも不当でもないと解される（東京地判昭和39・11・4行集15巻11号2168頁）。かかる特段の事情の有無は、当該申請の内容、不作為庁における処理体制等の諸般の事情を総合的に考慮して判断されることになる。

　(ウ)　**認容裁決**　　不作為についての審査請求が理由がある場合、すなわち、申請の処理に通常要すべき期間が経過し、そのことを正当化する特段の事情も認められない場合には、審査庁は、裁決で、当該不作為が違法または不当である旨を宣言することになる。ただし、事情裁決を行う場合には棄却裁決がなされることになるが、この場合には、裁決の主文で、処分が違法または不当である旨を宣言しなければならない。

　不作為が違法または不当である場合において、審査庁は、当該申請に対して一定の処分をすべきものと認めるときは、不作為庁の上級行政庁である審査庁にあっては、上級行政庁としての一般的な指揮監督権の行使により、不作為庁に対し、一定の処分をすべき旨を命ずることができ、不作為庁である審査庁にあっては、法令に基づく申請に対する諾否の応答（行手2条3号）としての処分をすることができる（旧行政不服審査法の下で、かかる裁決を行うことができるかについて議論があった）。

　「一定の処分」には、申請を認容する処分および申請を拒否する処分の双方が含まれる。不作為の違法確認訴訟と併合提起される申請型義務付け訴訟を参考にして、不作為が違法または不当であり、当該申請に対して一定の処分をすべきものと認めるときには、争訟の一回的解決を図るために、当該一定の処分がとられることを確保する措置を講ずることとしている。

行政事件訴訟法37条の3第6項を参考にして、審理の状況その他の事情を考慮し、申請に対して一定の処分をすべきものとは認めず、不作為が違法または不当である旨を宣言するにとどめ、不作為庁の事務処理の促進を図ることにより、争訟の迅速な解決を期することも認められている。

　申請を認容する処分をしようとするときに他の法律または政令（条例に基づく処分については条例）に本法9条1項各号に掲げる機関の議を経るべき旨の定めがある場合、申請拒否処分をする場合には、かかる手続をとる必要がないため、かかる手続がとられていないと考えられる。審査庁が、申請に対して一定の処分をすべきものと認め、改正行政不服審査法49条3項各号に定める措置とるに当たり、審議会等の議を経ることにより、当該個別法が義務付けている諮問手続をとったという法効果が生ずることになり、この諮問手続がとられた場合には、行政不服審査会等への諮問は不要になる（同条1項1号）。

　審議会等の議を経るべき旨の定めがある場合のほか、他の法令に、説明会の開催等、利害関係人・地方公共団体の長等からの意見聴取、公聴会の開催、関係行政機関との協議等の手続をとるべき旨の定めがある場合、申請に対して一定の処分をすべきものと認め、改正行政不服審査法49条3項各号に定める措置とるに当たり、審査庁が必要があると認めて、個別の法令が定める手続をとった場合には、個別の法令で要求されている手続を履践した法効果が生ずる。

　⑤**方式**

　　㈦　**記載事項**　　審査請求人、参加人の手続保障、審査庁の説明責任を確保する観点から、裁決は、主文、事案の概要、審理関係人の主張の要旨、理由を記載し、審査庁が記名押印した裁決書によりしなければならない。必要に応じ、それ以外の事項を任意に記載することは妨げれない。審理員による審理制度、行政不服審査会等への諮問制度を設けた趣旨に照らし、審査庁が審理員意見書または行政不服審査会等もしくは審議会等の答申書と異なる内容の裁決をしようとする場合には、透明性の確保、審理関係人に対する説明責任の確保の観点から、異なった判断をする理由の記載が義務付けられている。

裁決に付記すべき理由は、審査請求人の不服事由に対応して、その結論に到達した過程を明らかにしなければならないが（最判昭和37・12・26民集16巻12号2557頁）、争点事実を個別的に明示し、それぞれについて全く原処分と同一の認定に達したことが明示されていれば、理由提示として不十分とはいえず、判断の経過過程まで詳記する必要はないとする判例（最判昭和33・8・5訟月5巻4号558頁）がある。また、理由提示の程度について、審査請求を棄却する場合には、裁決に付された理由が原処分に付された理由と相まって原処分を維持する理由を明らかにしていれば足りるとする裁判例（東京高判昭和39・9・30訟月10巻11号1587頁、東京地判昭和45・7・22訟月17巻2号367頁）、不服申立ての理由、これに対する弁明要旨の順で争点が整理された後に争点に対する判断のかたちで理由が提示されており、争点の摘示と相まって理由が示されているので違法でないとした裁判例（山口地判昭和29・5・6行集5巻5号945頁）、審査請求人が主張した個々の不服事由につき、必ずこれに対する判断結果とその理由を提示しなければならないとする裁判例（大阪地判昭和39・10・16訟月11巻2号338頁、東京地判昭和45・7・22訟月17巻2号367頁）、裁決においては原処分の理由にとらわれることなく新たな理由を追加できるとする裁判例（東京地判昭和47・9・26税資66号257頁）がある。なお、審査請求を不適法として却下する裁決には、不適法と認めた理由を付記すれば十分であり、審査請求人が主張した個々の不服事由に対応して理由を提示する必要はない（東京地判昭和43・6・13訟月14巻6号716頁）。また、審査請求人が原処分の判断の根拠を理解しうる程度に理由が記載されていれば足り、審理手続に関する審査請求人の主張についての判断まで示す必要はないとする裁判例がある（東京地判平成6・3・25行集45巻3号811頁）。

(イ) **記名押印**　裁決書に記名押印を要することとしたのは、裁決が真に審査庁が自ら関与してなされたものであることを担保するためであるから、記名または押印を欠くときは、当該裁決が審査庁が関与し、その責任においてなされたか否かを確認し難くなるので、記名または押印を欠く裁決には、取り消すべき瑕疵があると解される（東京高判昭和24・3・9行政裁判月報15号135頁）。

(ウ) **審理員意見書の添付**　行政不服審査会等に諮問がされる場合には、審理関係人に審理員意見書の写しが送付されるので（改正行政不服審査法43条3項）、裁決に審理員意見書を添付する必要はないが、同法43条1項の規定により行政不服審査会等への諮問を要しない場合には、判断過程の透明性の確保、審理関係人への手続保障の観点から、審理員意見書を裁決書に添付することが審査庁に義務付けられている。行政不服審査会等以外の審議会等に諮問される場合にも、行政不服審査会等への諮問を要しない場合に当たるので（同条1項3号）、裁決書への審理員意見書の添付が義務付けられることになる。審理員意見書が添付されることにより、審理関係人は、裁決の理由と審理意見書の内容の異同を確認することができることになる。なお、改正行政不服審査法9条1項に掲げる機関が審査庁となる場合等、審理員制度が適用されない場合には、審査庁が審理を主宰することになるため、当然、諮問に際して審理員意見書が添付されることはない。

(エ) **再審査請求にかかる教示**　審査庁は、再審査請求をすることができる裁決をする場合には、裁決書に再審査請求をすることができる旨ならびに再審査請求をすべき行政庁および再審査請求期間を記載して、これらを教示しなければならない。なお、再審査請求の教示が義務付けられるのは、審査請求人に対してであり、審査請求を全部認容する裁決の場合には、審査請求人は再審査請求をする利益がないため、「再審査請求をすることができる裁決をする場合」（改正行政不服審査法50条3項）に当たらず、教示義務はないことになる。しかし、審査請求人が原処分の名宛人以外の者である場合には、原処分の名宛人が、全部認容裁決に対して再審査請求をすることができる場合があると考えられる。この場合、原処分の名宛人にも裁決が送達されるから（改正行政不服審査法51条1項）、運用上、原処分の名宛人に対して、再審査請求にかかる教示をすべきと思われる。また、原処分の名宛人がした審査請求を全部認容する裁決がされる場合であっても、審査請求人と利害が反する参加人がいる場合には、当該参加人が全部認容裁決に対して再審査請求をすることができる場合があると考えられる。かかる場合、裁決書の謄本が参加人に送付されるので（同条4項）、運用上、

当該参加人に対して、再審査請求にかかる教示をすべきと思われる。
　⑥**効力**
　　㋐　**発生**　　意思表示の発効の基本原則（民97条1項）に従い、裁決は、審査請求人に送達された時に、その効力を生ずる。ただし、処分の相手方以外の者が行った審査請求の場合、処分の取消し、変更、撤廃により、処分の相手方の権利利益が直接に影響を受けることになることがある。かかる場合には、審査請求人のみならず、処分の相手方にも送達を行い、その到達を裁決の効力発生要件としている。審査請求人と処分の相手方の双方に到達することが裁決の効力発生要件になるため、両者のうち遅く到達した時点に裁決の効力が発生することになる。名宛人を誤った場合には、裁決は効力を生じないが、これには例外がある。すなわち、相続または合併もしくは分割による地位の承継の届出がされるまでの間において、死亡者または合併前の法人その他の社団もしくは財団もしくは分割をした法人に宛てにされた送達が、審査請求人の地位を承継した相続人その他の者または合併後の法人その他の社団もしくは財団もしくは分割により審査請求人の地位を承継した法人に到達したときは、当該送達は、これらの者に対する通知としての効力を有する（改正行政不服審査法15条4項）。
　　㋑　**送達**　　裁決の送達は、送達を受けるべき者に裁決書の謄本を送付することによってする。謄本とは、原本の内容を同一の文字符号により全部写したものであって、原本の内容を証明するために作られる書面を意味する。送付は郵送によることも、送達を受けるべき者に直接に交付することもできる。後日の紛争に備え、郵送する場合には配達証明付きにし、直接交付する場合には受領証を受け取る等の運用をすべきと思われる。
　送達を受けるべき者の所在が知れない場合その他裁決書の謄本を送付することができない場合には、公示の方法によってすることができる。送達を受けるべき者の所在が知れない場合とは、合理的な調査をしても、所在が知れない場合であって、住民票、商業登記簿等の調査は行う必要があり、単に郵送した裁決書の謄本が宛先不明で返戻されたことのみをもって、公示送達の要件を満たすわけではない。その他裁決書の謄本を送付することができない場合とは、所在不明ではないものの、戦場等、送付が困難な海

外に居住しており、国内に受領代理人もいないような場合である。民事訴訟法が定める公示送達は、裁判所書記官が送達すべき書類を保管し、いつでも送達を受けるべき者に交付すべき旨を裁判所の掲示場に掲示してすることとされ（民訴111条）、裁判所書記官は、公示送達があったことを官報または新聞紙に掲載することができ、外国においてすべき送達については、裁判所書記官は、官報または新聞紙への掲載に代えて、公示送達があったことを通知することができるとされている（民訴規則46条2項）。このように、裁判所の掲示場に掲示が義務付けれるのみで、官報または新聞紙への掲載（外国においてすべき送達については、これらに代わる通知）は任意である。これに対し、改正行政不服審査法による公示送達の場合、公示の方法による送達は、審査庁が裁決書の謄本を保管し、いつでもその送達を受けるべき者に交付する旨を当該審査庁の掲示場に掲示し、かつ、その旨を官報その他の公報または新聞紙に少なくとも1回掲載してするものとするとされており（51条3項前段）、掲示場への掲示と官報その他の公報または新聞紙への掲載の双方が義務付けられていることに留意する必要がある。公示送達の場合、その掲示を始めた日の翌日から起算して2週間を経過した時に裁決書の謄本の送付があったものとみなされる。公示する内容は、裁決の内容またはその要旨ではなく、裁決書を審査庁が保管しており、いつでもその送達を受けるべき者に交付する旨である。

　(ウ)　送付　審査請求人は裁決の名宛人であるので「送達」しなければならないが、参加人および処分庁等には「送付」することとされている。ただし、審査庁が処分庁等である場合には、自らに送付するのは無意味であるから、処分庁等に送付する必要はない。

　(エ)　拘束力　裁決は、関係行政庁を拘束する効力（拘束力）を有する。裁決の拘束力とは、裁決が確定した場合に、関係行政庁に当該裁決の趣旨に従って行動する義務を負わせる法効果をいう。拘束力は、裁決の実効性を確保するために認められるものであるから、裁決の主文を導き出すのに必要な要件事実の認定および法律判断についてのみ生じ、裁決の主文と無関係な傍論や間接事実の認定には生じない。関係行政庁とは、処分庁およびその上級行政庁、下級行政庁のみならず、当該処分にかかる協議を

受けた行政庁等を含む。同一の行政主体に属するものに限定されない。

　申請に基づいてした処分が手続の違法もしくは不当を理由として裁決で取り消され、申請を却下し、もしくは棄却した処分が裁決で取り消された場合、処分庁は、裁決の趣旨に従い、改めて申請に対する処分をしなければならない。申請に基づいてした処分が手続の違法もしくは不当を理由として裁決で取り消された場合とは、申請を認容する処分が申請者以外の第三者からの審査請求で取り消された場合であり、行政事件訴訟法33条3項に対応する（同項の意味について、宇賀克也・改正行政事件訴訟法［補訂版］（青林書院、2006年）136頁参照）。申請を認容する処分については、手続的瑕疵で取り消された場合のみを念頭に置いた規定になっている。その理由は、実体的瑕疵を理由として処分が取り消されれば、再び申請を認容する処分がされる可能性はほとんどないのに対し、手続的瑕疵を理由として処分が取り消されても、再び同一の処分が反復してされる可能性が高く、同一の手続が反復されることを禁止しなければ、審査請求人の救済の実効性が損なわれるおそれがあるからである。もっとも、実体的瑕疵を理由として処分が取り消された場合においても、再度申請を認容する処分がされる可能性が皆無ではないので、申請を認容する処分について、手続的瑕疵による取消しについてのみ規定することで足りるかについては、議論がありうる。

　申請却下処分または申請棄却処分が裁決で取り消されると、その形成力により、当該処分は遡及的に失効し、当初の申請が係属している状態に戻ることになる。したがって、処分庁は諾否の応答を義務付けられることになる（行手2条3号）。申請に基づいてした処分が手続の違法または不当を理由として裁決で取り消された場合には、裁決の拘束力により、処分庁は、違法または不当とされた手続を反復することが禁止される。また、申請を却下し、または棄却した処分が裁決で取り消された場合、裁決の拘束力により、処分庁は、違法または不当とされた同一の理由により同一の処分を行うことが禁止される。

　処分を法令の規定により公示することが義務付けられている場合には、当該処分の内容を一般に周知することが必要と考えられているのであるから、当該処分が取り消され、または変更された場合にも、当該処分が有効

と信じて行動する者等に不測の損害を与えないように、公示を義務付けることとしている。また、法令上公示が義務付けられていない場合であっても、法令に基づいて公示が行われた場合には、公示された処分が裁決で取り消され、または変更された場合には、公示を信頼した者を保護する必要があるので、当該処分が取り消され、または変更された旨を公示しなければならない。

法令の規定により処分の相手方以外の利害関係人に処分の通知が義務付けられている場合には、当該通知を義務付けている趣旨は、当該処分が裁決で取り消され、または変更された場合にも妥当し、かかる通知をしないと、当該処分が有効と信じて行動する者等に不測の損害を与えかねない。したがって、かかる利害関係人への通知が義務付けられている。また、法令上、処分の相手方以外の利害関係人への処分の通知が義務付けられていない場合であっても、法令に基づいてかかる通知が行われた場合には、通知された処分が裁決で取り消され、または変更された場合には、当該通知を信頼した者を保護する必要があるので、当該処分が取り消され、または変更された旨を通知しなければならない。

審査請求人については改正行政不服審査法51条1項の規定に基づき裁決が送達され、参加人には同条4項の規定に基づき裁決書の謄本が送付されるので、同法52条4項の送付先からは除外されている。

通説・判例は、原処分を取り消し、または変更する裁決には拘束力があるが、原処分を適法と認めて審査請求を棄却する裁決があっても、処分庁は独自の審理判断に基づいて、職権で原処分を取り消し、または変更することができるとする立場をとっている（最判昭和49・7・19民集28巻5号759頁）。もっとも、反対説がないわけではない。反対説の理由は、(ⅰ)棄却裁決があった後は新たな判断資料の発見というような事情の変更のない限り、処分庁は原処分を変更し得ないという趣旨において棄却裁決にも拘束力を承認すべきこと、(ⅱ)裁決には不可変更力があること、(ⅲ)審査庁が処分庁の上級行政庁である場合には両者の間に指揮監督の関係があること、(ⅳ)行政事件訴訟法33条1項と旧行政不服審査法43条1項とは同日 (1962［昭和37］年10月1日) 施行でありながら前者は明文をもって取消判決

に限定するのに対して後者にはそのような限定はないこと、（ⅴ）抗告訴訟の判決は司法権と行政権の関係に関するものであるのに対して、裁決は行政権間の関係に関するものであることをその理由とする（青木康・ジュリ444号162頁注(1)参照）。

　㋺　**不可変更力**　　裁決は一般の行政処分とは異なり、特別の規定のない限り、審査庁自身が取り消すことはできないと解されている（最判昭和29・1・21民集8巻1号102頁、仙台高秋田支判昭和29・6・28行集5巻6号1315頁）。ただし、裁決の同一性を害しない限り、計算上の誤りや誤記等を訂正することは妨げられないと解される。

　⑦証拠書類等の返還

　審査庁は、裁決をしたときに、速やかに、証拠書類等を提出人に返還する義務を負う。裁決により、審査請求にかかる一連の手続が終了することになり、書類その他の物件を審査庁が保管する意味がなくなるし、かかる書類その他の物件を提出した者にとっては、可及的速やかにそれらの返還を欲するのが通常であると考えられるからである。改正行政不服審査法は、審理員による審理手続の主宰の下で、審査請求人と処分庁等が対峙する審理構造がとられることに照らし、処分庁等が自発的に提出した物件の返還についても定められている。

第4章　再調査の請求

（1）　請求期間
①主観的請求期間
　再調査の請求は、処分があったことを知った日の翌日から起算して3月を経過したときは、することができない。旧行政不服審査法45条においては、異議申立ての主観的期間は、処分があったことを知った日の翌日から起算して60日以内であったが、主観的審査請求期間が60日から3月に延長されたのに合わせ、主観的再調査の請求期間は、処分があったことを知った日の翌日から起算して3月とされた。旧行政不服審査法における主観的異議申立期間については、60日を経過した場合、天災その他異議申立てをしなかったことについてやむを得ない理由があるときは、その理由がやんだ日の翌日から起算して1週間以内に限り、異議申立てをすることが認められていた。しかし、主観的審査請求期間を経過した場合、正当な理由があれば救済されることになったことと平仄を合わせ、主観的再調査の請求期間についても、期間経過について正当な理由があれば救済することとしている。

②客観的請求期間
　再調査の請求は、処分があった日の翌日から起算して1年を経過したときは、することができない。ただし、正当な理由があるときは、この限りでない。旧行政不服審査法48条で同法14条3項が異議申立てに準用されていたため、客観的異議申立期間は、処分があった日の翌日から起算して1年であり、客観的再調査の請求期間についても、同じ期間とされている。

（2）　誤った教示をした場合の救済
　平成20年法案においては、再調査の請求は審査請求に前置を義務づけられていた。これに対し、改正行政不服審査法は、再調査の請求ができる場

合においても審査請求と選択を認めている。したがって、再調査の請求は、不服申立人が、審査請求の前に再調査の請求をすることを選択する場合にのみ行われることになる。それゆえ、再調査の請求ができる場合における改正行政不服審査法82条1項の規定の「不服申立てをすることができる旨」の教示は、再調査の請求または審査請求のいずれかをすることができる旨を示すべきことになる。しかし、再調査の請求ができる旨を教示せずに審査請求をすることができる旨のみ教示した場合には、不服申立人が再調査の請求をする機会を奪わないように、審査請求人からの申立てにより、審査請求書を処分庁に送付し、送付を受けた処分庁が速やかにその旨を審査請求人および参加人に通知し、審査請求書が処分庁に送付されたときに初めから処分庁に再調査の請求がされたとみなすことにより、処分庁の過誤により再調査の請求ができなくなる事態を回避することとされている。

　審査請求人から申立てがあったことを再調査の請求に切り替える要件としているのは、再調査の請求は不服申立人が審査請求の前に行うことを望む場合にのみ選択される不服申立類型であるから、再調査の請求ができる旨の教示の懈怠があった場合において審査請求がされたとしても、審査請求人の意思にかかわらず再調査の請求として扱うことは適切ではなく、再調査の請求をするか否かについては、審査請求人の意思に委ねることが適切であるからである。再調査の請求をすることができる旨を教示しなかった場合には、審査請求をすることができることのみ教示をした場合のほか、不服申立てをすることができる旨の教示を全くしなかった場合も含まれる。

　再調査の請求への切り替えは、審査請求人に対し弁明書が送付された後においては行うことはできない。その理由は、（ⅰ）改正行政不服審査法は不服申立類型を原則として審査請求に一元化し、再調査の請求は例外的に認められるにすぎないこと、（ⅱ）審査請求から再調査の請求への切替えを認めた場合、当該再調査の請求の決定後に再調査の請求人は、再度、審査請求をすることができるので、審査請求の審理がかなり進行した後に再調査の請求への切替えを認めることには、争訟経済上の問題があることである。そこで、審査請求において必ず審査請求人に送付され（改正行政不服審査法29条5項。審理員制度が適用されず、審査庁が審理を主宰する場合であっても、弁

明書は作成される。同法9条3項により読み替えられる29条2項)、実質的な本案審理を開始させる手続であって審査請求人が明確に認識できる弁明書の送付後においては、再調査の請求への切替えを認めないこととしている。再調査の請求の申立てがされ、審査請求書または審査請求録取書が処分庁に送付されたときは、これらが処分庁に送付された時点ではなく、誤った教示に従って審査請求がされた時点で再調査の請求がされたものとみなされる(改正行政不服審査法55条3項)。したがって、審査請求期間内に適法に審査請求がされていれば、再調査の請求の申立てがされ、審査請求書または審査請求録取書が処分庁に送付された時点で再調査の請求期間を経過していても、再調査の請求期間内に再調査の請求がされたものとみなされることになる。かかる場合、不服申立書は「審査請求書」と記載され、その宛先として審査請求をすべき行政庁として教示された行政庁が記載されていると考えられるが、補正をする必要はなく、再調査の請求書として扱えば足りる。

(3) 再調査の請求についての決定を経ない審査請求

再調査の請求をしたときは、当該再調査の請求についての決定を経ないと審査請求をすることができないのが原則である(改正行政不服審査法5条2項本文)。しかし、この原則には例外がある。すなわち、(ⅰ)当該処分につき再調査の請求をした日の翌日から起算して3月を経過しても、処分庁が当該再調査の請求につき決定をしない場合、(ⅱ)その他再調査の請求についての決定を経ないことにつき正当な理由がある場合には、当該再調査の請求についての決定を経ずに審査請求をすることができる(同項ただし書)。

再調査の請求についての決定を経ずに審査請求がされたときは、審査請求人は、もっぱら審査請求に対する裁決を求めているのであるから、再調査の請求についての審理を継続する意味はない。そこで、再調査の請求は取り下げられたものとみなすこととしている。ただし、処分庁において当該審査請求がされた日以前に再調査の請求にかかる処分(事実上の行為を除く)を取り消す旨の決定書の謄本を発している場合または再調査の請求にかかる事実上の行為を撤廃している場合は、すでに再調査の請求の審理が

終了し決定が出されているのであるから、再調査の請求が取り下げられたとみなすのは、争訟経済に反する。かかる場合には、再調査の請求に対する決定を受けて、審査請求を行うか否かを再調査の請求人が判断して、当該決定に不服があり、審査請求をする場合には、再調査の請求に対する決定を前提とした審理を行うことが、争訟経済に資することになる。そこで、この場合には、審査請求が取り下げられたとみなすこととしている。再調査の請求に対して、処分庁が、当該処分の一部を取り消し、または事実上の行為の一部を撤廃する決定をした場合には、当該部分についてのみ審査請求が取り下げられたとみなすこととしている。

（4） 教示

再調査の請求がされた日の翌日から起算して3月を経過しても当該再調査の請求が係属しているときは、再調査の請求についての決定を経ずに審査請求をすることができるが、そのことを再調査の請求人が認識していないために審査請求の機会を失することがないように、処分庁は、遅滞なく審査請求にかかる教示をする義務を課されている（改正行政不服審査法57条）。ここでいう「再調査の請求がされた日」とは、同法61条において準用する同法16条の「その事務所に到達」した日である。

（5） 決定
　①名称

審査請求に対する審査庁の最終判断は「裁決」と称されるのに対し、再調査の請求に対する処分庁の最終判断は「決定」と称される。旧行政不服審査法において、審査請求に対する審査庁の最終判断は「裁決」、異議申立てに対する異議審理庁の最終判断は「決定」と呼称が区別されていたのは、審査庁は処分庁以外の行政庁であるのに対し、異議審理庁は処分庁であるという点の差異に着目したからであった。他方、改正行政不服審査法においては、審査庁が処分庁であることもあり、処分庁が審理するか否かで審査請求と再調査の請求を区分することはできない。したがって、再調査の請求について「裁決」と区別して「決定」という用語を使用すること

が妥当かという問題がある。しかし、審査請求は審理員による審理制度、行政不服審査会等への諮問制度により、公正中立性を高めているのに対し、再調査の請求には、かかる制度は導入されておらず、審理手続の点で顕著な差異がある。そこで、この差異を明確に表現するために、再調査の請求に対する処分庁の最終判断は「決定」という形式で示すこととされた。

②却下決定

再調査の請求が法定の期間経過後にされたものである場合その他不適法である場合には、処分庁は、処分が違法または不当かという本案の判断を行うことなく、再調査の請求を退けることになり、この場合には却下決定をすることになる。

③棄却決定

再調査の請求が適法要件を満たしているが、処分が違法でも不当でもない場合には、棄却という形式の決定をすることになる。処分についての審査請求を棄却する裁決には、事情裁決もあるが、これに対応する事情決定の制度はない。旧行政不服審査法48条は、事情裁決についての同法40条6項の規定を異議申立てにも準用していたが、再調査の請求は、異議申立てよりもさらに簡略な手続であり、要件事実の認定の当否にかかる不服申立てが大量に行われるような場合に限定して例外的に認められているにすぎないので、事情決定についての規定を設ける実際上の必要性が認められないからである。

④認容決定

(ア) 処分（事実上の行為を除く）　処分（事実上の行為を除く）についての審査請求の認容の場合には、法令に基づく申請に対する拒否処分を取り消すにとどまらず、当該申請を認容する処分をすべきものと認めるときに、当該申請を認容する「一定の処分」にかかる措置についての規定が設けられている。これに対し、再調査の請求の場合には、かかる規定は設けられていない。その理由は、再調査の請求の場合には、かかる規定がなくても、処分庁は、申請拒否処分を取り消す決定をした後、速やかに申請認容処分を行うと考えられたからである。

(イ) 事実上の行為　事実上の行為についての再調査の請求が理由

がある場合には、処分庁は、決定で、当該事実上の行為が違法または不当である旨を宣言するとともに、当該事実上の行為の全部もしくは一部を撤廃し、またはこれを変更する（改正行政不服審査法59条2項）。実際には、整備法で定められた再調査の請求の中には、公権力の行使に当たる事実上の行為に該当するものは存在しない。しかし、公権力の行使に当たる事実上の行為が再調査の請求の対象になることが、理論的にありえないわけではないので、同項の規定が設けられている。

　　(ウ)　**不利益変更禁止**　　変更決定を行う場合、再調査の請求人の不利益に当該処分または当該事実上の行為を変更することはできない（改正行政不服審査法59条3項）。

　　(エ)　**参与機関の答申に基づく処分**　　旧行政不服審査法47条3項ただし書は、「処分（事実行為を除く。）についての異議申立てが理由があるときは、処分庁は、決定で、当該処分の全部若しくは一部を取り消し、又はこれを変更する。ただし、異議申立人の不利益に当該処分を変更することができず、また、当該処分が法令に基づく審議会その他の合議制の行政機関の答申に基づいてされたものであるときは、さらに当該行政機関に諮問し、その答申に基づかなければ、当該処分の全部若しくは一部を取り消し、又はこれを変更することができない」と規定していた。この規定の適用対象となる処分は、すべて審査請求となり、再調査の請求となる例はない。

　⑤**方式**

　再調査の請求にかかる決定は、主文および理由を記載し、処分庁が記名押印した決定書によりしなければならない。審査請求の裁決書において必要的記載事項とされている「事案の概要」、「審理関係人の主張の要旨」に相当する再調査の請求人等の主張の要旨は、決定書の必要的記載事項とされていない。その理由は、再調査の請求が審査請求よりも大幅に簡略な手続により迅速に原処分を見直すことを目的とするものであり、さらに、再調査の請求に対する決定に不服があれば、審査請求をすることも可能であるからである。もとより、事案の概要、再調査の請求人等の主張の要旨等を決定書に任意に記載することは妨げられない。

　⑥**教示**

処分庁は、決定書に、再調査の請求にかかる処分につき審査請求をすることができる旨ならびに審査請求をすべき行政庁および審査請求期間を記載して、これらを教示しなければならない（改正行政不服審査法60条2項）。ただし、再調査の請求に対し、処分（事実上の行為を除く）の全部を取り消し、または、事実上の行為の全部を撤廃する場合には、再調査の請求にかかる処分が失効することになり、審査請求をすることができなくなるので、教示の対象にならない。

再調査の請求を選択した場合、当該再調査の請求についての決定を経た後でなければ、審査請求をすることが原則としてできないが、これは適法な再調査の請求が前置されていることを要件としているので、再調査の請求が不適法として却下された場合には、再調査の請求前置の要件を満たさず、審査請求は不適法として却下されることになる。しかし、再調査の請求が適法であったにもかかわらず、処分庁が不適法として違法に却下決定をする可能性がある。かかる場合には、再調査の請求人には責に帰すべき事由がないので、再調査の請求前置の要件は満たしていると解すべきである（最判昭和36・7・21民集15巻7号1966頁参照）。そこで、再調査の請求却下決定が違法な場合に限り審査請求をすることができる旨の教示を処分庁に義務付けている。

再調査の請求の決定において、審査請求にかかる教示が懈怠された場合については特段の定めがない（改正行政不服審査法83条の規定は、原処分時における教示の懈怠があった場合について定めるものであり、再調査の請求に対する決定時における教示の懈怠について定めるものではない）。この場合の審査請求は、再調査の請求に対する決定後、2段階目の不服申立てであるので、教示の懈怠が実際上問題になることはほとんどないと考えられたためである。

（6） 審査請求に関する規定の準用
①個別列記
旧行政不服審査法48条は、審査請求に関する手続を基本的には異議申立てにも準用することとしていた。すなわち、同法2章2節（処分についての審査請求）を準用するとした上で、同節のうち準用しないものを控除して

いた。他方、改正行政不服審査法は、再調査の請求が、要件事実の認定の当否にかかる不服申立てが大量になされるような処分について、その利用が選択された場合に、簡易迅速な手続で処分庁が処分を見直す手続であり、再調査の請求に対する決定を経た後に審査請求を行うことも可能であることから、審査請求に関する手続のうち必要最小限のものに限り準用する方針をとっている。そのため、審査請求の手続に関する節を準用した上で準用しない条項を除く方式ではなく、準用規定を個別に列記する方式を採用している。

　②重要な準用規定

　旧行政不服審査法において異議申立てに準用されていた審査請求についての審査請求人の手続的権利のうち、再調査の請求にも準用されているのは、口頭意見陳述（質問権を除く）、証拠書類等の提出、執行停止の申立て等に限定されている。改正行政不服審査法が新たに設けた制度のうち再調査の請求にも準用されているのが標準審理期間制度であり、これは、再調査の請求については、審査請求の場合以上に迅速性の要請が大きいからである。

　③審査請求との相違

　弁明書の提出、提出書類等の閲覧等にかかる規定は、再調査の請求に準用されていない。また、異議申立てに対する決定には裁決の拘束力の規定は準用されていなかったが、再調査の請求に対する決定も必ず処分庁自身が行うので拘束力を付与する必要性が乏しいこと（現在、再調査の請求が認められているものの中には例がないが、処分庁が処分を行うに際し、他機関の同意を得る必要があるものについて再調査の請求が認められることも理論上は想定しうるので、再調査の請求であっても、処分庁以外の関係行政庁が存在することはありうる）を理由として、裁決の拘束力に関する規定は準用されていない。旧行政不服審査法が異議申立てに準用していた参考人の陳述および鑑定の要求、物件の提出要求、検証、審査請求人または参加人の審尋にかかる規定は、再調査の請求には準用されていない。改正行政不服審査法が新たに設けた規定のうち、審理員およびそれを前提とした規定（9条・17条・40条）、審理手続の計画的進行・遂行（28条、37条）、口頭意見陳述における質問権（31条5項）、

審理手続の終結（41条）、行政不服審査会等への諮問（43条）等にかかる規定は再調査の請求に準用されていない。

第5章　再審査請求

（1）期間
①主観的期間

　再審査請求は、審査請求に対する原裁決に不服がある者が行うものであり、主観的審査請求期間は3月である。審査請求に対する原裁決がされた時点では、処分があったことを知った日からかなりの年月が経過していることになり、審査請求についての審理手続を終えているため、一般に、争点が絞られ、証拠書類等の準備も十分にできていると思われる。したがって、原裁決があったことを知った日の翌日から起算して1月という期間が短すぎるとはいえないと考えられ、再審査請求は、原裁決があったことを知った日の翌日から起算して1月を経過したときは、することができないこととされた（旧行政不服審査法は、原裁決があったこと知った日の翌日から起算して30日とされていたが、主観的審査請求期間が月単位で規定されたのに合わせて、主観的再審査請求期間は1月と規定された）。ただし、正当な理由があるときは、この限りでない。

　法定の期間よりも長い期間が誤って再審査請求期間として教示された場合には、教示された期間内に再審査請求がされれば、一般に、法定の再審査請求期間を経過したことに「正当の理由」があると解される。また、再審査請求期間が教示されなかった場合にも、審査庁が審査請求人に口頭で再審査請求期間を伝え、再審査請求人が正しい再審査請求期間を認識していたというような特段の事情がない限り、法定の再審査請求期間を経過したことに「正当の理由」があると解すべきと思われる。

②客観的期間

　再審査請求は、原裁決があった日の翌日から起算して1年を経過したときは、することができない。ただし、正当な理由があるときは、この限りでない。

（2） 原裁決にかかる裁決書の送付

　再審査請求に対する裁決は、行政組織内では最終の判断になる。したがって、その審理の公正中立性を確保する必要があり、再審査請求にかかる処分に関与した者等を除斥事由とする審理員が主宰することを原則としている。審査請求の審理手続を主宰する審理員は、原処分に関与していないので、事案の概要、原処分の理由を理解するために、弁明書の提出を必ず求めることとしているが、この規定は再審査請求に準用されていない（66条）、したがって、再審査請求を審理する審理員は、弁明書に代わるものとして、原裁決にかかる裁決書の送付を原裁決をした行政庁に必ず求めることとしている（旧行政不服審査法54条は、審査庁に裁決書の送付を求めるか否かは再審査庁の裁量に委ねていた）。同様に、審理員が指名されない場合の再審査庁も、事案の概要、原処分の理由を理解することが不可欠であることから、原裁決にかかる裁決書の送付を原裁決をした行政庁に必ず求めることとしている。

　なお、審理員が審査庁に提出した審理員意見書および事件記録（41条3項・42条2項）の提出の求めについては規定されていないが、本法66条1項において、物件の提出要求にかかる本法33条の規定が準用されているので、必要に応じ、審理員意見書および事件記録の送付を物件の提出要求の規定により求めることができる。

（3） 裁決

①却下裁決

　再審査請求が法定の期間経過後にされたものである場合その他不適法である場合には、再審査庁は、違法または不当の審理に立ち入らずに、裁決で、当該再審査請求を却下する。

②棄却裁決

　再審査請求人が原処分を対象として再審査請求をしたときは原処分が違法または不当かが、再審査請求人が原裁決を対象として再審査請求をしたときは原裁決が違法または不当かが審理され、再審査庁が違法でも不当でもないと認めるときは、当該再審査請求は理由がないとして棄却されるこ

とになる。

　審査請求を却下し、または棄却した裁決が違法または不当である場合においても、当該裁決にかかる処分が違法または不当でないときは、再審査庁は、当該再審査請求を棄却することとされている（改正行政不服審査法64条3項）。その理由は、原処分が違法でも不当でもない場合には、理由提示の不備等、原裁決に固有の瑕疵があるため原裁決を取り消して審査請求をやり直しても、審査請求を認容することにはならないので、争訟経済を考慮して、審査請求手続の反復を避けることにある。原処分が違法でも不当でもないために原裁決に固有の瑕疵があっても棄却裁決をする場合には、原裁決が違法または不当であることを裁決主文で宣言することは義務付けられていない。しかし、原裁決に固有の瑕疵があることは、裁決において明らかにすべきであり、少なくとも裁決の理由において、そのことを明記する運用をすべきと思われる。

　再審査請求にかかる原裁決等が違法または不当であっても、これを取り消し、または撤廃することにより公の利益に著しい障害が生ずる場合において、再審査請求を棄却する事情裁決が認められている（同条4項）。同条3項も「再審査請求に係る原裁決等が違法または不当」である場合に含まれるため、同条4項では「前項に規定する場合のほか」と定めている。事情裁決の場合には、裁決主文で、原裁決等が違法または不当であることを宣言しなければならない（同条4項）。

③認容裁決
　　㋐　**原裁決または原処分**　　旧行政不服審査法56条は、処分についての審査請求の裁決にかかる同法40条の規定を変更裁決にかかる部分も含めて準用していた。これに対し、改正行政不服審査法65条は、変更裁決に関する規定を設けていない。その理由は、同法における審査庁は、原則として処分庁の最上級行政庁であるので、再審査庁が処分庁・裁決庁であることのみならず、処分庁・裁決庁の上級行政庁であることも想定されないからである。そこで、同法においては、再審査庁は、処分庁・裁決庁または処分庁・裁決庁の上級行政庁のいずれでもない行政庁であることを想定した規定のみを設けており、その前提の下では、再審査庁は、自ら変更す

る権限はなく、上級行政庁としての一般的指揮監督権も有しないから変更を命ずる権限も有しないため、変更裁決に関する規定は設けられなかったのである。そして、もし、個別法で処分庁・裁決庁の上級行政庁を再処分庁とする例外を認める必要が生ずる場合には、当該個別法において、必要に応じ、変更裁決について定めることとしている。同様に、申請に対する「一定の処分」にかかる措置を定める改正行政不服審査法46条2項に相当する規定が再審査請求については設けられていないのは、同項は、処分庁の上級行政庁である審査庁または処分庁である審査庁に関する規定であるところ、改正行政不服審査法は、再審査庁が処分庁・裁決庁の上級行政庁であることを前提としていないからである。改正行政不服審査法64条3項に規定する棄却裁決、同条4項に規定する事情裁決も、再審査請求の対象とされた原裁決等が違法または不当であるときになされ、「再審査請求が理由がある場合」に該当するが、これらの場合には取消裁決はされないので、取消裁決にかかる同法65条1項は、これらの場合を除くことを明記している。

　　(イ)　**事実上の行為**　　事実上の行為についての再審査請求が理由がある場合には、裁決で、当該事実上の行為が違法または不当である旨を宣言するとともに、処分庁に対し、当該事実上の行為の全部または一部を撤廃すべき旨を命ずる（改正行政不服審査法65条2項）。事実上の行為についての再審査請求であっても、事情裁決がされる場合がある（同法64条4項）。改正行政不服審査法65条2項では、原裁決等（事実上の行為を除く）についての再審査請求にかかる同条1項と異なり、同法64条3項の規定による棄却裁決を除外していない。その理由は、同条3項は、原裁決を対象にされた再審査請求にかかる規定であり、原裁決ではなく事実上の行為についての再審査請求を定める同法65条2項との関係は問題とならないからである。

（4）　審査請求にかかる規定の準用
　①包括的準用
　再審査請求は、行政組織内部では最終の判断になるので、審査請求に準ずる手続により、公正中立な審理を確保することが重要である。したがっ

て、再調査の請求が審査請求に関する規定を必要最小限の範囲で準用するために準用規定を列挙しているのとは異なり、再審査請求については審査請求に関する規定を包括的に準用した上で、準用しない規定を控除する方式を採用している。

　②**重要な準用規定**

　再審査請求においても審理員による審理が中心になるため、改正行政不服審査法9条の審理員に関する規定は準用されている。改正行政不服審査法が新設した標準審理期間に関する規定、審理手続の計画的進行・遂行に関する規定は、再審査請求についても迅速性の要請に応える必要があることから準用されている。参加人の意見書に関する規定については、審査請求手続に参加していなかった者が、再審査請求手続において参加人となる可能性は否めないため、準用されている。

　③**審査請求との相違**

　再審査請求は処分についての審査請求の裁決に不服がある者が行うものであるので、不作為についての審査請求の規定を準用していない。改正行政不服審査法22条（誤った教示をした場合の救済）の規定は再審査請求には準用されていないので、審査請求の裁決書における教示を懈怠した場合の救済については定められていないことになる。これは、審査請求の裁決書における再審査請求にかかる教示は、2段階目の不服申立てにかかる教示であるし、再審査請求は、個別法で特に定める場合に限り、当該個別法で定める行政庁に対して認められるものであるので、教示の懈怠が実際に問題になることはほとんどないと考えられるためである。もし、実際よりも長い再審査請求期間が教示され、当該期間内に再審査請求がなされたが、法定の再審査請求期間を経過していた場合には、再審査請求の経過について「正当な理由」（改正行政不服審査法62条1項ただし書・2項ただし書）があると解される。再審査請求期間の教示の懈怠があった場合に、再審査請求期間を経過して再審査請求がされた場合には、再審査請求期間の教示の懈怠は、「正当な理由」の有無の判断に当たり重要な考慮要素になり、再審査請求人が他の方法で再審査請求期間を知っていたというような特段の事情がない限り、「正当な理由」があると解すべきと思われる。

改正行政不服審査法25条2項は、処分庁の上級行政庁または処分庁である審査庁が執行停止をする場合についての規定であるが、これらの行政庁が再審査庁となることは、一般的には想定されないので、準用されていない。改正行政不服審査法29条2項～5項は弁明書、同法30条1項は反論書にかかる規定であるが、再審査請求については、同法63条の定める裁決書の送付をもって、これらの書面の機能を代替することとしているので、準用されていない。行政不服審査会等への諮問に関する規定も準用されていない。その理由は、同法は、処分または裁決を行うに際し、行政不服審査会等または個別法令で定める合議制の第三者機関の判断を経ることを原則としており、第三者機関の判断を求める意義が乏しいと考えられる場合を除き、審査請求に対する裁決がなされる前に有識者等からなる合議制機関等の判断をすでに経ていることになり、審査請求に対する裁決後に第2段の不服申立てとしてなされる再審査請求において、行政不服審査会等に諮問する意義に乏しいと考えられるからである。変更裁決を行う権限を有するのは処分庁の上級行政庁または処分庁である審査庁であるところ、再審査庁が処分庁・裁決庁の上級行政庁または処分庁・裁決庁であることは、一般的には想定されないので、同法48条の不利益変更禁止原則にかかる規定も準用されていない。同法49条は、不作為についての審査請求の裁決に関する規定であるが、再審査請求は処分についての審査請求の裁決に不服がある者が行うものであるので、準用されていない。同法50条3項は、再審査請求に関する教示規定であり、再審査請求に対する裁決の後にさらに再々審査請求をすることは一般的には想定されないので準用されていない。

第6章　行政不服審査会等

(1)　行政不服審査会の組織

　①設置

　審理員制度は、審理手続の公正性、透明性の向上に寄与するものであるが、審理員は審査庁の職員から指名される補助機関であるため、それのみでは、審理手続における公正中立性の確保が十分であるとはいいがたい。そこで、第三者機関への諮問制度もセットとして導入することとされ、総務省に行政不服審査会が設置されることとなった。行政不服審査会は、国家行政組織法8条の規定に基づく審議会等である。

　行政不服審査会を総務省に設置することとされたのは、（ⅰ）同審査会が改正行政不服審査法に基づく審査請求事件についての一般的諮問機関であるので、改正行政不服審査法を所管する総務省に設置することが適切と考えられること、（ⅱ）府省横断的な行政運営の管理は内閣の所掌事務とも位置付けうるが、中央省庁等改革基本法別表第2備考において、総務省は内閣および内閣総理大臣を補佐し、支援する体制を強化する役割を担うものとして設置することとされていること（宇賀・行政法概説Ⅲ180頁参照）による。

　行政不服審査会にかかる事務の総務省設置法上の位置付けであるが、同法4条11号は、「行政機関の運営に関する企画及び立案並びに調整に関すること」を総務省の所掌事務としている。行政不服審査会が、各府省の機関が行った処分または不作為についての不服審査を行うことは、改正行政不服審査法の目的である「行政の適正な運営の確保」（1条1項）に資するものであり、「行政機関の運営」に該当する。また、各府省の審査庁に対する答申を行うことにより、政府全体における統一性の確保に寄与しているので、総務省設置法4条11号の「行政機関の運営に関する……調整」を行っていることになる。

　②権限

行政不服審査会は、改正行政不服審査法の規定に基づく諮問案件について調査審議し、答申を行う。

③組織

行政不服審査会は、委員9人をもって組織される。行政不服審査会には、3部会が必要であると考えられ、1部会が3名で構成されるため、全体で9人の委員をもって組織することとされたのである。「審議会等の整理合理化に関する基本的計画」(平成11年4月27日閣議決定)別紙2「審議会等の組織に関する指針」2(勤務形態)では、行政改革の観点から、委員は原則として非常勤とすることとし、審議会等の性格、機能、所掌事務の経常性、事務量等からみて、ほぼ常時活動を要請されるものであり、かつ、委員としての勤務態様上特段の必要がある場合には、常勤とすることができるとされている。この方針を踏まえて、行政不服審査会の委員は、非常勤とすることを原則としているが、各部会の業務量はかなりのものになると想定され、機動的な対応が必要になる場面も想定されるので、各部会の部会長は、常勤とすることができるように、3人以内は常勤とすることができるとされている(改正行政不服審査法69条2項)(審議会等委員が常勤とされている例として、宇賀・行政法概説Ⅲ〔第3版〕216頁参照)。

④委員

㋐ 任命の実体要件　行政不服審査会は、第三者機関として、各府省に置かれる審理員による事実認定を検証し、その法令解釈の妥当性を審査する諮問機関であるため、その委員は、諮問された審査請求案件について公正かつ適切な判断をすることができる者でなければならない。審査請求事案の審査は、審査請求にかかる処分または不作為が違法または不当かを審査するものであるので、法律の専門家が委員に加わることが望ましい。また、行政実務に精通した者が委員に加わることも望ましい。そこで、法律または行政に関して優れた識見を有する者のうちから委員を任命することとされている。

㋑ 任命の手続

一般に、任命権者からの高度の独立性が要求される委員については、国会同意人事として、国会が民主的統制を及ぼすことにより、任命権者の意

向のみで任命することができないようにする仕組みがとられることが少なくない。行政不服審査会も、審査庁からの高度の独立性が要請されるので、委員は、両議院の同意を得て、総務大臣が任命することとされている。

　(ｳ)　**任期**　1999（平成11）年4月27日に閣議決定された「審議会等の整理合理化に関する基本的計画」においては、審議会等の委員の任期は、原則として2年以内とされているが、委員の任命が国会同意人事とされている場合、任命権者からの独立性を高めることが望ましいので、委員の身分を一般の審議会等よりも安定させるために任期を3年とすることが一般的である。行政不服審査会についても、同様の趣旨から、委員の任期を3年としている。

　(ｴ)　**罷免**　行政不服審査会の委員の身分が保障されることは、公正な審理のために不可欠であり、恣意的な罷免は禁ずる必要がある。他方において、委員が心身の故障のために職務の執行ができないと認める場合には、かかる委員を罷免しなければ、行政不服審査会の職務の遂行が停滞するおそれがある。また、委員に職務上の義務違反その他委員たるに適しない非行があると認める場合にかかる委員を罷免しなければ、行政不服審査会の職務が適正に行われないおそれがあるし、国民の行政不服審査会への信頼が失われる懸念もある。そこで、かかる場合には、総務大臣は、その委員を罷免することが認められている。ただし、罷免についても両議院の同意を得ることが要件とされており、恣意的な罷免が行われないように、国会が監視することができるようになっている。

　(ｵ)　**秘密保持義務**　行政不服審査会の委員は、国会同意人事であるため、特別職の国家公務員になる（国公2条3項9号）。そのため、一般職の国家公務員を対象とした国家公務員法の規定の適用を受けないことになり（同条5項）、同法の秘密保持義務にかかる規定（国公100条1項）の適用を受けない。行政不服審査会の委員は、調査審議の過程で、情報公開請求に対して不開示とする個人のプライバシーや法人の営業秘密等の情報を知ることがありうるので、改正行政不服審査法で秘密保持義務を課し、その違反に対して罰則を科している。

　(ｶ)　**政治的行為の禁止**　国家公務員法102条は、一般職の国家公務

員の政治的行為を禁止しているが、行政不服審査会の委員は特別職の公務員で、この規定の適用を受けない。しかし、同委員の政治的中立性の確保が重要であるため、改正行政不服審査法は、同委員の政治的行為を禁止している。

　㈭　**営利事業等の禁止**　　常勤の職員は、職務に専念すべきであるが、兼業等を規制する国家公務員法の規定（103条・104条）が適用されないため、改正行政不服審査法は、他の職務への従事制限について定めている。

　⑤会長

　㈠　**選任**　　審議会等の会長等は、合議体の自律性を重視し、原則として、委員の互選により定めることとされている（審議会等整理合理化計画別紙2［審議会等の組織に関する指針］4）。行政不服審査会の会長についても、原則どおり、委員の互選により選任することとされている。

　㈡　**職務**　　会長は、事務局を包含した行政不服審査会の所掌事務全体を総理し、審査会を代表する。　審査会を代表するとは、行政不服審査会の議決に従い、対外的に行政不服審査会を代表することを意味する。会長が単独で行政不服審査会の権限を代理して行使することを認める趣旨ではない。権限行使の主体は、合議制の行政不服審査会であって会長ではない。会長に事故があるときは、あらかじめその指名する委員が、その職務を代理する。

　⑥専門委員

　㈠　**任命**　　行政不服審査会の委員には、法律または行政に関する有識者が任命されているとはいえ、全ての諮問案件についての専門分野を少数の委員でカバーすることは困難であると思われ、また、事務量からいっても、限られた人数の委員では負担が過剰になるおそれがある。そこで、必要に応じ、専門的知識を有する者を調査審議に活用できるようにするため、専門委員を置くことができるようにしている（専門委員を置くことを認める他の審議会等の例について、宇賀・行政法概説Ⅲ193頁以下参照）。専門委員は、学識経験のある者のうちから、総務大臣が任命する。専門委員の数の上限については定められておらず、予算の範囲内で総務大臣の裁量で専門委員を任命することができる。

(イ)　**解任**　専門委員は、行政不服審査会が調査審議を行うに当たり、専門的知識を有する者を臨機に活用できるようにするためのものである。そのため、任期は法定されておらず、その者の任命にかかる当該専門の事項に関する調査が終了したときは、解任される。

　(ウ)　**非常勤**　専門委員については、臨機に任命され、その者の任命にかかる当該専門の事項に関する調査が終了したときは解任されるため、常勤委員の要件を満たさない。したがって、非常勤とされている。

　⑦合議体

　(ア)　**部会審議**　行政不服審査会の調査審議の効率化を図るため、部会制を採用し、個別の事案の調査審議は、委員のうちから、行政不服審査会が指名する者3人をもって構成する合議体で行うことを原則としている。部会の議決が行政不服審査会の議決となるので、部会の議決の後、行政不服審査会全体で改めて審議する必要はない。

　(イ)　**総会審議**　審査会が定める場合においては、委員の全員をもって構成する合議体で、審査請求にかかる事件について調査審議することとされている。いかなる場合に総会で調査審議するかについては、具体的には法定されておらず、行政不服審査会の自律的な判断に委ねられている。部会の意見が過去の答申の考え方と異なる場合等において、委員全員による総会で調査審議することが考えられる。

　⑧事務局

　(ア)　**独立の事務局の設置**　行政不服審査会は、府省横断的な不服審査機関であり、諮問庁である各府省の審査庁から独立性を有する必要がある。また、委員が調査審議するために必要な資料の収集・整理、審査関係人との連絡調整等、委員による調査審議を補佐する庶務の事務量は相当多くなると予想される。そこで、行政不服審査会には、固有の事務局を設置することとされている（固有の事務局を有する審議会等の他の例については、宇賀・行政法概説Ⅲ〔第3版〕210頁参照）。

　(イ)　**体制**　事務局の体制については、事務局長のほか、所要の職員を置くことしか法定されていないが、政令で、事務局長の選任、事務局内の課の設置等について定められると考えられる。

(ｳ) **事務局長**　事務局長は、会長の命を受けて、局務を掌理する。

(2)　行政不服審査会の調査審議の手続
①調査権限
　(ｱ) **審理員による審理の審査**　行政不服審査会は、必要があると認める場合には、審査請求にかかる事件に関し、必要な調査をすることができる。行政不服審査会に諮問される案件については、すでに審理員による審理が行われており、簡易迅速な手続により行政救済と行政統制を確保する観点から、行政不服審査会の基本的役割は、審査庁からの諮問書に添付される審理員意見書および事件記録の写し、裁決についての審査庁の基本的考え方等を審査資料として、審理員による事実認定、法解釈に誤りがないかを審査することである。行政不服審査会に諮問される前に、審理員または審査庁により、すでに十分な審理が行われているはずであり、行政不服審査会が事実認定を含めて覆審的審査をすることは、迅速な争訟の解決の要請に反することになる。

　審理員による審理手続において、弁明書、反論書、意見書、証拠書類もしくは証拠物または書類その他の物件は審理関係人等から提出されており、審理関係人の考え方は明確になっていると考えられる。そして、行政不服審査会への諮問は事件記録の写しを添えてしなければならないが、ここでいう事件記録は、審査請求書、弁明書その他審査請求にかかる事件に関する書類その他の物件のうち政令で定めるものであり、反論書、意見書、口頭弁論陳述書、証拠書類等、書類その他の物件、参考人の陳述書、鑑定書、審理員が職権で作成した検証調書は、政令で定められると思われる。また、審査庁の基本的考え方は、諮問書の添付書類に記載されることになると思われる。

　(ｲ) **独自調査**　行政不服審査会が調査審議を進めていく過程において、審理員による審理が十分ではないと考えることがありうる。そこで、かかる場合には、行政不服審査会が独自に調査を行うことが認められている。行政不服審査会が、事件記録として行政不服審査会に提出される資料等では審査のための資料が不十分と考えるときは、審査関係人に、その主

張を記載した書面（以下「主張書面」という）または資料の提出を求めること、適当と認める者にその知っている事実の陳述または鑑定を求めることその他必要な調査を行うことができる。

　行政不服審査会の調査審議においては、審査関係人は、審査請求人、参加人および審査庁になり、この審査関係人は調査審議の直接の関係人になる。審理員による審理手続においては、審査請求人、参加人および処分庁等が審理関係人であるのに対し、処分庁等は審査関係人に含まれていない。もっとも、行政不服審査会が処分庁等に資料の作成・提出を求めることが必要と考える場合はありうる。その場合には、「その他必要な調査」として、審査庁を通じて処分庁等に依頼することになる。

　②意見の陳述

　審理員による審理手続においても審査請求人、参加人には、口頭意見陳述の申立権が保障されているが、これとは別に、審査関係人に行政不服審査会における口頭意見陳述の申立権が付与されている。審理員による審理手続における口頭意見陳述の申立権とは別の権利であるので、審理員による審理手続で口頭意見陳述を行っていたとしても、行政不服審査会における口頭意見陳述が制限されるわけではない。審理員による審理手続における口頭意見陳述の申立てが認められるのは、審査請求人または参加人に限られ、処分庁等による申立ては認められていないのに対して、行政不服審査会における口頭意見陳述の申立ては、行政不服審査会が審査庁から独立した機関であることに照らし、審査庁も含む審査関係人が行うことができる。行政不服審査会における口頭意見陳述は、対審的構造を前提としたものではなく、審理員による審理手続における口頭意見陳述とは異なり、全ての審査関係人を招集して行われるものではない。また、審査請求人、参加人に審査庁に対する質問権を保障するものでもない点にも留意が必要である。

　審査関係人から意見陳述の申立てがあっても、行政不服審査会がその必要がないと認める場合には、意見を述べる機会を与えないでよい（改正行政不服審査法75条1項ただし書）。行政不服審査会が審査請求人の主張を全面的に認容する意向である場合であって、参加人が全部認容に反対の意思表

示をしていない場合には、審査請求人の口頭意見陳述を聴かなくても、審査請求人の不利益にならないし、早期に答申をすることが審査請求人の利益につながる。したがって、口頭意見陳述の機会を付与しないでよいと解される。また、同種の事案において、過去に同一の委員からなる部会が答申を出してそれが先例として確立しており、当該答申の射程が及ぶ事案であると認められる場合には、行政不服審査会の調査審議の効率性も考慮して、口頭意見陳述の機会を付与しないことができると解される。

審査請求人または参加人は、行政不服審査会の許可を得て、補佐人とともに出頭することができる。行政不服審査会は補佐人の出頭を許可をする場合においても、合理的な範囲にその人数を制限することができる。補佐人とともに出頭することができるのは、審査請求人または参加人に限られ、審査庁は、審査関係人として口頭意見陳述の申立てをすることはできるが、補佐人とともに出頭することはできない。審査庁は、その補助機関の適任な職員に口頭意見陳述を行わせることができるので、補佐人とともに出頭する必要性は認められないからである。

③主張書面の提出

審査関係人は、行政不服審査会に対し、主張書面または資料を提出することができる。かかる提出権を認めることは、審査請求人、参加人の権利利益の保護に資するのみならず、行政不服審査会にとっても、判断資料を豊富にし、適正な審査に資することになる。

④委員による調査手続

行政不服審査会における調査審議を全て合議体の会議において行うことは非効率的であり、簡易迅速な行政救済と行政統制の確保を図る改正行政不服審査法の趣旨にそぐわない。そこで、その指名する委員（以下「指名委員」という）に必要な調査を行わせた上で、その調査結果に基づいて合議体で調査審議をすることができることとされている。行政不服審査会は、東京に置かれることになるので、指名委員による調査手続を認めることにより、地方に指名委員が出張して調査をすることが可能になる場合があり、地方在住者の便宜にも資することになる。指名委員が行うことができるのは、（ⅰ）審査関係人に主張書面または資料の提出を求めること、（ⅱ）適当

と認める者にその知っている事実の陳述または鑑定を求めることその他必要な調査をさせること、(ⅲ)審査関係人の口頭意見陳述を聴取することである。合議体の会議が開催されない日において、以上のような調査を行うことができる委員は、一般に常勤の委員であると考えられる。各部会に1人の常勤委員を置くことが予定されている理由の1つは、上記のように委員単独による調査を可能とし、調査審議の効率化を図るためである。

⑤提出資料の閲覧等

(ア) 意義　行政不服審査会に提出された主張書面もしくは資料の閲覧または当該主張書面もしくは当該資料の写しもしくは当該電磁的記録に記録された事項を記載した書面の交付を求める権利を審査関係人に付与することは、審査関係人が十分な主張立証を行えるようにすることに資するため、かかる権利が認められている（改正行政不服審査法78条1項本文）。審査庁も審査関係人に含まれるから、審査庁も、提出資料の閲覧または写しの交付等を求めることができる。審査庁にも閲覧等請求権が付与されたのは、行政不服審査会が審査庁から独立した機関であるからである。

(イ) 時期　この権利は、行政不服審査会における調査審議手続における審査関係人の主張立証の便宜を図るためのものであるから、答申が行われた後は、閲覧等を求めることはできない。

(ウ) 対象　閲覧等請求の対象になる「審査会に提出された主張書面若しくは資料」には、(ⅰ)行政不服審査会が審査関係人に提出を求め、これを受けて審査関係人から提出された主張書面または資料（改正行政不服審査法74条）、(ⅱ)審査関係人が自主的に行政不服審査会に提出した主張書面または資料（同法76条）のほか、(ⅲ)諮問時に審査庁から提出される諮問書の添付書類（審理員意見書、事件記録等）も含まれる。

(エ) 電磁的記録の閲覧　電磁的記録を閲覧させる方法は、行政不服審査会が定めることになるが、電磁的記録を端末の画面に表示して閲覧をさせたり、電磁的記録をプリントアウトし、当該書面を閲覧させる方法等が考えられる。

(オ) 拒否事由　行政不服審査会が、提出書類の閲覧または交付を拒むことができるのは、第三者の利益を害するおそれがあると認めるとき、

その他正当な理由があるときに限られる（同項ただし書）。「第三者の利益を害するおそれがあると認めるとき」とは、第三者のプライバシーを侵害するおそれがあるときや、第三者の営業秘密を漏洩するおそれがあるとき等である。「その他正当な理由があるとき」とは、監査・検査の手法等が明らかになり当該事務の適正な遂行に支障を及ぼすおそれがあるとき等であり、基本的には、行政機関の保有する個人情報の保護に関する法律14条の不開示情報に該当する場合である。

　(カ)　**提出人の意見聴取**　審査関係人から閲覧または写しの交付等の請求があった場合、第三者の権利利益を害することがないように、行政不服審査会は、閲覧をさせ、または写しの交付をしようとするときは、当該閲覧または交付にかかる主張書面または資料の提出人の意見を聴取する義務を負う。この意見聴取は、参考意見としての聴取であり、提出者に拒否権を与えるものではない。提出者の意見を聴くまでもなく閲覧等の請求に対する判断を行政不服審査会が行うことが可能な場合には、意見を聴く義務を負わない（同条2項）。

　(キ)　**手数料**　行政不服審査会に提出された主張書面もしくは資料の写しまたは当該電磁的記録に記録された事項を記載した書面の交付を受ける審査請求人または参加人は、手数料を納付する義務を負う（同条4項）。閲覧については手数料を徴収しないこととしているが、写し等の交付については、閲覧の場合と異なり、行政不服審査会に発生する行政コストを全て一般財源で賄うことが社会通念上、支持されているとは考えられず、また、行政機関の保有する個人情報の保護に関する法律26条1項、独立行政法人等の保有する個人情報の保護に関する法律26条1項の規定による自己情報の開示請求の場合であっても手数料負担が発生するのであるから、本項の規定に基づく写しの交付に対する手数料を徴収しないこととすれば、無料で自己情報の開示請求をする手段として、審査請求が行われるおそれも皆無とはいえない。そこで、写しの交付等については手数料を徴収することとしている。実費を超える額の手数料を徴収することにより行政不服審査会の所属する国が利益を得ることは適切ではないので、手数料額の上限は実費相当額としている。他方において、実費相当額ではなく、

「実費の範囲内において」とされているので、政策的配慮により、実費よりも低い額とすることは可能である。行政不服審査会は、経済的困難その他特別の理由があると認めるときは、政令で定めるところにより、手数料を減額し、または免除することができる（改正行政不服審査法78条5項）。

⑥答申書の送付等

(ア)　**答申書の写しの送付**　行政不服審査会の答申の内容が審査請求人および参加人に確実に伝達されることを担保するために、これらの者に答申書の写しを送付することが行政不服審査会に義務付けられている。審査関係人のうち審査庁は、諮問庁であり、答申書の正本が提出されることになるので、答申書の写しの審査庁への送付は義務付けられていない。答申書の写しの送付時期については法定されていないが、裁決に不服があり訴訟を提起したり、再審査請求が認められている場合に再審査請求をするかを判断する際の重要な資料となるのであるから、遅滞なく送付が行われる必要がある。

(イ)　**答申の内容の公表**　行政不服審査会の説明責任を確保する観点から、答申の内容の公表が行政不服審査会に義務付けられている。公表の対象は「答申の内容」であって、答申書自体ではないことに留意が必要である。その理由は、答申書には、審査請求人・参加人の氏名・住所等、公表することがプライバシー侵害につながるもの等、行政機関の保有する個人情報の保護に関する法律14条の不開示情報に該当するものが含まれているからである。

　答申の内容が公表されることは、諮問庁がその答申に従わないことを事実上困難にし、答申が尊重されることを担保する意味をもつと思われる。答申にはかなり詳細な理由が付されるのが通常と想定されるので、諮問庁が答申に従わない場合、公表された答申の理由を上回る説得力をもった理由を提示しなければ、諮問庁は強い批判にさらされることになると予想されるからである。また、審査庁が裁決に付す理由は、行政不服審査会の答申書と異なる内容である場合には、異なることとなった理由を含まなければならないが、十分な理由が説明されていなければ、裁決固有の瑕疵となりうる。

(3) 地方公共団体に置かれる機関
①意義

　改正行政不服審査法は、行政不服審査制度が国民の権利利益の救済のための制度であるから、国民がどの地方公共団体に居住していても、同法が定める手続保障を享受することができるようにすべきという考え方を基礎にしている。そのため、行政不服審査会に相当する機関を地方公共団体も設けることを義務付けている。すなわち、同法81条1項は、地方公共団体の執行機関の附属機関として、国の行政不服審査会に対応する機関を設置することについて定めている。情報公開・個人情報保護審査会等の既存の審査会を拡充改組して、改正行政不服審査法81条1項の機関の役割を担わせることもできる（多治見市の是正請求審査会は、既存の情報公開審査会、個人情報保護審査会を統合している）。

②地方公共団体

　行政不服審査会に対応する機関を設置する義務を負う地方公共団体は、都道府県、市町村および特別区ならびに地方公共団体の組合である（同法38条6項）。

③執行機関の附属機関

　行政不服審査会に対応する機関は、執行機関の附属機関として置かれる。執行機関とは、地方公共団体の長および法律の定めるところにより置かれる委員会または委員である（自治138条の4第1項）。執行機関の附属機関とは、法律または条例の定めるところにより執行機関に置かれる自治紛争処理委員、審査会、審議会、調査会その他の調停、審査、諮問または調査のための機関である（同条3項本文）。

　地方分権の観点から、地方公共団体に審議会等の附属機関の設置を法令で義務付ける場合にも、審議会等の統合により総合的な政策決定を可能にするように、名称を具体的に特定しない方針が採られており（宇賀克也・地方自治法概説［第6版］（有斐閣、2015年）152頁参照）、改正行政不服審査法81条1項も、この方針に従い、「この法律の規定によりその権限に属させられた事項を処理するための機関」を置くと定めている。総務省の調査によると、2009（平成21）年度における新規の不服申立てが皆無であったのは、

市区で35.7パーセント、町村では87.5パーセントにのぼっていた。このような実態にかんがみると、改正行政不服審査法に基づく審査請求が僅少と見込まれる地方公共団体は、行政不服審査会に相当する機関を設置する義務を履行するに当たり、地方自治法の広域連携の仕組みを活用することも考えられる。すなわち、(ⅰ)機関等の共同設置（同法252条の7第1項）、(ⅱ)事務の委託（同法252条の14第1項）、(ⅲ)事務の代替執行（同法252条の16の2）、(ⅳ)地方公共団体の組合（一部事務組合、広域連合）（同法284条）の活用が考えられる。(ⅰ)機関等の共同設置は、普通地方公共団体の委員会または委員、行政機関、長の内部組織等を普通地方公共団体の協議により定められる規約で共同設置するものである。共同設置された機関等は、各地方公共団体に共通の機関等になる。共同設置された機関等による管理・執行は、設置した関係普通地方公共団体自身が行ったのと同様に、各普通地方公共団体に帰属することになる（機関等の共同設置による経費は、設置する関係普通地方公共団体の負担になる）。(ⅱ)事務の委託は、協議により規約を定め、普通地方公共団体の事務の一部の管理・執行を他の普通地方公共団体に委託するものである。当該事務にかかる法的責任は、受託した普通地方公共団体に帰属し、委託した普通地方公共団体は、委託の範囲内で、当該事務を管理・執行する権限を喪失することになる（委託する事務に要する経費は、委託をした普通地方公共団体が受託をした普通地方公共団体に対する委託費として支払うことになる）。(ⅲ)事務の代替執行は、普通地方公共団体が、他の普通地方公共団体の求めに応じて、協議により規約を定め、当該他の普通地方公共団体の事務の一部を、当該他の普通地方公共団体または当該他の普通地方公共団体の長もしくは同種の委員会もしくは委員の名において管理・執行するものである。他の普通地方公共団体に当該事務を代替執行させた普通地方公共団体が、自ら当該事務を管理執行した場合と同様の効果を生ずる。当該事務についての法的責任は事務を代替執行させた普通地方公共団体に帰属し続けることになり、当該事務を管理・執行する権限も移動しない。代替執行事務に要する経費は、すべて、事務を任せた普通地方公共団体が事務の代替執行をする普通地方公共団体に対する負担金として予算に計上し、負担すべきその経費の支弁の方法は規約の中で定める。

(ⅳ)地方公共団体の組合のうち一部事務組合は、地方公共団体がその事務の一部を共同処理するために、協議により規約を定め、都道府県の加入するものにあっては総務大臣、その他のものにあっては都道府県知事の許可を得て設置する特別地方公共団体である（地方公営企業の事務を共同処理する場合は企業団と称される。地公企39条の2）。一部事務組合が設置されると、共同処理することとされた事務は、当該一部事務組合を設置した地方公共団体の権能から除外され、当該一部事務組合の事務となる。そして、当該一部事務組合を設置した地方公共団体の執行機関の権限に属する事項がなくなった場合には、当該執行機関は消滅することになる。一部事務組合の財源は、当該一部事務組合を設置した地方公共団体の負担金、当該一部事務組合の事務に対する手数料、地方債等で賄われる（税収はなく、地方交付税も当該一部事務組合を設置した地方公共団体に交付される）。(ⅳ)地方公共団体の組合のうち広域連合は、地方公共団体が広域にわたり処理することが適当な事務に関して、広域計画を作成し、必要な連絡調整を図り、事務の一部を広域にわたり総合的かつ計画的に処理するため、協議により規約を定め、都道府県の加入するものにあっては総務大臣、その他のものにあっては都道府県知事の許可を得て設置する特別地方公共団体である。広域連合が設置されると、共同処理することとされた事務は、当該広域連合を設置した地方公共団体の権能から除外され、当該広域連合の事務となる。そして、当該広域連合を設置した地方公共団体の執行機関の権限に属する事項がなくなった場合には、当該執行機関は消滅することになる。広域連合の財源は、当該広域連合を設置した地方公共団体の負担金、当該広域連合の事務に対する手数料、地方債等で賄われる（税収はなく、地方交付税も当該広域連合を設置した地方公共団体に交付される）。

④臨時の設置

　地方公共団体の規模には大きな差異があり、過去の不服申立件数についても、地方公共団体により顕著な差異が認められる。地方公共団体は、当該地方公共団体における不服申立ての状況等にかんがみ、行政不服審査会に相当する機関を常設することが費用対効果の観点から不適当であったり、適任の委員を確保することが困難であるときは、事件ごとに、執行機関の

附属機関として、改正行政不服審査法の規定によりその権限に属させられた事項を処理するための機関を置くことができる。事件ごとに臨時に設置される地方公共団体の附属機関の先例として、自治紛争処理委員がある（自治251条2項）。

⑤条例

事件ごとに臨時に行政不服審査のための附属機関を設置する例外的な措置が安易に用いられないように、この方式を用いる場合には、条例でかかる方式を採用する旨を定めることとすることにより、長の賛同のみならず、議会の賛同も得なければならないこととしている。具体的な事案が諮問されるときの諮問機関の組織および運営については、その都度、条例で定めるのでは審査請求事案の迅速な処理が困難になるので、あらかじめ条例で定めておくべきである。

事務の委託の場合には、原則として当該事務を受託する地方公共団体、地方公共団体の組合の場合には当該組合の条例で、改正行政不服審査法81条1項の諮問機関について定めることになる。機関の共同設置の方式による場合には、共同設置する機関についての組織および運営に関し条例で定めなければならない事項があるわけではなく、この方式を選択する地方公共団体の手続的な負担を増加させることを避けるため、協議により規約により定める方法も認められている。この協議については、議会の議決を経なければならず、機関を共同設置したときは、その旨および規約を告示するとともに、総務大臣または都道府県知事に届け出なければならない（自治252条の7第3項による同法252条の2第2項および3項本文の準用）。

⑥審理手続

改正行政不服審査法が定める行政不服審査における手続保障の水準は、国、地方公共団体を通じて確保されるべきであるという観点から、行政不服審査会の調査審議の手続に関する規定が、同法81条1項または2項の規定に基づき設置される地方公共団体の附属機関における調査審議の手続にも準用されている。

第7章 補　則

(1) 教示
　①職権で行う教示
　　(ｱ) 一般的教示制度　　行政庁は、審査請求もしくは再調査の請求または他の法令に基づく不服申立てをすることができる処分をする場合には、処分の相手方に対し、当該処分につき不服申立てをすることができる旨ならびに不服申立てをすべき行政庁および不服申立てをすることができる期間を書面で教示する義務を負う。「不服申立てをすることができる処分」は、不服申立ての利益がある処分でなければならないから、申請を全部認容する処分については、申請者は不服申立てをすることができず、教示の必要はないことになる。
　　この制度は、審査請求、再調査の請求のみならず、他の法令に基づく不服申立ても対象とした一般的教示制度である。この一般的教示制度は、原処分をする場合の教示を対象とするものであり、再審査請求についての教示は、審査庁が裁決書に記載して行うものであるので、対象外である。職権による教示義務規定は、他の法令に基づく不服申立ても対象とした一般的教示にかかる規定であるが、「教示をしなかった場合」に対象を限定しており、不服申立て先や不服申立期間を誤って教示した場合は対象としていない。これらの場合の救済は、改正行政不服審査法22条、55条に定められており、他の法令に基づく不服申立てについては、それぞれの個別法令の定めるところに委ねられている。
　　(ｲ) 教示の相手方　　教示の相手方が「処分の相手方」に限定されているのは、それ以外の利害関係人の範囲およびその所在を調査し確定することが困難であるからである。
　　(ｳ) 教示事項　　教示事項は、(ⅰ)当該処分につき不服申立てをすることができる旨、(ⅱ)不服申立てをすべき行政庁、(ⅲ)不服申立てをす

ることができる期間である。(ⅰ)については、不服申立ての種類（審査請求、再調査の請求等）も教示する運用をすべきである。より詳細な事項について教示すべきという考えもありうるが、改正行政不服審査法82条1項の規定に基づく教示は、処分の相手方が不服申立てをする意思を有するか否かにかかわらず職権で行われるものであり、仮に不服申立書の記載事項に不備があれば、補正を命ずることにより却下を避けることができるので、教示を義務付けるのは、上記の3点に限り、より詳細な事項については、本法84条の情報提供により対応することとされている。主観的不服申立期間と客観的不服申立期間のうち、先に経過するもののみを教示すれば足り、一般的には主観的不服申立期間を教示すれば足りると解される。もっとも、客観的不服申立期間や期間を経過しても不服申立てを可能とする「正当な理由」についても教示する運用がされることが望ましい。

　（エ）**教示方法**　　教示の有無は、不服申立期間の経過後に不服申立てをすることが認められる「正当な理由」に該当するかの判断における重要な考慮要素であり、また、誤った教示がされた場合に当該教示に従って不服申立てが行われた場合には救済規定（改正行政不服審査法22条、55条）も置かれている。したがって、教示の有無およびその内容を後日確認することができるようにするため、教示は書面でなされることが望ましい。2004（平成16）年の行政事件訴訟法改正により、同法46条に取消訴訟等の提起に関する事項の教示規定が設けられ、当該教示を書面で行うこととされたのと平仄を合わせて、同法附則で旧行政不服審査法57条が改正され、職権による教示を書面で行うことが義務付けられた。改正行政不服審査法もこれを踏襲し、職権による教示を書面で行うことが義務付けられている。

　（オ）**口頭でする処分**　　重要な処分を口頭で行うことはないという理由で、口頭でする処分については、教示義務が課されていない。任意に教示を行うことはもとより可能であるが、その場合は、任意のものであるため、口頭で教示を行うことも認められる。事実上の行為は、一般に書面で行われることは稀であり、口頭で行われることが多いと考えられる。もとより、口頭でする処分であっても、運用上、可能な限り教示することが望ましい。

(カ) **教示の時期**　教示は処分を行う際に同時に行わなければならない。処分時に教示を懈怠した場合には、可及的速やかに教示を行うべきである。

　②利害関係人からの求めに応じて行う教示
　　(ア) **教示を求めることができる者**　行政庁は、利害関係人から、当該処分が不服申立てをすることができる処分であるかどうか、ならびに当該処分が不服申立てをすることができるものである場合における不服申立てをすべき行政庁および不服申立てをすることができる期間につき教示を求められたときは、当該事項を教示しなければならない。改正行政不服審査法82条1項の職権による教示は、「処分の相手方」を対象とするので、それ以外の利害関係人に対する教示については、同条2項の規定に基づき、利害関係人から教示を求められたときに行うことになる。ここでいう利害関係人には、「処分の相手方」であるが、同条1項の規定に基づく教示を受けなかった者も含まれる。

　　(イ) **対象となる処分**　改正行政不服審査法82条2項の規定に基づく教示の求めは、不服申立てをすることができる処分であるかどうかについての教示も対象とするため、すべての処分が対象になり、口頭の処分、非継続的な権力的事実行為も対象に含まれる。

　　(ウ) **不服申立てをすることができる期間**　利害関係人からの請求に基づく教示の場合、請求があった時点において、不服申立てが可能な期間を教示しなければならない。たとえば、処分があったことを知った日の翌日から起算して6か月が経過してから、利害関係人より教示の求めがされた場合、すでに主観的審査請求期間を経過しているので、主観的審査請求期間経過後であっても審査請求が認められる「正当な理由」を主観的請求期間ともに教示し、さらに、客観的審査請求期間も教示すべきであろう。

　　(エ) **教示の方法**　職権による教示と異なり、利害関係人からの求めによる教示について、一律に書面で教示を義務付けることは行政庁に過大な負担を課すことになる。そこで、口頭による教示も可能としているが、書面で教示を求められたときは、書面による教示が義務付けられている。

　③教示を懈怠した場合の不服申立て

(ア) **処分庁への不服申立書の提出**　処分庁が誤って、そもそも処分でないと判断したり、処分ではあるが不服申立てをすることができないと判断して教示をしなかった場合、不服申立てをすることができる旨は教示したが、不服申立てをすべき行政庁を教示しなかった場合、不服申立てをすべき行政庁が記載されているが、不明瞭で不適切な記載である場合等、教示義務の懈怠があった場合、当該処分について不服がある者が、不服申立てをする機会を喪失することがないように、改正行政不服審査法83条1項は、旧行政不服審査法58条1項を踏襲して、当該処分庁に不服申立書を提出することができるとしている。

　(イ) **処分庁の対応**　処分庁に不服申立書が提出されれば、処分庁以外の行政庁に対して不服申立てをすべき場合に、処分庁は、当該不服申立書を不服申立てをすべき行政庁に速やかに送付しなければならない。処分庁が審査庁となるべき行政庁である場合には、自らに送付する必要はないので、送付義務にかかる規定の適用が除外されている。

　(ウ) **不服申立書送付の法効果**　職権による教示がなされなかったため、処分庁に不服申立書が提出された場合、職権による教示を懈怠したことの責任は、処分庁にあり、そのことによる不利益を不服申立人に負わせるべきではないので、審査請求をすべき行政庁または他の法令に基づき不服申立てをすべき行政庁に処分庁から不服申立書が送付されたときに、初めから当該行政庁に審査請求または当該法令に基づく不服申立てがされたものとみなすこととされている。また、処分庁が審査庁となる場合において、処分庁に不服申立書が提出された場合には、初めから当該処分庁に審査請求がされたものとみなされることになる。他の法令において、処分庁に異議の申出等の不服申立てができることとされている場合において、当該処分庁に不服申立書が提出されたときは、初めから当該処分庁に当該法令に基づく不服申立てがされたものとみなされる。

　再調査の請求ができる場合であって不服申立てができる旨の教示が全て懈怠された場合において、処分庁に不服申立書が提出されたときは、不服申立人に再調査の請求と審査請求の選択が可能であることを説明し、不服申立人が審査請求を望む場合には、審査庁に不服申立書を速やかに送付し

て、初めから審査請求があったものとみなすことになるが、不服申立人が再調査の請求を望む場合には、「不服申立書」を「再調査の請求書」に補正して、再調査の請求があったものとして扱う運用が望ましいと思われる。

（2） 情報の提供
①意義

　行政手続法9条2項は、「行政庁は、申請をしようとする者又は申請者の求めに応じ、申請書の記載及び添付書類に関する事項その他の申請に必要な情報の提供に努めなければならない」と定めている。改正行政不服審査法その他の法令に基づく不服申立ても、不服申立権を行使して裁決等の応答を求める点で、申請と共通する面を有するので、行政手続法9条2項の規定を参考にして、不服申立てが円滑に行われるようにするために必要な情報提供の努力義務について定められている（行政手続法9条の規定は、整備法による改正後の国税通則法74条の14第1項で適用除外とされているが、改正行政不服審査法84条が定める情報提供の規定は、国税に関する法律に基づく処分にも適用される）。改正行政不服審査法82条に教示制度が定められているが、不作為についての不服申立ては、教示制度の対象外であり、また、処分についての不服申立てに関しても、本法82条の教示事項は、(ⅰ)不服申立てをすることができる旨、(ⅱ)不服申立てをすべき行政庁、(ⅲ)不服申立てをすることができる期間に限られるので、不服申立人は、不服申立書の記載事項等、より詳細な情報の提供を欲することは十分に想定される。かかる情報提供を行うことは、行政庁にとっても補正の労力を省くことにつながる。そこで、改正行政不服審査法84条により、情報提供の努力義務が行政庁に課されている（この情報提供に関する規定は、平成20年法案にはなかった）。

②対象となる行政庁

　改正行政不服審査法のみならず同法以外の他の法令に基づく不服申立ても含め、不服申立てをしようとする者に対し、不服申立書の記載の程度、審理手続の詳細について情報提供する場合、実際に不服申立てがされた場合に審理を行い裁決をする行政庁が、運用の実績も踏まえ、情報提供を行うのに最適と考えられる。また、不服申立てをした者に情報提供を行う場

合には、当該不服申立ての審理状況等に応じた情報が求められるので、当該不服申立てを現に審理している行政庁が情報提供を行うことが、最も望ましいと考えられる。そこで、裁決、決定その他の処分をする権限を有する行政庁に、情報提供の努力義務が課されている。

③情報の提供の契機

不服申立てをする前に不服申立てをすることができるか否かや不服申立てをすべき行政庁等に関する情報の提供を求めたり、不服申立てをした者が反論書の提出の手続や提出書類等の閲覧等請求に関する情報の提供を求めたりすることが考えられるので、不服申立前に不服申立てをしようとする者の求めに応じた情報の提供と、不服申立後に不服申立てをした者の求めに応じた情報の提供の双方について、改正行政不服審査法84条が定めている。同条が定めているのは、求めがあった場合にそれに応じて行う受動的な情報提供であるが、求めがなくても、裁決等をする権限を有する行政庁は、ホームページで当該不服申立てにおける審理手続の基本的な流れ等について、能動的に情報提供を行うことも検討すべきと思われる。

④提供すべき情報

不服申立書の記載に関する事項その他の不服申立てに必要な情報の努力義務が課されている。「その他の不服申立てに必要な情報」としては、以下のようなものが想定される。第1に、不服申立てをしようとする者に対する情報提供としては、(ⅰ)不服申立書における不服申立ての趣旨・理由の記載の程度、(ⅱ)当該不服申立てにおける標準審理期間、(ⅲ)不服申立人の手続的権利（執行停止の申立て、反論書・証拠書類等の提出、口頭意見陳述の申立て、参考人の陳述・鑑定・検証の申立て、審理関係人への質問、物件の閲覧・写しの交付請求）および(ⅳ)審理手続の流れ（審査請求書の提出、執行停止の申立て、弁明書の提出、反論書・意見書の提出、口頭意見陳述の申立て、参考人の陳述・鑑定・検証の申立て、審理関係人への質問、物件の閲覧・写しの交付請求、行政不服審査会等への諮問、裁決）、(ⅴ)執行停止・口頭意見陳述の申立て等の具体的手続・方式等が考えられる。第2に、不服申立てをした者に対する情報提供としては、(ⅵ)不服申立人の手続的権利行使のための具体的手続・方式、(ⅶ)不服申立ての取下げの具体的手続・方式、(ⅷ)行政不服審査会等への諮問

から答申までに要する期間の見通し、(ix)行政不服審査会等の答申がされてから裁決までの期間の見通し、(x)審理手続終結時期の見通し、(xi)裁決の時期の見通し等が考えられる。

(3) 公表
①努力義務を負う主体
旧行政不服審査法においては、施行状況調査の規定は置かれていなかったが、同法を所管する総務省は、定期的ではないが施行状況調査を行い、その結果を取りまとめて公表してきた（最近の調査は、平成18年度、平成20年度、平成21年度、平成23年度に実施されている）。改正行政不服審査法についても、総務省が運用上、施行状況調査を行うことは考えられるが、総務省に施行状況調査の義務付けはしていない。その理由は、同法は、国、地方公共団体の機関が審査庁になる場合に限らず、日本弁護士連合会のような民間団体が審査庁となる場合にも適用され、それらも含めて総務省が網羅的な施行状況調査を行うことは困難なこと、地方公共団体の施行状況調査についても膨大な労力を要し、総務省が毎年度実施することは、マンパワーの点から容易でないこと、国の行政機関に対象を限定した施行状況調査であれば、総務省が毎年度施行状況調査を行い、その結果を公表することは可能と思われるが、国の行政機関のみを対象とした結果を公表する意義は必ずしも大きくないと考えられたことによる。そこで、施行状況調査結果の総務大臣への報告、総務大臣によるとりまとめとその結果の公表、国会への報告についての規定は設けられなかった。そして、改正行政不服審査法85条は、総務大臣ではなく、裁決等をする権限を有する行政庁に施行状況の公表の努力義務を課している（この公表に関する規定は、平成20年法案にはなかった）。もっとも、このことは、総務省が、旧行政不服審査法の下において、法律上の根拠なしに施行状況調査を行ってきたのと同様、改正行政不服審査法について、運用上、施行状況調査を行うことを否定するものではもとよりなく、実際上、可能な範囲で、かかる調査が行われることが期待される。

②努力義務

裁決等の内容や不服申立ての処理状況の公表は努力義務にとどめられた。改正行政不服審査法の対象となる不服申立ては、国の行政機関が裁決等の権限を有するものに限られず、地方公共団体の機関や民間団体が裁決等の権限を有するものも含まれるので、相当の事務量を伴う作業を一律に義務付けることは、必ずしも適当でないと考えられたためである。

③裁決等の内容

判決の多くが公表されているのに対し、裁決等の公表は稀であった。しかし、裁決等の内容を公表することにより、不服申立てをするか否かを検討している者にとっては、不服申立てにより救済が得られるかについての予測可能性が向上することになるし、裁決等をする権限を有する行政庁は説明責任を履行することになる。また、判決が公表され、判例評釈の対象になることによって、法学の発展が促進されているように、裁決等が公表されることも、法学の発展に寄与するものと思われる。なお、国税庁は、先例的価値のある国税不服審判所の裁決について、裁決事例集を公表し、非公開裁決についても開示請求の便宜に資するために、裁決要旨検索システムをウェブサイトで提供している。

④不服申立ての処理状況

不服申立ての処理状況を公表することは、改正行政不服審査法84条の情報提供の規定と相まって、不服申立制度にかかる透明性を向上させ、国民・住民に対する説明責任を履行することになり、国民・住民の不服申立制度に対する信頼を確保することに資する。「その他当該行政庁における不服申立ての処理状況」として想定されるのは、処分の根拠法条単位で（ⅰ）不服申立件数、（ⅱ）処理日数、（ⅲ）裁決等の内容別の数（認容裁決、棄却裁決、却下裁決の数、事情裁決の数、申請認容処分の数）、（ⅳ）執行停止の申立数および認容数、（ⅴ）行政不服審査会等その他の審議会等の答申から裁決等までの期間、（ⅵ）未処理案件数とその不服申立てからの経過期間等である。（ⅱ）が公表されれば、標準審理期間が公にされている場合には、それとの乖離が明らかになり、審理の促進につながると思われるし、他面において、標準審理期間を遅滞なく見直す契機ともなりうる。不服申立てをしようとする者にとっては、実際の処理期間についての予見可能性が高まる

ことになる。(vi)の公表も、審理の迅速化を促す効果があると考えられる。

　⑤方法

　公表の方法は法定されていないので、裁決等の権限を有する行政庁の裁量に委ねられているが、ホームページでの公表が、当面、最適の方法と思われる。

第 2 編

行政不服審査法の施行に伴う
関係法律の整備等に関する法律

第1章　基本方針

　一般に、整備法とは、通則法の制定または全部改正に伴い、通則法の規定の全部または一部の適用を除外したり、通則法の規定の適用を前提としたうえで、そのルールの例外を定める必要があったり、通則法に合わせて用語を整備したり、通則法の定める手続水準以上の手続にするように関係法律の整備を一括して行う一括法（束ね法）を意味する。361法律を改正した「行政不服審査法の施行に伴う関係法律の整備等に関する法律」（以下、単に「整備法」という）も、通則法である旧行政不服審査法の全部改正の内容と関わる整備部分を含むのは当然である。しかし、整備法においては、それにとどまらず、行政訴訟と行政上の不服申立ての関係に関する不服申立前置にかかる改正も行われている。これは、旧行政不服審査法の全部改正と関連はするものの、それとの関連は間接的である。しかし、民主党を中心とした連立政権の下において、行政救済制度検討チームは、2010年から2011年にかけて、旧行政不服審査法の見直しと併せて、不服申立前置の見直しを行い、その成果を踏まえて、整備法において、不服申立前置にかかる改正も同時に行うこととしたのである。本編では、第2章で、旧行政不服審査法の全部改正と直接に関係する部分について、第3章で不服申立前置の見直しに関係する部分について、解説することとする。

　（1）　通則法と一括法については、宇賀克也・行政手続オンライン化3法―電子化時代の行政手続（第一法規、2003年）146頁参照。
　（2）　その概要について、宇賀克也「不服申立前置の見直し」地方自治773号2頁以下参照。

第2章　旧行政不服審査法の全部改正の内容と関わる整備部分

（1）　全部改正による法律番号の改正

　旧行政不服審査法が全部改正されたのに伴い、「行政不服審査法（昭和37年法律第160号）」を「行政不服審査法（平成26年法律第68号）」へと同法の法律番号の改正が行われている（消防5条の4、経済連携協定に基づく特定原産地証明書の発給等に関する法律25条、船員103条2項、地税19条柱書、電気109条1項等）。

（2）　行政不服審査法による旨の表記の削除

　従前、「行政不服審査法（昭和37年法律第160号）による審査請求」、「行政不服審査法（昭和37年法律第160号）による異議申立て」「行政不服審査法による異議申立て又は審査請求」と規定されている例もあったが、審査請求が行政不服審査法によることは明らかであるので、かかる場合には、行政不服審査法によるという表記自体を削除している（外公19条1項、液化石油ガス91条前段、貸金業24条の24前段、ガス49条の2前段、火薬54条の2前段、感染症25条3項、気象業務法24条の19前段、クリーニング業法14条の2の2前段、検疫法16条の2第1項、建設27条の17前段、建築物による衛生的環境の確保に関する法律13条の2前段、高圧ガス77条前段、行書4条の18前段、社労士13条の2前段、情報処理の促進に関する法律7条8項前段、水道48条の3前段、技術士法27条前段、あん摩マッサージ指圧師、はり師、きゅう師等に関する法律3条の20前段、義肢装具士法33条前段、児福18条の17前段、社会福祉士及び介護福祉士法25条前段、消防13条の22前段、精神保健福祉士法24条前段、船舶職員28条の3前段、宅建業17条の2前段、通訳案内士法16条前段、電気109条の2前段、電気工事士法7条の16前段、臨床工学技士法33条前段、マンション管理26条前段、理容師法17条の2前段、美容師法21条前段、弁理士21条1項、公文書管理21条1項、労安衛111条1項等）。

　行政不服審査法（平成26年法律第68号）による旨を明記するのは、個別法において独自の不服申立て制度を設けている場合に、「行政不服審査法

(昭和37年法律第160号）による不服申立て」を単に「不服申立て」とすると、行政不服審査法に基づく不服申立てか、個別法に基づく不服申立てかが紛らわしくなる場合、個別法において審査請求と紛らわしい文言が使用されている場合に限られている。

　具体例として、武力攻撃事態における捕虜等の取扱いに関する法律180条がある。整備法による改正前の旧180条においては、「この法律の規定による処分については、行政不服審査法（昭和37年法律第160号）による不服申立てをすることができない」と規定されていたが、整備法による改正後の同条は、「この法律の規定による処分又はその不作為については、行政不服審査法（平成26年法律第68号）の規定による審査請求をすることができない」と改正され、「行政不服審査法（平成26年法律第68号）の規定による審査請求」と表記されている。これは、武力攻撃事態における捕虜等の取扱いに関する法律には、資格認定審査請求（同法3条11号）、懲戒審査請求（同条12号）という独自の不服申立てが定められており、これらの不服申立てに「審査請求」という名称が含まれているため、行政不服審査法による審査請求を単に「審査請求」と表記した場合、資格認定審査請求、懲戒審査請求と混同されるおそれがあるからである。

　また、特許法の「出願審査の請求」（同法48条の2・48条の3）のように、「審査請求」という文言は用いられていなくても、それと混同しやすい文言が用いられている場合にも、行政不服審査法による審査請求である旨を明記している（特許91条の2・195条の4）。商標法77条2項は、特許法6条1項の規定を準用しているが、特許法6条1項1号では「出願審査の請求」という文言が使用されているので、商標法77条7項も、混同を避けるため、「行政不服審査法の規定による審査請求」と表記している。その他の工業所有権に関する法律も同じである（新案55条5項、意匠68条7項）。

　弁理士法4条1項、21条1項、75条において審査請求が行政不服審査法による旨が表記されているのも、同法が特許に関する法制を引用しており、特許法には「出願審査の請求」という文言が使用されているので、混同を避けるためである。

（3） 不服申立て類型の原則 一元化に伴う整備
①基本方針
　不服申立類型が基本的に審査請求に一元化され、異議申立てという不服申立類型が廃止されたことに伴い、用語の整理が行われている。すなわち、従前、異議申立てと審査請求を併せて「不服申立て」と表記されていた場合または「審査請求又は異議申立て」もしくは「異議申立て又は審査請求」と表記されていた場合であって、審査請求のみが不服申立類型になる場合には「審査請求」という表記に変更された（文化財156条1項、児扶手18条、特別児童手当等の支給に関する法律27条、漁港漁場整備法43条2項、肥料取締法34条2項、飼料の安全性の確保及び品質の改善に関する法律63条1項、商工会59条1項、商工会議所83条1項、電気110条1項、ガス50条1項、電気工事業31条1項、高圧ガス78条1項、電通事171条1項、火薬55条1項、消費用品安全50条1項、電気用品安全法51条1項、割賦44条1項、鉱業126条1項、資源有効利用38条1項、熱供給30条1項、石油パイプ38条1項、有害廃棄物18条1項、揮発油22条1項、液化石油ガス92条1項、砂利39条1項、採石34条の5第1項、深海底鉱業暫定措置法38条1項、計量164条1項、外為法56条1項、輸出入取引39条の2第1項、民間信書送達39条1項、臨時船舶建造調整法6条1項等）。他方、審査請求以外の不服申立てである再調査の請求もしくは再審査請求または他の法令に基づく不服申立ても含めて表記する場合には、「不服申立て」という表記が維持されている（地税72条の108等）。

　従前の「異議申立て」については、旧行政不服審査法の全部改正により「審査請求」になる場合には「審査請求」に変更し（裁判外紛争解決9条1項・10条1項、児扶手17条、恩給13条、化学物質規制51条1項、独立行政法人国民生活センター法38条、引揚者等に対する特別交付金の支給に関する法律9条、航空機製造事業法20条1項、家畜取引法31条1項等）、「異議申立て」に対する「決定」は「審査請求」に対する「裁決」に変更された（恩給15条1項、有線電通10条1項、裁判外紛争解決9条1項・3項、オゾン保護28条1項、工水27条1項、工水事26条1項、漁船48条1項、農業機械化促進法13条1項、日韓大陸棚開発法46条1項、武器製造30条1項等）。「異議申立て」が「再調査の請求」になる場合は「再調査の請求」に変更されたが（税通75条3項、税徴171条3項、関税90条等）、処分庁に対する不服申立てが廃止されたものもある（石綿被害救済旧76条、宗法旧80条

の2等)。「再審査請求」は個別法で認める場合には存置されることになったが、廃止されたものもある(自治旧206条6項、旧238条の7第6項、旧244条の4第6項、旧255条の3第4項等)。また、裁定的関与について、従前の審査請求が再審査請求に変更になった場合もある(道96条2項、高速24条1項、都園34条1項、電線共同溝の整備等に関する特別措置法27条1項、共同溝26条1項参照)。

なお、改正行政不服審査法では、審査請求、再審査請求に対する審査庁、再審査庁の最終判断は「裁決」、再調査の請求に対する処分庁等の最終判断は「決定」と称することとし、整備法においても、この方針に沿って、用語の整備がなされているが、社会保険審査官及び社会保険審査会法、労働保険審査官及び労働保険審査会法においては、審査請求に対して「裁決」ではなく「決定」という文言が用いられており(社審6条・13条・14条・労保審10条・11条2項・17～22条・49条3項・50条)、整備法もこの文言を維持している。旧行政不服審査法のもとにおいては、上級行政庁または合議制の第三者機関が審査庁となっていた通常の場合とは異なり、地方支分部局に置かれる職員である審理官が審理を主宰して示す判断であるという特殊性にかんがみ、「決定」という文言を用いていたものと推測される。整備法においても、これらの法律における審査官による審理の特殊性にかんがみ、「決定」という文言を変更しなかった。

以下において、不服申立て類型が原則として一元化されたことに伴い、個別法の異議申立ておよび再審査請求についての規定がどのように整備されたかについて、より詳細に解説することとする。

　②従前の異議申立てにかかる整備

旧行政不服審査法の全部改正により、不服申立類型が原則として審査請求に一元化され、異議申立てという不服申立類型は廃止されたが、従前の異議申立てについては、以下のような対応がなされた。

　　(ア)　**異議申立てを審査請求に代えたもの**　　国税に関する法律に基づく処分は、一般的には税務署長が行うが、納税地の指定およびその取消し(所得18条1項、法人18条1項、消費23条1項、相続62条2項)、国等に対して財産を寄附した場合の譲渡所得等の非課税適用にかかる申請の却下および承認取消し(租特40条1項～3項)、連結納税の適用にかかる申請の却下および承

認取消し（法人4条の2・4条の3・4条の5）のように、例外的に国税庁長官または国税局長が処分権者となる場合もある。整備法による改正前の国税通則法75条1項3号においては、国税庁長官が行う処分については異議申立てのみを行うことができるとされていたが、整備法による改正により、国税庁長官に対する審査請求のみ行うことができるとされた（整備法による改正後の税通75条1項2号）。2014年4月18日に公布された「国家公務員法等の一部を改正する法律」（平成26年法律第22号）により、恩給権の裁定権者は総務省人事・恩給局長から総務大臣に代わり（恩給12条）、行政上の不服申立ては、総務大臣に対する異議申立てのみとなっていたが、整備法による改正により、この異議申立ては、審査請求に代えられた（恩給13条・15条）。同様の例として、児童扶養手当法17条も参照されたい。

　　(イ)　**異議申立てを審査請求としたうえで、従前の審査請求を廃止したもの**　整備法による改正前の地方自治法旧206条1項は、普通地方公共団体の長がした給与その他の給付に関する処分に不服がある者は、法律に特別の定めがある場合を除くほか、都道府県知事がした処分については総務大臣、市町村長がした処分については都道府県知事に審査請求をすることができ、この場合においては、異議申立てもすることができると定めていた。この場合の審査請求は、単に公正性の向上のために認められていたものであり、処分庁である普通地方公共団体の長に対する審査請求の公正性が改正行政不服審査法により向上した以上、処分庁以外の行政庁に対する審査請求を存置する意義に乏しい。そこで、処分庁である普通地方公共団体の長に対する異議申立てを審査請求とし、同項が定めていた審査請求は廃止された。これは、裁定的関与の縮減としての意味も持つ。

　同様の整備が行われたものとして、行政財産を使用する権利に関する普通地方公共団体の長の処分にかかる地方自治法旧238条の7第1項、職員の賠償責任に関する普通地方公共団体の長の処分にかかる地方自治法旧243条の2第10項、公の施設を利用する権利に関する普通地方公共団体の長の処分にかかる地方自治法旧244条の4第1項、過料に関する普通地方公共団体の長の処分にかかる地方自治法旧255条の3第2項、住民基本台帳法の規定により市町村長がした処分にかかる住民基本台帳法旧31条の4

がある。

（1） 宇賀克也・地方自治法概説［第6版］（有斐閣、2015年）364頁以下参照。

　㈦　**異議申立てを審査請求としたうえで、従前の審査請求を再審査請求としたもの**　　整備法による改正前の道路法旧96条2項は、同条1項に規定する処分を除くほか、道路管理者である都道府県が同法に基づいてした処分については、当該都道府県に対する異議申立て、国土交通大臣に対する審査請求を認め、道路管理者である市町村が同法に基づいてした処分については、当該市町村に対する異議申立て、都道府県知事に対する審査請求を認めていた。このうち、道路管理者である都道府県または市町村に対する異議申立ては、整備法により、当該都道府県の知事または当該市町村の長に対する審査請求に改正された。裁定的関与については、全国における判断の統一性、事務の適正処理の確保の観点から行われるものについては存置する方針がとられたところ、整備法による改正前の道路法旧96条2項が定めていた審査請求は、道路のネットワーク性に照らし、道路の種類の別により、被処分者間で不公平にならないように道路管理の統一を確保するために認められたものであるので、これを実質的に存置することになった。そして、道路管理者としての都道府県または市町村の長に対して行われる不服申立てが審査請求として位置づけられるため、従前の審査請求は再審査請求とされ、審査請求に対する裁決に不服がある者が行うことができることとされた。兼用工作物についての協議に基づき他の工作物の管理者が道路管理者に代わって行う同法による処分にかかる同条旧3項についても、道路のネットワーク性に照らし、兼用工作物の管理者の別により、被処分者間で不公平にならないように道路管理の統一を確保するために、従前の異議申立てを審査請求とし、従前の審査請求を再審査請求とする改正が行われた。

　同様の整備が行われたものとして、市町村が道路管理者に代わってした処分にかかる都市再生特別措置法旧59条、高齢者、障害者等の移動等の円滑化の促進に関する法律旧55条、兼用工作物についての協議に基づき他の

工作物の管理者が公園管理者に代わって行う処分にかかる都市公園法旧34条3項、兼用工作物についての協議に基づき他の工作物の管理者が河川管理者に代わって行う処分にかかる河川法旧97条2項、道路管理者が共同溝の整備等に関する特別措置法に基づいて行う処分にかかる同法旧26条1項、道路管理者が電線共同溝の整備等に関する特別措置法に基づいて行う処分にかかる同法旧27条1項、兼用工作物についての協議に基づき他の工作物の管理者が国土交通大臣に代わって行う処分にかかる高速自動車国道法旧24条1項、認定市町村が公園管理者に代わって行う処分にかかる地域における歴史的風致の維持及び向上に関する法律旧25条5項がある。

また、整備法による改正前の住宅地区改良法旧35条1項は、同法11条2項または13条2項の規定に基づく明渡等の命令について、異議申立てのみならず、全国における判断の統一性、事務の適正処理の確保の観点および民事手続による債務名義なしに命令を行うもので強力な私権制限であるという観点から国土交通大臣に対する審査請求も認めていたが、これについても、異議申立てを審査請求とし、国土交通大臣に対する審査請求を再審査請求として位置づけた。

整備法による改正前の児童扶養手当法旧17条は、都道府県知事のした手当の支給に関する処分に不服がある者は、都道府県知事に異議申立てをすることができるとし、この事務が第1号法定受託事務であるので（同法33条の3）、同法を所管する大臣である厚生労働大臣に審査請求をすることも認めていた。整備法による改正により、都道府県知事に対する異議申立ては審査請求になり、都道府県知事が行った処分に対する審査請求についての都道府県知事の裁決に不服がある者は、厚生労働大臣に再審査請求をすることができることとされた（同法20条）。同様の整備が行われたものとして、都道府県知事のした特別児童扶養手当、障害児福祉手当または特別障害者手当の支給に関する処分にかかる特別児童扶養手当等の支給に関する法律旧27条1項がある（再審査請求について、整備法による改正後の同法30条1項参照）。

　　㈐　**異議申立てに代えて再調査の請求としたもの**　　整備法は、審査請求に前置される異議申立てについては、要件事実の認定の当否にかかる

不服申立てが大量にされるようなものについては、異議申立てに代えて再調査の請求とする方針をとった。整備法による改正前の国税通則法旧75条は、税務署長、国税局長および税関長がした処分については、異議申立てと国税不服審判所長への審査請求を認め、原則として異議申立前置としていた。かかる処分は要件事実の認定の当否にかかる不服申立てが大量にされるものであるので、再調査の請求に代えることとし、不服申立人は再調査の請求と審査請求を選択することができることとされた（他方、国税庁長官の処分については、従前は異議申立てのみができたが、整備法により審査請求に改められた）。

　なお、旧行政不服審査法に基づく異議申立ては、基本的に審査請求と二者択一の不服申立類型であり、例外的に異議申立てと審査請求の双方を行うことができる場合に異議申立前置が原則とされるにとどまった（20条）。これに対し、整備法による改正前の国税通則法に基づく異議申立ては、審査請求に前置されることを原則とする不服申立類型として位置付けられていたから、旧行政不服審査法に基づく異議申立てよりも簡略な手続であった。すなわち、整備法による改正前の国税通則法に基づく異議申立てには、口頭意見陳述の規定は置かれていたものの（84条1項・2項）、それ以外の審理手続については規定が置かれず、事案の内容に応じて柔軟に運営することとされていた。これに対し、整備法による改正後の国税通則法に基づく再調査の請求は、改正行政不服審査法に基づく再調査の請求と同様、審査請求と選択可能な不服申立類型である。そこで、整備法による改正後の国税通則法に基づく再調査の請求は、改正行政不服審査法の再調査の請求と基本的に平仄を合わせたものになり、整備法による改正前の国税通則法に基づく異議申立てと比較して、手続規定がより詳細になっている。整備法による改正前の国税通則法に基づく異議申立てと改正後の国税通則法に基づく再調査の請求を比較すると、以下の点に相違がある。

　第1に、前者（84条1項前段）では口頭意見陳述の申立権を異議申立人のみに認めていたが、後者では参加人にも認めている（84条1項本文）。第2に、前者と異なり、後者では、当該申立人の所在その他の事情により当該意見を述べる機会を与えることが困難であると認められる場合には、口頭

意見陳述の申立てを認める必要がない旨が明文で規定されている（同項ただし書）。第3に、前者と異なり、後者では、口頭意見陳述は、再調査審理庁が期日および場所を指定し、再調査の請求人および参加人を招集してさせるものとする旨、明文で規定されている。第4に、前者と異なり、後者では、口頭意見陳述において、再調査審理庁またはその職員は、申立人のする陳述が事件に関係のない事項にわたる場合その他相当でない場合には、これを制限することができる旨が明文で規定されている（同条5項）。第5に、前者と異なり、後者では、再調査の請求人または参加人は、証拠書類または証拠物を提出することができ、この場合において、再調査審理庁が、証拠書類または証拠物を提出すべき相当の期間を定めたときは、その期間内にこれを提出しなければならないこと（同条6項）、再調査の請求についての決定をしたときは、速やかに、提出された証拠書類または証拠物をその提出人に返還しなければならないこと（同条12項）が規定された。

　整備法による改正前の関税法旧89条1項は、同法または他の関税に関する法律の規定による税関長の処分に不服がある者は、異議申立てをすることができると定めていたが、同法または他の関税に関する法律の規定による税関長の処分についても、課税処分が大量に行われ、それに対する不服は、一般的に要件事実の認定の当否にかかるものであること、「税関手続の簡素化及び調和に関する国際規約の改定議定書」（平成18年条約第1号）において、「国内法令は、税関に対して最初に不服申立てを行う権利を定める」と規定されていることに照らし、異議申立ての代わりに再調査の請求をすることができるとされた。とん税に関する処分は、大量かつ反復して行われ、要件事実の認定の当否を争う不服申立てがなされることが多いため、とん税法11条は関税法89条の規定を準用しており、特別とん税法6条はとん税法11条の規定を準用しているので、再調査の請求が認められることになる。

　公害健康被害の補償等に関する法律は、環境大臣が対象地域および疾病を指定し、当該地域を管轄する都道府県知事が申請に基づき、被害者の認定および被害者に対する補償給付の内容等を決定する仕組みを設けている。都道府県知事が行うこの事務は、第1号法定受託事務であるので、原則に

従えば、地方自治法255条の2の規定に基づく審査請求が行われることになるが、公害健康被害の補償等に関する法律106条2項は、その特例を定め、上記の認定または補償給付の支給に関する処分に不服のある者のする審査請求は、公害健康被害補償不服審査会に対してしなければならないこととしている。都道府県知事には上級行政庁はないが、旧行政不服審査法では、審査請求ができる場合には、法律に特別の定めがある場合を除くほか、異議申立てをすることができないとされていたところ（同法6条柱書）、整備法による改正前の公害健康被害の補償等に関する法律旧106条1項は、上記の認定または補償給付の支給に関する処分に不服がある者は、その処分をした都道府県知事に対し、異議申立てをすることができると定めていた。そのため、旧行政不服審査法20条柱書本文により、都道府県知事への異議申立てが公害健康被害補償不服審査会への審査請求に前置されていた。

　整備法は、都道府県知事への異議申立てを再調査の請求に改めたが、その理由は、以下のとおりである。第1に、処分の事案、内容等を十分に把握・理解している処分庁に簡略な手続で再検討する機会を付与することにより、迅速かつ適正な処理を期待しうること、第2に、都道府県知事への異議申立てを審査請求にした場合、処分にかかる事案・内容を当初は十分に把握・理解していない審理員が審理を主宰することになり、審査請求が集中した時期には審理の大幅な遅延を招来し、迅速な救済を困難にするおそれがあること、第3に、公害に起因する疾病が多発している地域として政令で定める地域を対象とするため、特定の時期および地域に大量の不服申立てがなされる傾向があり、実際、2009年度は、熊本県知事への異議申立てが133件に及んでいること、第4に、同法に基づく異議申立ては認定要件該当性にかかるものが大半であったこと、第5に、上記の認定は、一般に、都道府県の公害健康被害認定審査会の意見を聴取して行われるため、当該手続を通じて蓄積された知見を活かしつつ都道府県知事が事実認定を見直すことにより、適正な処分がなされることを期待しうること、第6に、公害健康被害の補償等に関する法律旧106条1項の規定に基づく異議申立ての認容率は、2008年度、2009年度とも、約23パーセントに達しており、2009年度における国の機関に対する不服申立ての平均認容率（約11．9パー

セント)、同年度における地方公共団体の機関に対する不服申立ての平均認容率（約5．4パーセント）を大きく上回っており、都道府県知事への再調査の請求についても救済の実効性が相当程度期待しうることである。

(オ) **異議申立てを単に廃止したもの**　整備法による改正前の労働保険の保険料の徴収等に関する法律旧37条は、事業主が労働保険の報告書を提出しなかった場合等において政府が行う概算保険料額および確定保険料額の認定決定（同法15条3項・19条4項）について不服があるときは、異議申立てをすることができると定めていた。この決定に不服がある場合には、厚生労働大臣に対する審査請求も可能であったが、旧行政不服審査法20条の規定により、異議申立てが審査請求に前置されていた。整備法は、審査請求に前置される異議申立てについては、要件事実の認定の当否にかかる不服申立てが大量にされるようなものについては、異議申立てに代えて再調査の請求とするが、それ以外については、異議申立てを廃止する方針をとった。整備法による改正前の労働保険の保険料の徴収等に関する法律旧37条が定めていた異議申立ては、要件事実の認定の当否にかかる不服申立てが大量にされるようなものではないため、廃止されることとなった。整備法による改正前の石綿による健康被害の救済に関する法律旧76条も、事業者が確定申告書の提出を懈怠した場合等において、同法38条1項の規定により準用する労働保険の保険料の徴収等に関する法律19条4項の規定により行う確定保険料額の認定決定にかかる処分について不服があるときに異議申立てを認めていたが、同様の理由により、異議申立てを廃止することとし、同条は整備法により削除された。

整備法による改正前の道路運送車両法旧105条3項は、「自動車の登録に関する国土交通大臣の権限（以下この項及び第5項において「登録権限」という。）が第1項の規定により地方運輸局長に委任された場合又は同項の規定により地方運輸局長に委任された登録権限が前項の規定により運輸監理部長又は運輸支局長に委任された場合における地方運輸局長又は運輸監理部長若しくは運輸支局長の処分（次項において「地方運輸局長等の処分」という。）について不服がある者は、異議申立てをすることができる」と定めていた。

これは、自動車の登録についての処分件数が多く、かつ、不服申立ては一般に要件事実の認定の当否にかかものであるので、処分庁に異議申立てをしたほうが、効率的で迅速に解決が図られると考えられたため、審査請求に加え、異議申立ても認めることとしたものである。しかし、整備法で異議申立てを廃止して審査請求に一元化することとしたため、審査請求に前置される異議申立ては廃止することとし、道路運送車両法旧105条3項は削除された。なお、2008（平成20）年に国会に提出された「行政不服審査法の施行に伴う関係法律の整備等に関する法律案」（以下「平成20年整備法案」という）においては、大量の処分が行われる場合には再調査の請求を認めることとし、自動車の登録にかかる処分についても、再調査の請求を認めることとしていた。しかし、整備法においては、要件事実の認定の当否にかかる不服申立てが大量になされるような場合に限定して、再調査の請求を認めることとした。自動車の登録にかかる処分は大量になされるが、不服申立てがなされることは極めて稀であり、2010年度は2件、2011年度は1件、2012年度は2件にとどまっている。そこで、異議申立てを再調査の請求に代えるのではなく、異議申立てを廃止することとしたのである。
　また、戦傷病者戦没者遺族等援護法6条は、障害年金、障害一時金、遺族年金、遺族給与金または弔慰金を受ける権利の裁定は、これらの援護を受けようとする者の請求に基づいて厚生労働大臣が行うことと定めているが、同法50条1項は、厚生労働大臣のこの権限に属する事務の全部または一部は、政令で定めるところにより、都道府県知事が行うことができるとしている。厚生労働大臣の権限を都道府県知事に委任した場合、地方自治法255条の2第1項1号の規定により、厚生労働大臣に審査請求できるが、整備法による改正前の戦傷病者戦没者遺族等援護法旧50条2項は、委任を受けた都道府県知事に異議申立てをすることができる旨を政令で定めることができるとしていた（実際には、都道府県知事に異議申立てをすることができる旨は政令で定められていなかった）。整備法では、厚生労働大臣の権限を都道府県知事に委任した場合であっても、都道府県知事に再調査の請求を認める必要はなく、厚生労働大臣への審査請求を認めるのみで足りることから、同項を削除している。

③従前の再審査請求にかかる整備

　㋐　**再審査請求を廃止したもの**　整備法による改正前の地方自治法旧206条は、議員に対する議員報酬、費用弁償および期末手当（同法203条）、非常勤の職員（短時間勤務職員を除く）に対する報酬および費用弁償（同法203条の2）、常勤の職員および短時間勤務職員に対する給料、旅費および諸手当（同法204条）ならびに退職年金または退職一時金（同法205条）に関する処分に不服がある者は、法律に特別の定めがある場合を除くほか、（ⅰ）都道府県知事がした処分については都道府県知事に対する異議申立て、総務大臣に対する審査請求（同条1項）、（ⅱ）市町村長がした処分については市町村長に対する異議申立て、都道府県知事に対する審査請求（同条1項）、（ⅲ）都道府県の執行機関である委員会または委員がした処分については都道府県知事に対する審査請求、総務大臣に対する再審査請求（同条2項、6項）、（ⅳ）市町村の執行機関である委員会または委員がした処分については市町村長に対する審査請求、都道府県知事に対する再審査請求（同条2項・6項）、（ⅴ）都道府県の執行機関でない機関がした処分については都道府県知事に対する審査請求、総務大臣に対する再審査請求（同条3項・6項）、（ⅵ）市町村の執行機関でない機関がした処分については市町村長に対する審査請求、都道府県知事に対する再審査請求（同条3項・6項）をすることができると定めていた。この総務大臣または都道府県知事に対する再審査請求は、上級行政庁ではなく第三者的立場にある総務大臣または都道府県知事を再審査庁とすることにより、公正中立な審査の機会を保障しようとする意図によるものである。旧行政不服審査法の全部改正により、審査請求の審査の公正中立性が向上したことに照らし、地方自治法旧206条6項が定めていた再審査請求は廃止されることになった。

　同様の理由で整備法により再審査請求が廃止されたものとして、行政財産を使用する権利に関する処分にかかる地方自治法旧238条の7第6項、公の施設を利用する権利に関する処分にかかる同法旧244条の4第6項、過料の処分にかかる同法旧255条の3第4項、職員への賠償責任の有無および賠償額の決定にかかる地方公営企業法34条がある。

　道路運送車両法は、同法に規定する国土交通大臣の権限は、地方運輸局

長に委任することができ（105条1項）、地方運輸局長に委任された権限は、運輸監理部長または運輸支局長に再委任することができると定めている（同条2項）。整備法による改正前の同法旧105条3項は、自動車の登録に関する国土交通大臣の権限が地方運輸局長に委任された場合または地方運輸局長に委任された登録権限が運輸監理部長または運輸支局長に再委任された場合における地方運輸局長または運輸監理部長もしくは運輸支局長の処分について不服がある者は、異議申立てをすることができるとしていたので、この再委任が行われた場合、運輸監理部長または運輸支局長に異議申立て、直近上級行政庁である地方運輸局長に審査請求（旧行政不服審査法5条1項1号、同条2項）、国土交通大臣に再審査請求（同法8条1項2号、2項）をすることができた。しかし、旧行政不服審査法の全部改正に伴い、上記のように再委任を受けて運輸監理部長または運輸支局長が行う処分については、主任の大臣が処分庁等の上級行政庁であるので、国土交通大臣への審査請求が行われることになり（行政不服審査法4条3号）、主任の大臣の審査を受ける機会が保障されることになる。したがって、さらに再審査請求を認める必要はない。そこで、再審査請求の存在を前提とした道路運送車両法旧105条5項の規定は削除された。

　整備法による改正前は、検疫法の規定により検疫所の支所または出張所の長がした処分については直近上級行政庁である検疫所長に審査請求をするのが原則であったが、審査請求の裁決に不服がある者は、厚生労働大臣に対して再審査請求をすることが認められていた（旧33条の2）。しかし、旧行政不服審査法の全部改正に伴い、かかる場合、主任の大臣である厚生労働大臣に審査請求が行われることになるので、厚生労働大臣への再審査請求を規定した検疫法旧33条の2は削除され、旧16条の2第1項の再審査請求を前提とした部分も削除された。

　　(イ)　**再審査請求を存置するもの**　　条例による事務処理の特例により、都道府県知事の権限に属する事務の一部を市町村長が管理・執行することになった場合（自治252条の17の2第1項）、当該事務が法定受託事務であれば、市町村長の処分に対して都道府県知事に審査請求をすることができ（整備法による改正前の同法255条の2第2号）、この審査請求の裁決に不服があれば、

各大臣に再審査請求をすることができた（整備法による改正前の同法252条の17の4第4項）。都道府県知事が行う第1号法定受託事務について各大臣に審査請求をすることができることとされたのは、国において、その適正な処理を確保する必要性が大きいからであり、条例による事務処理の特例によって、当該事務を市町村長が行う場合であっても、そのことは変わらず、また、各大臣に対する再審査請求を認めなければ、条例による事務処理の特例が用いられない場合には与えられている各大臣による審査の機会が付与されないという不均衡を生ずることになる。整備法においても、全国的な判断の統一性、事務の適正処理を確保するための再審査請求は維持する方針をとっており、地方自治法255条の2の趣旨は、まさに全国的な判断の統一性、事務の適正処理の確保であることから、同法252条の17の4第4項の再審査請求は維持されることになった。同様に、全国的な判断の統一性、事務の適正処理の確保等の観点から、審査請求に対する裁決に不服がある者が主務大臣に対して行う再審査請求制度を維持した例として、生活保護法66条1項（同法84条の2第2項で準用する場合を含む）、児童福祉法59条の4第2項、特別児童扶養手当等の支給に関する法律30条1項、食品衛生法68条1項、精神保健及び精神障害者福祉に関する法律51条の12第2項、感染症の予防及び感染症の患者に対する医療に関する法律65条1項、狂犬病予防法25条の2第1項、健康増進法33条1項、土地区画整理法127条の2第2項、都市再開発法128条3項、新都市基盤整備法64条3項、大都市地域における住宅及び住宅地の供給の促進に関する特別措置法98条2項、密集市街地における防災街区の整備の促進に関する法律304条2項（同法306条3項で準用する場合を含む）、使用済自動車の再資源化等に関する法律128条1項、廃棄物の処理及び清掃に関する法律24条の2第2項、ポリ塩化ビフェニル廃棄物の適正な処理の推進に関する特別措置法19条2項、食品表示法16条1項、食鳥処理の事業の規制及び食鳥検査に関する法律41条3項、児童扶養手当法20条がある。

地方公務員に対する災害補償は地方共同法人である地方公務員災害補償基金（以下「基金」という）によって行われている（地公災3条1項）。不服申立ての審査機関として、基金本部には基金審査会、基金の従たる事務所

（支部）には支部審査会が設置されている（同法52条）。支部長が行った補償に関する決定に不服がある者は、支部審査会に対して審査請求をし、その裁決に不服がある者は基金審査会に対して再審査請求をすることができる仕組み（同法51条2項[2]）は、整備法によって維持されることになった。その理由は、この再審査請求が全国的な判断の統一性、事務の適正処理の確保を目的とするものと解されるからである（ただし、整備法による改正前の同法56条が定めていた再審査請求前置は廃止された）。

同様に再審査請求を存置したうえで、再審査請求前置を廃止したものとして、被保険者の資格、標準報酬または保険給付に関する処分にかかる健康保険法189条1項・192条、船員保険法138条1項・141条、保険給付に関する処分にかかる労働者災害補償保険法38条1項・40条、被保険者資格の確認、失業給付等に関する処分にかかる雇用保険法69条1項・71条、被保険者の資格に関する処分、給付に関する処分（共済組合等が行った障害基礎年金にかかる障害の程度の診査に関する処分を除く）または保険料等の徴収金に関する処分にかかる国民年金法101条1項・101条の2、厚生労働大臣による被保険者の資格、標準報酬または保険給付に関する処分（訂正請求に対する処分を除く）にかかる厚生年金保険法90条1項・91条の3、保険給付遅延特別加算金（脱退一時金にかかるものを除く）等に関する処分にかかる「厚生年金保険の保険給付及び国民年金の給付の支払の遅延に係る加算金の支給に関する法律」8条1項・11条、建築基準法令の規定による特定行政庁等の処分にかかる建築基準法95条・旧96条、土地に関する権利の移転等の許可にかかる処分にかかる国土利用計画法20条5項・旧21条、石炭鉱業年金基金法33条1項・3項[3]がある。

　　（2）　基金が行う補償に関する決定に不服がある者は、基金審査会に対して審査請求をすることができるが（同法51条1項）、実際には、補償に関する決定は、全て支部長が行っている。
　　（3）　従前は、石炭鉱業年金基金にかかる処分のうち、年金または一時金の給付にかかる処分については再審査請求前置、不正利得の徴収にかかる処分については審査請求前置であったが、前者については再審査請求前置ではなく審査請求前置に、後者については審査請求前置廃止になった。

(ウ) **再々審査請求について規定を設けたもの**　条例による事務処理の特例により、都道府県知事の権限に属する事務の一部を市町村長が管理・執行することになり、市町村長が当該権限を下級行政庁に委任した場合、旧行政不服審査法は、直近上級行政庁である市町村長に対する審査請求（5条1項1号・5条2項）、都道府県知事に対する再審査請求（8条1項2号・8条2項）に加え、各大臣による再審査請求（8条3項[(4)]）が可能とされていた。旧行政不服審査法8条3項に対応する規定は、改正行政不服審査法には置かれていないので、地方自治法独自の新たな不服申立ての仕組みとして、再々審査請求の規定が、整備法により改正された地方自治法252条の17の4第5項として置かれている。再審査請求は、「審査請求の裁決に不服がある者」（改正行政不服審査法6条1項）が行うものであるので、再審査請求の裁決に不服がある者が提起する不服申立ては再審査請求とは異なることになり、再々審査請求という名称が用いられている。再審査請求が原裁決または原処分を対象として提起されることにかんがみ（同条2項）、再々審査請求は、当該処分にかかる再審査請求もしくは審査請求の裁決または当該処分を対象とすることができるとされている（自治252条の17の4第5項後段）。また、再々審査請求については、再審査請求の手続について定める改正行政不服審査法4章の規定が準用される（自治252条の17の4第6項）。

なお、再々審査請求は、改正行政不服審査法に基づく不服申立てではなく、地方自治法に基づく独自の不服申立てであるため、改正行政不服審査法7条1項12号（同法に基づく処分（同法5章1節1款の規定に基づく処分を除く）についての審査請求の規定の適用除外）の規定の適用がない。しかし、再々審査請求に対する裁決やその手続に付随して行われる派生的な処分またはその不作為について審査請求を認めることは手続の遅延を招くおそれがあり、また、かかる審査請求を認めなくても、再々審査請求の審理手続に不服があれば、裁決固有の瑕疵を主張して当該裁決の取消訴訟等を提起することができるし、再々審査請求に対する裁決の結論に不服があれば、原処分の取消訴訟を提起することも可能であるから[(5)]、かかる審査請求を認めることは一般的には必要とはいい難い。そこで、改正行政不服審査法2条（処分

についての審査請求)、3条(不作為についての審査請求)の規定の適用が除外されている(自治252条の17の4第7項)。なお、一般的という留保を付したのは、提出書類等の閲覧または写しの交付請求を認める決定によって、自己の権利または法律上の利益を侵害されるおそれのある第三者の場合、再々審査請求に対する裁決や原処分の取消し等を求める法律上の利益が認められない場合がありうるし、また、かかる第三者にとっては、開示決定は、付随的・中間的なものではなく、開示によって直ちに不利益が顕在化するからである。したがって、かかる第三者は、開示決定に対する取消訴訟等を提起しうると解すべきと思われる。

同様に再々審査請求を定めたものとして、児童福祉法59条の4第3項、特別児童扶養手当等の支給に関する法律30条2項、原子爆弾被爆者に対する援護に関する法律50条2項、食品衛生法68条2項、精神保健及び精神障害者福祉に関する法律51条の12第3項、感染症の予防及び感染症の患者に対する医療に関する法律65条2項、狂犬病予防法25条の2第2項、健康増進法33条2項、使用済自動車の再資源化等に関する法律128条2項、廃棄物の処理及び清掃に関する法律24条の2第3項、ポリ塩化ビフェニル廃棄物の適正な処理の推進に関する特別措置法19条3項、食品表示法16条2項、食鳥処理の事業の規制及び食鳥検査に関する法律41条4項がある。

(4)　旧行政不服審査法では、この場合も再審査請求という文言を用いていたが、再々審査請求に当たる。
(5)　ただし、裁決主義が採られている場合には、裁決固有の瑕疵のみならず、原処分の違法も裁決取消訴訟で争うことになる。
(6)　宇賀克也・Ｑ＆Ａ　新しい行政不服審査法の解説(新日本法規、2014年)147頁参照。

④小括

以上述べてきたように、異議申立てという不服申立類型が廃止され、審査請求に原則一元化されたといっても、個別法で異議申立てが審査請求に単に置き換えられた場合に限らず、異議申立てを審査請求に代えて、従前の審査請求を廃止した例、異議申立てを審査請求としたうえで、従前の審

査請求を再審査請求とした例、異議申立てに代えて再調査の請求とした例もある。また、再審査請求は原則として存置されたものの、再審査請求を存置したうえで、再審査請求前置を廃止した例、再々審査請求について規定を設けた例もある。他方、再審査請求が廃止された例もある。

(4) 準用する不服申立手続の変更

個別法において、旧行政不服審査法の異議申立てに関する規定を準用していたものについて、審査請求に関する規定を準用するように改正することにより、手続保障の水準が向上した例がある（区画整理20条4項［土地区画整理事業計画に対する意見書の提出］、土地改良9条3項［土地改良事業計画書にかかる異議の申出］、入会林野7条4項［入会林野整備計画書にかかる異議の申出］）。

(5) 不作為についての規定の整備

①不作為についての審査請求の性格の変化

旧行政不服審査法の全部改正により、不作為についての審査請求は、迅速な処分を促すにとどまらず、当該申請に対して一定の処分をすべきか否かについての審理も求めるものに性格が変化し、その意味で処分についての審査請求と機能面で類似することになった。その結果、従前、処分についての審査請求についてのみ定められていた特例規定の対象に不作為についての審査請求も含める改正が行われている。

②処分についての審査請求と同じ扱いをする例

具体的には、処分についての審査請求について審議会等に諮問する規定が置かれていた場合、不作為についての審査請求も諮問対象に含める改正が行われている（行政情報公開19条1項柱書等）。また、処分についての審査請求のみに公開による意見聴取が保障されていた規定を改正し、不作為についての審査請求にも同じ手続保障を与えている（電気110条1項等）。処分についての審査請求を適用除外とする趣旨は、不作為についての審査請求にも妥当することになるので、後者も適用除外とする改正も行われている（行手27条1項、税通76条2項等）。さらに、これまで処分についてのみ審査請求先の特例が定められていたケースで、特例としての審査庁を上級行政庁

とみなす規定を置くことにより、不作為についての審査請求も、処分についての審査請求と同一の行政庁に審査請求をすることができるとした例もある（介保174条等）。

③処分についての審査請求と異なる扱いをする例

大深度地下の公共的使用に関する特別措置法43条1項は、国土交通大臣の行う使用認可にかかる処分についての審査請求に対する裁決は、事業所管大臣の意見を聴いた後にしなければならないとしているが、これに関しては、不作為についての審査請求を対象に含める改正が行われていない。その理由は、国土交通大臣への使用認可申請にすでに事業所管大臣の意見が付されているのが通常であり、再度事業所管大臣の意見を聴くことの意義が乏しく、かかる意見聴取により裁決が遅延することを回避する要請のほうが大きいと考えられたからである。

また、水俣病の認定業務の促進に関する臨時措置法6条では、公害健康被害補償不服審査会の委員および当該審査請求にかかる患者の主治の医師（患者が死亡した場合にあっては、当該死亡した患者の主治の医師であった者）の鑑定を求め、これを尊重するよう努めなければならないと定めているが、この規定の対象に不作為についての審査請求を含める改正も行われていない。その理由は、この法律が、都道府県知事が行う認定等の処分が遅延している状態の改善を意図して、特例として、環境大臣による認定等の処分を行う制度を設けるものであるから、環境大臣の不作為を制度上想定していないこと、また、仮に不作為がありうるにしても、同法6条の趣旨は、環境大臣の認定等の処分についての鑑定にかかるものであり、不作為についての審査請求を対象とした場合、原処分がなされる前に原処分についての鑑定を求めることになるからである。

普通地方公共団体の長以外の機関がした行政財産を使用する権利に関する処分についての審査請求は、普通地方公共団体の長が当該機関の最上級行政庁でない場合においても、当該普通地方公共団体の長に対してするものとされ（自治238条の7第1項）、普通地方公共団体の長は、行政財産を使用する権利に関する処分についての審査請求があったときは、議会に諮問してこれを決定しなければならないとされている（同条2項）。不作為につ

いての審査請求については審査請求をすべき行政庁にかかる特例が定められておらず、改正行政不服審査法4条の原則通り、不作為庁に上級行政庁がある場合には、不作為庁の最上級行政庁に、上級行政庁がない場合には不作為庁に審査請求をすることになる。議会への諮問規定は、処分庁の一次的な判断を経てされた処分についての審査請求における審理を慎重に行うためのものと考えられるので、不作為について審査請求の場合には、議会への諮問規定は適用されない。

　処分と不作為で審査請求をすべき行政庁が一致しない場合は、他にもある。たとえば、弁理士登録簿の登録は日本弁理士会が行い（弁理士17条）、登録を拒否された者は、経済産業大臣に対して審査請求を行うことができるが（同法21条1項）、経済産業大臣は日本弁理士会の上級行政庁ではなく、不作為についての審査請求まで経済産業大臣に対して行えることとする必要はないと考えられた。そこで、経済産業大臣への審査請求は、処分についてのみ認められている。不作為についての審査請求は、改正行政不服審査法の一般原則に従うことになり、上級行政庁がないので、不作為庁である日本弁理士会に対して行うことになる（同4条1号）。したがって、処分についての審査請求と不作為についての審査請求で、審査請求をすべき行政庁が異なることになる。また、介護保険法183条では、介護保険審査会を審査庁とする特例が定められているが、第三者機関である介護保険審査会をみなし上級行政庁とすることは適当でないため、処分についての審査請求のみに置かれた審査請求をすべき行政庁の特例規定は、改正されることなく維持されている。

　国税に関する法律に基づく処分についての審査請求は国税不服審判所長に対して行うのが原則であるが（改正行政不服審査法78条1項）、国税不服審判所長は処分庁等の上級行政庁ではないので、不作為についての審査請求に対して一定の処分をすべき旨を命ずることはできない。そこで、国税不服審判所長に対する審査請求の対象は処分に限定し、不作為についての審査請求は、一般法である改正行政不服審査法に基づいて行うこととされている。すなわち、外局の長である国税庁長官に対し、不作為についての審査請求を行うことになる（同法4条1号・2号）。国税庁長官は、上級行政庁

として、一定の処分をすべき旨を命ずることができ、または不作為庁として自ら一定の処分をすることができる（改正行政不服審査法49条3項）。

　さらに、審査請求が訴訟における一審代替機能を有する場合には、不作為についての審査請求にもかかる一審代替機能を認めることは適当でないので、処分と不作為で審査請求をすべき行政庁が異なる場合がある。たとえば、指定試験機関の処分に不服がある者は総務大臣に対して審査請求をすることができるが（電波104条の4第1項前段）、この審査請求がなされると、総務大臣は、その審査請求を却下する場合を除き、電波監理審議会に付議しなければならず（同法85条）、審査請求に対する裁決に対してのみ取消訴訟を提起できるとする裁決主義がとられ（同法96条の2）、取消訴訟（審査請求を却下する裁決に対する訴えを除く）は東京高等裁判所の専属管轄とされている（同法97条）。そのため、不作為についての審査請求は総務大臣に対しては認められず、不作為庁である指定試験機関に対して行うことになる（行審4条1号）。

　なお、法定受託事務にかかる審査請求の場合、審査庁となる各大臣または都道府県知事等は、上級行政庁とみなされるわけではなく、不作為についての審査請求の場合、請求を認容するときには、不作為が違法または不当であることを宣言するにとどまり、一定の処分をすべきことを命ずることはできない。したがって、整備法による改正前は法定受託事務について不作為庁に対する異議申立ても選択できたことにも照らし、不作為庁に対する審査請求も選択できることとしている（自治255条の2第1項柱書後段）。

（6）　みなし上級行政庁

　整備法による改正前、多くの個別法において、独立行政法人、指定機関等の処分等について、主務大臣や都道府県知事等に審査請求をすることを認める規定が置かれていた（独立行政法人について医薬旧13条の2第5項、工業標準旧69条の5等。指定機関等の処分等について、主務大臣への審査請求を認める例として電気旧109条の2、建基旧77条の17、旧77条の53、都道府県知事への審査請求を認める例として児福旧18条の17、第三者機関への審査請求を認める例としては建基94条1項参照）。主務大臣や都道府県知事等（以下「主務大臣等」という）は、これら

の法人等の上級行政庁ではないが、個別法で主務大臣等に当該事務に関し監督権限が付与されており、審査請求を通じて、主務大臣等が違法または不当な処分等を是正することが適切と考えられたからである。

　改正行政不服審査法では、処分庁等に上級行政庁がない場合には、処分庁等に審査請求をし、処分庁等に上級行政庁がある場合には、最上級行政庁に審査請求をすることを原則としている。主務大臣等の権限を指定機関等が代行する場合において、指定機関等は国、都道府県の行政組織を構成するものではないが、委任を受けて国、都道府県の事務を行うのであるから、審査請求については主務大臣等を上級行政庁とみなし、主務大臣等に審査請求を行うことを認めている。

　かかる場合には、指定機関等の処分等にかかる事務について、審査庁である主務大臣等が一定の監督権限を有しており、審査請求について指定機関等の自律的判断を尊重する要請は大きくないため、処分・事実行為の変更権限（改正行政不服審査法46条1項、47条。ただし、事実行為が想定されない場合には47条の規定は対象外となる）、一定の処分をすべき旨を命ずる権限（同46条2項・49条3項）、執行停止として処分の効力、処分の執行または手続の続行の全部または一部の停止以外の措置をとる権限（同25条2項・3項）を付与することが原則とされている（漁船48条4項、貸金業24条の24、液化石油ガス91条、ガス49条の2、高圧ガス77条、火薬54条の2、核規制70条1項、気象業務法24条の19、クリーニング業法14条の2の2、経済連携協定に基づく特定原産地証明書の発給等に関する法律25条、建設27条の17、建築物による衛生的環境の確保に関する法律13条の2、公害防組8条の16後段、行書4条の18、社労士13条の2、消防13条の22、情報処理の促進に関する法律7条8項、水道48条の3、技術士法27条、義肢装具士法33条、あん摩マッサージ指圧師、はり師、きゅう師等に関する法律3条の20、児福18条の17、社会福祉士及び介護福祉士法25条、消防13条の22、精神保健福祉士法24条、船舶職員28条の3、宅建業17条の2、電気工事士法7条の16、臨床工学技士法33条、電波104条の4第1項・109条1項・109条の2、マンション管理26条、理容師法17条の2、美容師法21条等参照）。

　指定機関に限らず、独立行政法人（液化石油ガス91条、ガス49条の2、通訳案内士法16条、独立行政法人水資源機構法36条、肥料の安全性の確保及び品質の改善に関

する法律62条等参照)、特別の法律により設立される民間法人(海洋汚染19条の⁽⁷⁾20、高圧ガス77条、車両103条の2)、登録機関⁽⁸⁾(海洋汚染9条の22、港湾56条の2の18、タクシー業務32条の2等参照)等についても、みなし上級行政庁の規定が設けられている。

　ただし、行政組織法制において上級行政庁ではない機関に審査請求が認められる場合に全てみなし上級行政庁とされているわけではない。たとえば、開発許可申請にかかる処分またはその不作為については開発審査会に審査請求をすることができるが(都計50条1項)、開発審査会は上級行政庁とみなされない。その理由は、開発審査会は、開発許可権者とは異なる第三者機関として、公正中立的な審査を行うことを期待されているのであり、開発審査会は、開発許可申請の処理業務を継続的・恒常的に行っているわけではないので、許可処分の変更権限、不許可処分または不作為についての審査請求において一定の処分をすることを命ずる権限等を付与することは妥当でないと考えられたためである。同様の理由で、建築審査会が審査庁になる場合においても、上級行政庁とはみなされない(建基94条)。

　また、法定受託事務にかかる審査請求における裁定的関与を行う各大臣または都道府県知事等を上級行政庁とみなし、処分の変更権限や一定の処分をすることを命ずる権限等を付与することは、地方分権の趣旨に照らし、適切でない。そのため、この場合においても、みなし上級行政庁規定は置かれていない(自治255条の2)。また、領事館の行う処分またはその不作為について国土交通大臣が審査庁となる場合にも(船員103条2項、領事館の行う船舶等の事務に係る処分又はその不作為についての審査請求に係る政令)、国土交通大臣は上級行政庁とみなされない。さらに、船員法に基づく国土交通大臣の権限に属する事務を市町村長が行う場合、市町村長のした処分についての審査請求は国土交通大臣に対して行われるが、国土交通大臣が市町村長の上級行政庁とみなされるわけではない(船員104条1項・2項)。

　なお、地方公共団体の委員会の下部機関が処分庁等である場合には、最上級行政庁は委員会になるが、長に審査請求をさせることとするため、最上級行政庁みなし規定が置かれている例もある(自治206条1項・229条1項・231条の3第5項・238条の7第1項・244条の4第1項参照)。

（7）　特別の法律により設立される民間法人については、宇賀克也・行政法概説Ⅲ（第3版）（有斐閣、2012年）276頁以下参照。
（8）　登録機関が行う第三者認証について、宇賀克也・行政法概説Ⅰ（第5版）（有斐閣、2013年）87頁参照。詳しくは、米丸恒治「第三者認証機関論―第三者機関の公共性とその担保」室井力先生古稀記念論文集『公共性の法構造』（勁草書房、2004年）97頁以下、原田大樹・公共制度設計の法理論（弘文堂、2014年）49頁以下参照。

（7）　審議会等またはその委任を受けた者が処分庁等となる場合の審査請求

　審議会等またはその委任を受けた者が処分庁等となる場合、宮内庁長官もしくは外局の庁の長官（改正行政不服審査法4条2号）または主任の大臣（同条3号）に審査請求ができると解される可能性がある（これに対し、外局の委員会に委任された場合には、委員会には上級行政庁はないことに疑義が生ずるおそれは少ないので、整備法は特段の措置は講じていない）。

　しかし、審議会等またはその委任を受けた者が行った処分またはその不作為について、宮内庁長官もしくは外局の庁の長官または主任の大臣に審査請求をすることができるとすれば、取消しもしくは変更の裁決、一定の処分をすることを命ずる裁決を通じて、審議会等に対する指揮監督が行われることになり、審議会等の独立性を害するおそれがある。したがって、解釈論として、審議会等には上級行政庁がないものとして取り扱うことも考えられるが、かかる場合に審議会等についてのみ不服申立てができる旨の規定が置かれていた例（金商195条、投信255条の2、社債株式振替287条、資産流動化291条、犯罪収益移転21条8項）と置かれていない例があり、後者の場合には、反対解釈により、主任の大臣等に審査請求をすることができると判断される余地があった。そこで、後者の場合にも、審議会等についてのみ審査請求できる旨を明文で規定することにより、解釈上の疑義が生じないようにされた（会計士49条の4の2等）。

　なお、国家公務員法106条の3第5項、106条の4第8項は、従前、審査請求を「再就職監視委員会に対して行うことができる」と規定しており、これは、内閣府の長である内閣総理大臣ではなく、再就職監視委員会に審

査請求先を限定する趣旨である。かかる規定については、「再就職監視委員会に対してのみ行うことができる」と改正しなくても、紛れは生じないと考えられるので、「再就職監視委員会に対して行うことができる」という表現が維持されている。

(8) 行政不服審査法の規定の適用除外
①犯則事件に関する規定

　金融商品取引法9章（犯則事件の調査等）の規定に基づき、証券取引等監視委員会、同委員会職員、財務局長もしくは財務支局長または財務局等職員がした処分については、旧行政不服審査法による不服申立てをすることができない旨、金融商品取引法旧227条に定められていたが、旧行政不服審査法の全部改正により、行政手続法3条1項6号と平仄を合わせて、改正行政不服審査法7条1項7号にその旨規定されたため、金融商品取引法旧227条の規定は削除された。

②試験事務にかかる処分に関する規定

　整備法による改正前の電気事業法109条の2は、「指定試験機関が行う試験事務に係る処分（試験の結果についての処分を除く。）又はその不作為について不服がある者は、経済産業大臣に対し、行政不服審査法（昭和37年法律第160号）による審査請求をすることができる」と定めていた。これは、旧行政不服審査法4条1項11号で「専ら人の学識技能に関する試験又は検定の結果についての処分」については、旧行政不服審査法による異議申立てまたは審査請求をすることができないことを確認的に規定したものである。指定試験機関、独立行政法人等が行う試験事務にかかる処分またはその不作為についての審査請求の場合、かかる確認規定が置かれている例は少なくなかった（液化石油ガス旧91条、エネ合理化旧90条、ガス旧49条の2、高圧ガス旧77条、火薬旧54条の2、クリーニング業法旧14条の2の2、公害防組旧8条の16、浄化槽旧43条の14、情報処理の促進に関する法律旧7条8項、水道旧48条の3、通訳案内士法旧16条、電気旧109条の2、電気工事士法旧7条の16、理容師法旧17条の2、美容師法旧21条、労安衛旧111条2項参照）。他方において、かかる確認規定を設けていない例も同じぐらい存在した（貸金業旧24条の24、気象業務法旧24条の19、技

術士法旧27条、義肢装具士法旧33条、建設旧27条の17、児福旧18条の17、あん摩マッサージ指圧師、はり師、きゆう師等に関する法律旧3条の20、社会福祉士及び介護福祉士法旧25条、消防旧13条の22、行書旧4条の18、社労士旧13条の2、精神保健福祉士法旧24条、船舶職員旧28条の3、宅建業旧17条の2、臨床工学技士法旧33条、マンション管理旧26条参照)。そのため、かかる確認規定がない場合には、反対解釈をされるおそれがあった。そこで、改正行政不服審査法7条1項11号で「専ら人の学識技能に関する試験又は検定の結果についての処分」が審査請求の対象外とされていることの確認規定は削除することとされた。

(9) 行政手続法旧27条2項の規定の削除

　整備法による改正前の行政手続法27条2項は、事前に聴聞手続を経た処分については異議申立てを認めないこととしていた。これは、事前に聴聞という慎重な手続を処分庁がとった場合に、同じ処分庁に対して異議申立てをしても、結論が変わる可能性は乏しく、異議申立人の利益になることはほとんど想定されないし、にもかかわらず、事前と事後の双方で処分庁に手続的負担を課すことは避けるべきという理由によるものであった。しかし、旧行政不服審査法の全部改正により、異議申立制度は廃止され、処分庁に対する不服申立ては原則として審査請求になったが、処分庁に対して審査請求がされる場合であっても、審理員制度と行政不服審査会等への諮問制度により、審査手続の公正中立性が向上することになる。そのため、事前に聴聞手続を経た処分であっても、処分庁に対する審査請求により結論が変わる可能性が乏しいとはいえなくなるので、行政手続法旧27条2項の規定は削除された。それに伴い、個別法で行政手続法旧27条2項の規定の適用除外を定める規定も削除された（外為法旧57条2項、核規制旧70条3項、漁業旧135条の2第2項、水産資源旧35条2項、宗教旧80条7項、土砂等を運搬する大型自動車による交通事故の防止等に関する特別措置法旧10条2項、農地旧54条2項、放射防止旧45条3項、輸出入取引旧39条の3第2項、電波旧84条等。放送法180条で電波法7章の規定が準用されているが、同法旧84条は、同法7章に置かれていたため、放送法180条による準用の対象でなくなったことになる)。

(10) 審理員の指名を要しない場合の整備
　①優れた識見を有する者からなる委員が合議により審査する審査庁である場合

　改正行政不服審査法9条1項は、①内閣府設置法49条1項もしくは2項または国家行政組織法3条2項に規定する委員会、②内閣府設置法37条もしくは54条または国家行政組織法8条に規定する機関、③地方自治法138条の4第1項に規定する委員会もしくは委員または同条3項に規定する機関が審査庁となる場合には、専門技術性または政治的中立性を確保する観点から、優れた識見を有する者からなる委員が合議により審査するため、審理員を指名することを要しないとしている。そして、改正行政不服審査法9条3項・4項および別表において、同法の適用関係を規定している。しかし、これ以外の機関が審査庁となる場合であっても、審理員の指名を要しない場合が考えられる。かかる場合については、個別法で審理員の指名を要しない旨定めている。

　第1に、人事院が審査庁になる場合である。人事院は内閣の所轄の下に置かれ、内閣府設置法の規定も国家行政組織法の規定の適用もないが、合議制の行政機関であり、人事院に対する審査請求については、改正行政不服審査法2章の規定の適用が除外されているので（国公90条3項）、審理員制度は適用されない。

　第2に、国家公務員共済組合審査会、地方公務員共済組合審査会、共済審査会、独立行政法人農業者年金基金審査会、地方公務員災害補償基金審査会が審査庁になる場合である。これらは、国または地方公共団体の機関ではなく、改正行政不服審査法9条1項の機関には当たらないが、同項2号の機関に類似する性格を有する。そこで、これらの機関が審査庁となる場合には、同条1項・3項および4項の規定の適用については、同条1項2号に掲げる機関とみなす旨の規定が置かれている（国公共済103条4項、地公共済117条4項、私立学校教職員共済法36条3項、独立行政法人農業者年金基金法52条6項、地公災51条5項参照）。

　②優れた識見を有する者からなる委員が合議により審査する審査庁となる場合ではないが、処分の性質、第三者機関の審理のあり方等に照らし、審

理員による審理が不要と考えられる場合

　(ｱ)　**行政文書もしくは法人文書または保有個人情報の開示請求または特定歴史公文書等の利用請求**　　行政文書もしくは法人文書または保有個人情報の開示請求に対する処分または開示請求にかかる不作為についての審査請求事件の場合、一般的には開示等を求める理由の如何を問わずに判断が可能なこと、情報公開・個人情報保護審査会がインカメラ審理権限を有し、上記審査会が実際に開示請求等の対象となる行政文書もしくは法人文書または保有個人情報を見分して判断することが可能であり、また、ヴォーン・インデックスの提出を求めたり、意見聴取を行ったりする権限も有しているので、審理員による審理を経ないで審査会に諮問するほうが、審理を迅速化して、審査請求人の利益にもかなうと考えられることに照らし、審理員制度を適用しないこととしている（行政情報公開18条1項、行政個人情報42条1項、独行情報公開18条2項、独行個人情報42条2項）。同様に、特定歴史公文書等の利用請求に対する処分または利用請求にかかる不作為についての審査請求事件の場合、一般的には利用を求める理由の如何を問わずに判断が可能なこと、インカメラ審理を行いヴォーン・インデックスの提出を求める権限を有する公文書管理委員会に諮問されることに照らし、審理員制度の適用を除外している（公文書管理21条2項）。

　なお、留意すべきは、審議会等で実質審理を運用上行っていることのみで審理員制度の適用が除外されるわけではないことである。情報公開・個人情報保護の分野における審査会のインカメラ審理権限のように、法律上、審議会等が実質審理を行うことが明らかにされている場合でなければならず、単に審議会等が審査請求において、意見聴取権限を有しているのみでは、審理員制度の適用は除外されない。たとえば、農林水産大臣は、漁港漁場整備法もしくはこれに基づく命令または漁港管理規程に基づく処分またはその不作為についての審査請求があったときは、水産政策審議会の意見を聴いて、裁決をしなければならなず（漁港漁場整備法43条2項）、水産政策審議会は、意見を決定しようとするときは、あらかじめ、期日および場所を指定して、審査請求人その他の代理人に対し公開による意見の聴取をしなければならないが（同条3項）、この意見聴取規定があるのみでは、審

理員制度の適用は除外されていない。

　　(イ)　**資格審査会または懲戒委員会の議決に基づき裁決をする場合**　　日本弁護士連合会は、登録または登録換えの進達の拒絶についての審査請求に対して裁決をする場合には、資格審査会の議決に基づかなければならず（弁護12条の2第1項）、懲戒の処分について審査請求があったときは、懲戒委員会に事案の審査を求め、その議決に基づき、裁決をしなければならない（同59条1項）。日本弁護士連合会の資格審査会の会長は、日本弁護士連合会の会長をもって充てることとされており（同52条2項）、委員は、弁護士、裁判官、検察官および学識経験のある者の中から会長が委嘱する。裁判官または検察官である委員は最高裁判所または検事総長の推薦に基づき、その他の委員は日本弁護士連合会の総会の決議に基づかなければならない（同条3項）。また、日本弁護士連合会の懲戒委員会の委員は、弁護士、裁判官、検察官および学識経験のある者の中から、それぞれ日本弁護士連合会の会長が委嘱し、裁判官または検察官である委員は最高裁判所または検事総長の推薦に基づき、その他の委員は日本弁護士連合会の総会の決議に基づき、委嘱しなければならない（同66条の2第2項）。このように、高度の専門性と権威を有する第三者機関に付議されるため、その議決に拘束される仕組みになっている。そこで、審理員制度の適用を除外している（同12条の2第3項・59条2項）。

　　(ウ)　**公務員に対する不利益処分について審議会の調査結果に基づき裁決をする場合**　　外務職員が外交機密の漏えいによって国家の重大な利益を毀損したという理由で懲戒処分を受けた場合におけるその処分についての審査請求は、国家公務員法90条1項の規定にかかわらず、外務大臣に対してしなければならないが（外公19条1項）、国家公務員法90条3項の規定が準用されるので（外公19条3項）、審理員制度は適用されない。その理由は、外務大臣は、上記の処分についての審査請求がされたときは、これを却下する場合を除き、直ちにその事案を外務人事審議会（同法施行令1条の4）の調査に付さなければならず（同20条1項）、上記の処分についての審査請求に対する裁決は、外務人事審議会の調査の結果に基づいてしなければならないこととされているからである（同条5項）。

また、自衛隊員に対するその意に反する降任、休職もしくは免職または懲戒処分についての審査請求については、改正行政不服審査法2章の規定は適用されないので（自衛49条1項）、審理員制度は適用されない。その理由は、防衛大臣は、上記の審査請求を受けた場合には、これを防衛人事審議会（同法施行令67条）に付議しなければならず（自衛49条3項）、審査請求に対する裁決は、この審議会等の議決に基づいてしなければならないからである（同条4項）。

　(エ)　**個別法で審理主宰者について特別の規定が設けられている場合**
　総務大臣または都道府県知事に対して地方自治法143条（同法180条の5第8項および184条2項において準用する場合を含む）の審査請求または同法の規定による審査の申立てもしくは審決の申請があった場合においては、総務大臣または都道府県知事は、自治紛争処理委員を任命し、その審理を経た上、審査請求に対する裁決をし、審査の申立てに対する裁決もしくは裁定をし、または審決をするものとされている（ただし、改正行政不服審査法24条（地方自治法258条1項において準用する場合を含む）の規定により当該審査請求、審査の申立てまたは審決の申請を却下する場合は、この限りでない）。この審査請求、審査の申立てまたは審決の申請については、改正行政不服審査法9条の規定は適用しないこととされているので（自治255条の5第2項・3項）、審理員は指名されない。

　社会保険審査官、労働保険審査官のような独任制の行政庁が、処分庁等から独立した立場で、公正に審理を行う仕組みが設けられており、審理員による審理に匹敵する公正中立性が確保されていると認められる場合には、審理員の指名を要しないとされている。具体的には、以下のとおりである。
　健康保険法189条は、被保険者の資格、標準報酬または保険給付に関する処分に不服がある者は、社会保険審査官に対して審査請求をし、その決定に不服がある者は、社会保険審査会に対して再審査請求をすることができるとし（1項）、保険料等の賦課もしくは徴収の処分または同法180条の規定による処分に不服がある者は、社会保険審査会に対して審査請求をすることができるとしている（190条）。そして、これらの審査請求および同法189条1項の再審査請求については、改正行政不服審査法2章（誤った教

示をした場合の救済にかかる22条を除く）および4章の規定は適用しないとしているので（191条）、審理員制度も適用されないことになる。船員保険法138条、厚生年金保険法90条（同条2項および6項を除く）および石炭鉱業年金基金法33条1項、国民年金法101条（同法138条において準用する場合を含む）ならびに厚生年金保険の保険給付及び国民年金の給付の支払の遅延に係る加算金の支給に関する法律8条（同法附則2条1項において準用する場合を含む）の規定により、社会保険審査官に対して審査請求がされる場合も同じである。

同様に、労働者災害補償保険法38条は、保険給付に関する決定に不服のある者は、労働者災害補償保険審査官に対して審査請求をし、その決定に不服のある者は、労働保険審査会に対して再審査請求をすることができるとし（1項）、この審査請求および再審査請求については、改正行政不服審査法2章（誤った教示をした場合の救済にかかる22条を除く）および4章の規定は適用しないとしているので（39条）、審理員制度は適用されないことになる。

また、雇用保険法69条は、労働者が被保険者となったこと、または被保険者でなくなったことの確認、失業等給付に関する処分または失業給付の返還命令等の処分に不服のある者は、雇用保険審査官に対して審査請求をし、その決定に不服のある者は、労働保険審査会に対して再審査請求をすることができるとし（1項）、この審査請求および再審査請求については、改正行政不服審査法2章（誤った教示をした場合の救済にかかる22条を除く）および4章の規定は適用しないとしているので（雇保69条4項）、審理員制度は適用されないことになる。

審理員制度の適用除外とする明文の規定はないものの、審理員制度が適用されない例もある。電波法85条は、同法83条の規定に基づく審査請求があったときは、総務大臣は、その審査請求を却下する場合を除き、遅滞なく、これを電波監理審議会の議に付さなければならないとし、同法87条本文は、審理は、電波監理審議会が事案を指定して指名する審理官が主宰するとし、同法94条1項は、総務大臣に対する審査請求について、電波監理審議会の議決に基づき裁決をすると規定している。電波監理審議会では、

審理官が審理員の役割を担い、審理手続を主宰することとしている。この場合の電波監理審議会は参与機関であるが、審査庁は独任制の総務大臣であるので、改正行政不服審査法9条1項ただし書各号には該当しない。また、電波法には、審理員制度を適用除外とする明文の規定や審理官を審理員とみなす規定は置かれていない。しかし、整備法による改正前から、電波法7章は、電波監理審議会が実質的な審理を行うことを前提として、旧行政不服審査法の特別法として位置付けられてきており、整備法による改正後もこの関係が維持されているので、改正行政不服審査法の審理員制度は適用されず、電波法7章の規定に基づき、審理官が審理員の役割を担うことになる。国税不服審判所の担当審判官（税通94条1項）も、審査請求の審理を主宰する職であり、改正行政不服審査法の審理員制度は適用されないことになる。なお、整備法による改正前の国税通則法94条1項においては、「国税不服審判所長は、答弁書が提出されたときは、審査請求に係る事件の調査及び審理を行なわせるため、担当審判官1名及び参加審判官2名以上を指定する」と規定されており、担当審判官の指定は答弁書が提出されたときに行うこととしていた。これに対し、整備法による改正後の国税通則法94条1項においては、担当審判官の指定時期についての定めはない。これは、答弁書の提出前の時点、一般的には、補正を終えた段階で担当審判官を指定することができるようにするためであるが、補正に時間を要するような場合には、補正終了前であっても、担当審判官を指定して、審査請求人の面談等を行わせることも妨げられない。

(11) 審理員制度の適用を前提とした特例

経済産業大臣は、その職員であって経済産業省令で定める資格を有するもののうちから、計量調査官を任命し、審査請求に関する事務に従事させるものとされており、この場合における改正行政不服審査法9条1項の規定の適用については、同項中「審査庁に所属する職員（17条に規定する名簿を作成した場合にあっては、当該名簿に記載されている者）」とあるのは、「計量調査官」とする旨、規定されている（計量165条）。この場合には、審理員制度の適用除外ではなく、その適用を前提としたうえで、計量調査官を審理

員とする特例が定められている。

　出入国管理及び難民認定法に基づく難民審査参与員のように、整備法で審理員とみなすこととされている場合もあり（入管61条の2の9第5項）、この場合には改正行政不服審査会等への諮問も要しないとされている（同条6項）。平成20年整備法案においては、難民審査参与員については、審理員とみなすのではなく、平成20年行政不服審査法案42条1項2号の規定に基づき、行政不服審査法9条1項各号に掲げる機関または地方公共団体の議会に類する機関として政令で定めるところにより、行政不服審査会への諮問制度の適用除外とするにとどめる予定であった。しかし、平成20年代に出入国管理及び難民認定法に基づく難民認定にかかる異議申立件数が激増し、2006（平成18）年度の371件から2011（平成23）年度には1675件に増加し、平均審理期間が約2年半となり審理の長期化が深刻な問題となった。かかる状況のもとで、難民審査参与員は、異議申立書や処分庁の記録の交付を受け、口頭意見陳述に立ち会って審尋を行い、必要な資料や情報を難民調査官を通じて入手した上で、法務大臣に対する意見書を作成し提出する運用が行われてきた。かかる実態を踏まえて、難民審査参与員を諮問機関と位置付けるのではなく、審理手続を主宰する審理員とみなすことになった（宇賀克也＝上村進「行政不服審査法の施行に伴う関係法律の整備等に関する法律」ジュリ1479号75頁（上村発言）参照）。裁判外紛争解決手続の利用の促進に関する法律に基づく認証審査参与員の場合、審査請求に関し、法務大臣に対し、専門的な知識経験に基づく意見を述べることも職務とし（裁判外紛争解決10条1項）、口頭意見陳述手続に立ち会い、審理関係人に直接問いを発することができるとされているものの（同条2項）、難民審査参与員と異なり、審理員とみなす規定が置かれなかったのは、難民審査参与員との運用の実態の差異を考慮したからである。

(12) 不服申立てを受理した日

　旧行政不服審査法においては、「（再）審査請求を受理したとき」という表現がみられた（22条1項、38条、54条）。これは、（再）審査請求書または（再）審査請求録取書を受け取り、形式的要件を審査し、形式的要件に欠

ける場合であって補正が可能な場合には、補正をさせた状態を意味する。個別法においても、旧行政不服審査法に合わせて、「受理」という文言を使用している例が少なくなかった。しかし、行政手続法が、申請の場合には到達により審査義務が発生し（7条）、形式上の要件に適合している届出の到達により、当該届出をすべき手続上の義務が履行されたものとすることとして（37条）、「受理」概念を否定したことを踏まえて、改正行政不服審査法は、「受理」という文言を使用していない。そこで、個別法においても、「審査請求を受理したとき」という表現は、「審査請求がされた日（行政不服審査法第23条の規定により不備を補正すべきことを命じた場合にあっては、当該不備が補正された日）」または「審査請求がされたときは、行政不服審査法第24条の規定により当該申請を却下する場合を除き」と改正することを基本としている。

　たとえば、鉱業法126条の「審査請求又は異議申立てを受理した日から30日以内」という表現は、「審査請求があつたときは、行政不服審査法（平成26年法律第68号）第24条の規定により当該審査請求を却下する場合を除き、当該審査請求がされた日（同法第23条の規定により不備を補正すべきことを命じた場合にあつては、当該不備が補正された日）から30日以内」と改められた（都計50条2項、更生95条、文化財156条1項、外為法56条1項、国健保100条、介保193条、国公共済106条、労保審40条、障害総合支援102条、公害補償126条、航空機製造事業法20条1項、臨時船舶建造調整法6条1項、家畜取引法31条1項も参照）。他方、不服申立書が到達した日の意味で「受理」という文言が使用されている場合もあり、かかる場合には、「審査請求がされた日」と改めることを基本としている（外公20条1項等）。

　ただし、各個別法において、「申請書を受理」「申告書を受理」「届出を受理」するなど、他の条項において「受理」という文言が使用されており、審査請求に関してのみ「受理」の用語を変更することが、個別法の体系上、適当でない場合には、この用語を維持する方針がとられた。国家公務員法90条1項に規定する審査請求については、改正行政不服審査法2章の規定を適用しないこととしており（同条3項）、同法および人事院規則13―1（不利益処分についての不服申立て）により独自の手続体系が設けられており、

同規則で「受理」という文言が多数使われていること、さらに、運用上もこの文言が定着していることに照らし、「受理」という文言が維持されている（国公91条1項）。同様に、電波法86条、国税通則法93条1項においても、「受理」という文言が維持されているが、これらの審査請求は独自性が強く、他の条項においても「受理」という文言が使用されており（電波7条1項2項・27条の4・103条の2第5項8項12項13項21項、同項施行規則46条の3第5項・51条の10第5第1項・51条の15第1項5号、税通21条2項3項）、審査請求についてのみ「受理」という文言を変更することは必ずしも適切でないと判断された。

(13) 主観的不服申立期間の整備
①期間の延長

(ア) **60日または2月としていた場合** 旧行政不服審査法の全部改正により、主観的審査請求期間が処分があったことを知った日の翌日から起算して60日から3か月に延長されたことを受けて（改正行政不服審査法18条1項本文）、個別法において主観的不服申立期間が60日（または2か月）とされている場合、原則として3か月に延長することとされた（税通77条1項、弁護士14条1項・64条2項、社審4条1項・32条2項、土地利用調整25条1項、地公共済117条2項、中小退金84条2項、植物防疫法36条2項）。ただし、例外的に従前の期間が維持された例もある（農業機械化促進法13条1項）。

(イ) **3か月としていた場合** 整備法による改正前に主観的不服申立期間を3か月としていた場合には、一般法である改正行政不服審査法の主観的審査請求期間と一致するので、主観的不服申立期間の改正は原則として不要である（連合国財産補償法18条2項）。

(ウ) **60日または2か月より短い期間としていた場合** 一般法である改正行政不服審査法の主観的審査請求期間が3か月とされたことを受けて、60日または2か月より短い期間を維持する合理的理由がある場合以外は、3か月または適当と考えられる期間へ延長することとされた。30日以内から3か月に延長された例として、地方自治法旧229条3項、土地収用法130条1項がある。他方、短期特例が維持された例として、消防法5条の4

（主観的審査請求期間は30日）がある。

　　　㈏　**3か月より長い期間としていた場合**　原則として、期間の改正は不要とされた。引揚者等に対する特別交付金の支給に関する法律9条がその例である（主観的審査請求期間は1年）。

　②期間経過の例外

　旧行政不服審査法においては、主観的審査請求期間経過にもかかわらず審査請求が可能な場合の例外は、不変期間として定められていた（14条1項ただし書・2項）。これに対し、改正行政不服審査法においては、正当な理由があるときに期間経過の例外を認めている（18条1項ただし書）。そこで、個別法においても、これと平仄を合わせた改正が行われている（税通77条1項ただし書・2項ただし書、土地利用調整25条1項ただし書）。

(14)　意見聴取に関する規定

　改正行政不服審査法31条1項は、審査請求人および参加人に口頭意見陳述申立権を付与し、同法32条1項は、審査請求人および参加人に、証拠書類または証拠物を提出する権利を与えている。整備法では、改正行政不服審査法の手続水準を確保するという方針で整備がされた。

　整備法による改正前の消費生活用製品安全法50条は、「この法律又はこの法律に基づく命令の規定による処分についての審査請求又は異議申立てに対する裁決又は決定（却下の裁決又は決定を除く。）は、その処分に係る者に対し、相当な期間をおいて予告をした上、公開による意見の聴取をした後にしなければならない」と定めていた。これと同様の規定は少なくなかった。これらの規定は、改正行政不服審査法31条の口頭意見陳述の規定との関係で、以下の方針で整備された。

　第1に、公開による意見の聴取を行うことは、改正行政不服審査法31条1項の意見聴取の機会を付与したことになるので、同項の規定は適用しない（消費用品安全50条3項、電気用品安全法51条3項、肥料取締法34条3項、飼料の安全性の確保及び品質の改善に関する法律63条3項、割賦44条3項、商工会59条3項、商工会議所83条3項、小売特措20条3項、電気110条3項、ガス50条3項、電気工事業31条3項、高圧ガス78条3項、工水27条3項、工水事26条3項、化学物質規制51条3項、

火薬55条3項、資源有効利用38条3項、熱供給30条3項、石油パイプ38条3項、有害廃棄物18条3項、オゾン保護28条3項、鉱業126条3項、揮発油22条3項、液化石油ガス92条3項、計量164条3項、砂利39条3項、採石34条の5第3項、深海底鉱業暫定措置法38条3項、日韓大陸棚開発法46条3項、外為法56条3項、輸出入取引39条の2第3項、家畜取引法31条3項、農業機械化促進法13条1項、航空機製造事業法20条3項、臨時船舶建造調整法6条3項、武器製造30条3項、文化財156条3項、家畜取引法31条1項)。

第2に、改正行政不服審査法31条5項は、口頭意見陳述の申立人に質問権を付与しており、公開による意見の聴取を行うのみでは、同項の保障する手続水準を満たしたことにはならない。そこで、同条の規定全体を適用除外にした上で、同条5項を含め、同条2項から5項の規定を準用することとしている(有線電通10条3項、消費用品安全50条3項、電気用品安全法51条3項、肥料取締法34条3項、飼料の安全性の確保及び品質の改善に関する法律63条3項、割賦44条3項、商工会59条3項、商工会議所83条3項、小売特措20条3項、電気110条3項、ガス50条3項、電気工事業31条3項、、高圧ガス78条3項、火薬55条3項、工水27条3項、工水事26条3項、化学物質規制51条3項、資源有効利用38条3項、熱供給30条3項、石油パイプ38条3項、有害廃棄物18条3項、オゾン保護28条3項、揮発油22条3項、液化石油ガス92条3項、計量164条3項、砂利39条3項、採石34条の5第3項、深海底鉱業暫定措置法38条3項、日韓大陸棚開発法46条3項、外為法56条3項、輸出入取引39条の2第3項、家畜取引法31条3項、航空機製造事業法20条3項、漁船48条3項、農業機械化促進法13条1項、臨時船舶建造調整法6条3項、武器製造30条3項、文化財156条3項、家畜取引法31条3項)。

第3に、改正行政不服審査法31条2項に期日や場所の指定の規定が設けられたため、公開による意見聴取の予告における期日、場所、事案の内容の提示を定める個別法の規定(有線電通旧10条2項、消費用品安全旧50条2項、電気用品安全法旧51条2項、飼料の安全性の確保及び品質の改善に関する法律旧63条2項、割賦旧44条2項、商工会旧59条2項、商工会議所旧83条2項、小売特措旧20条3項、電気旧110条2項、ガス旧50条2項、電気工事業旧31条2項、高圧ガス旧78条2項、工水旧27条2項、工水事旧26条2項、化学物質規制旧51条2項、資源有効利用旧38条2項、熱供給旧30条2項、石油パイプ旧38条2項、有害廃棄物旧18条2項、オゾン保護旧28条2項、火薬旧55条2項、揮発油旧22条2項、液化石油ガス旧92条2項、砂利旧39条2項、

採石旧34条の5第2項、深海底鉱業暫定措置法旧38条2項、計量旧164条2項、日韓大陸棚開発法旧46条2項、外為法旧56条2項、輸出入取引旧39条の2第2項、家畜取引法旧31条2項、航空機製造事業法旧20条2項、臨時船舶建造調整法旧6条2項、武器製造旧30条2項）は削除された。

　第4に、改正行政不服審査法では、審査請求人が補正を命じられた期間内に不備を補正しないとき、または審査請求が不適法であって補正することができないことが明らかなとき以外は、審理員が審理を主宰することとされているので、個別法が定める公開による意見聴取の規定において、審査請求を却下する場合を除き、審理員が意見聴取を行うことを明記している（有線電通10条1項、消費用品安全50条1項、電気用品安全法51条1項、肥料取締法34条2項、飼料の安全性の確保及び品質の改善に関する法律63条1項、割賦44条1項、商工会59条1項、商工会議所83条1項、小売特措20条1項、電気110条1項、ガス50条1項、火薬55条1項、電気工事業31条1項、高圧ガス78条1項、工水27条1項、工水事26条1項、資源有効利用38条1項、熱供給30条1項、石油パイプ38条1項、化学物質規制51条1項、有害廃棄物18条1項、計量164条1項、オゾン保護28条1項、鉱業126条1項、揮発油22条1項、液化石油ガス92条1項、砂利39条1項、採石34条の5第1項、深海底鉱業暫定措置法38条1項、日韓大陸棚開発法46条1項、外為法56条1項、輸出入取引39条の2第1項、家畜取引法31条1項、漁船48条1項、農業機械化促進法13条2項、航空機製造事業法20条1項、臨時船舶建造調整6条1項、武器製造30条1項）。

　なお、電気通信事業法171条のように、従前、意見聴取の規定はあっても公開による旨規定されていなかったものもある。しかし、電気事業法171条の規定に基づく意見聴取は、意見聴取会における意見聴取であり（同法施行規則63条）、そこで意見を述べる権利は、口頭意見陳述権（なお、改正行政不服審査法31条1項の定める口頭意見陳述は公開で行う必要はない）と解される。同様に、民間事業者による信書の送達に関する法律39条も、従前、意見聴取を公開で行う旨を明記していなかったが、同法施行規則45条で、意見聴取会で意見聴取を行うこととされていたので、口頭意見陳述権が保障されていた。これらの規定について、整備法では、審理員が意見聴取を行う旨を規定し、改正行政不服審査法31条の規定は適用せず、意見の聴取については、同条2項から5項までの規定を準用することとしており、同条

1項の口頭意見陳述の申立ての規定を準用対象から外している。これは、電気通信事業法171条、民間事業者による信書の送達に関する法律39条の規定に基づく意見聴取が、意見聴取会で行われるため、口頭意見陳述権は当然保障されているという前提に立つものと解される。また、鉱業法127条3項が、改正行政不服審査法31条の規定を適用せず、同法31条3項から5項までの規定を準用することとし、同条1項の規定を準用しなかったのも、鉱業法施行規則49条に意見聴取会について規定されており、口頭意見陳述権が保障されているからである。なお、鉱業法127条3項は、他の個別法における意見聴取手続の規定と異なり、改正行政不服審査法31条2項の規定を準用していない。その理由は、鉱業法128条が、審査請求人のほか、同法126条の意見の聴取に参加して意見を述べようとする者は、利害関係のある理由および主張の要旨を記載した文書をもって、審理員に利害関係人として参加する旨を申し出て、その許可を受けなければならないと定めており、改正行政不服審査法31条2項と同程度の手続保障がなされていると評価されたからである。

改正行政不服審査法31条は参加人にも口頭意見陳述権を付与している。口頭意見陳述については、消費生活用製品安全法50条2項のように、従前同様に審査請求人のみならず利害関係人にも保障されている場合がある一方、有線電気通信法10条2項、漁船法48条1項、農業機械化促進法13条2項のように、従前通り、利害関係人には、かかる権利が規定されていない例もある。後者において、利害関係人に口頭意見陳述申立権を付与する整備が行われなかったのは、以下の理由による。すなわち、個別法において、処分庁と処分の名宛人以外に、名宛人と利害が反する第三者が想定されない処分の場合（いわゆる二面関係）には、審査請求人のほかに利害関係人に口頭意見陳述申立権を付与する規定を設ける必要がない。整備法による改正前の個別法において、利害関係人に口頭意見陳述権を付与するか否かは、こうした個別事情を考慮して判断されていると考えられるので、整備法では、その整理を尊重する方針をとったのである。なお、個別法で、利害関係人による証拠書類等の提出の規定が置かれていない場合であっても、当該利害関係人が参加人になれば（改正行政不服審査法13条1項・2項）、同法32

条1項の規定に基づき、証拠書類等を提出することは可能である。

(15) 処分庁等の調査等申立権

社会保険審査官及び社会保険審査会法40条、労働保険審査官及び労働保険審査会法46条では、従前から、社会保険審査会、労働保険審査会において、当事者である処分庁が鑑定等の調査を審査会に求めることができることとされていた。社会保険審査会、労働保険審査会において、審査会による調査を処分庁が申し立てることが認められていたのは、これらが独立性の高い第三者機関が再審査請求において審理するものであり、処分庁の当事者性を強化する必要があると考えられたからと思われる。これらの規定を参考にして、整備法による改正後の国税通則法97条1項において、担当審判官による調査の申立てを原処分庁も行うことができる旨の規定が新設された（整備法による改正後の国税通則法92条の2は、審査請求人、参加人および原処分庁を審理関係人と定義している）。改正行政不服審査法には、かかる規定はないが、これは、処分庁が審査庁となる場合はもとより、処分庁に上級行政庁がある場合にも最上級行政庁が審査庁となるのが原則であるため、あえて処分庁による調査申立権を規定する必要はないと考えられたからである。処分庁による調査申立権にかかる規定が整備法で新設されたのは、改正後の国税通則法97条1項のみであるが、これは、(i)国税庁の特別の機関として位置付けられ、独立性の高い国税不服審判所が審理すること、(ii)平成23年度税制改正大綱（平成22年12月16日閣議決定）等に基づき、「国税審判官への外部登用の工程表」（同月17日公表）に従い、国税審判官への外部登用が進み、2013（平成25）年7月以降、民間専門家を採用した外部登用による国税審判官の在籍者数が、事件を担当する審判官の半数程度の50名に達していること（国税不服審判所「国税審判官（特定任期付職員）の採用について」(2014[平成26]年7月)、(iii)整備法による改正前から、国税不服審判所長が国税庁長官の通達に示された解釈と異なる解釈により裁決を行おうとする場合に国税審議会の議決に基づき国税庁長官が国税不服審判所長に指示する手続が法定されていたが、国税庁長官の通達に拘束されずに解釈できる趣旨を明確にするために、平成26年法律第10号による改正で、

国税庁長官および国税不服審判所長が共同で国税審議会に諮問し、その議決に基づいて裁決をすることとされたこと（税通99条）等、国税不服審判所の独立性が一層強化されたことを踏まえ、審理手続における当事者間の公平の確保等の観点から、新設されたものである。

　また、改正行政不服審査法38条では、審査請求人または参加人に提出書類等の閲覧・謄写請求権が認められているが、整備法により改正された国税通則法97条の3第1項は、審理関係人に物件の閲覧・謄写請求権を認めているので、原処分庁にもこの権利が認められていることになる。改正行政不服審査法38条が、原処分庁の閲覧・謄写請求権について規定しなかったのは、原処分庁が審査庁となる場合はもとより、原処分庁に上級行政庁がある場合にも最上級行政庁が審査庁となるのが原則であるため、あえて原処分庁による閲覧・謄写請求権を規定する必要はないと考えられたからである。これに対し、国税不服審判所における原処分庁の閲覧・謄写請求については、平成23年度税制改正大綱において、「証拠書類の閲覧・謄写の範囲については審査請求人と処分庁とのバランスを踏まえつつ拡大する方向で、それぞれ検討を行う」とされ、また、2013（平成25）年3月22日に総務省行政管理局が行った行政不服審査制度の見直しにかかるヒアリングにおいて、「資料の閲覧権について、処分庁にも認めるべきとの説明があったが、手続として見えるようにしておくということか。それとも、国税不服審判所が外部登用しているとの説明があったが、それによって審判官の第三者性が高まることを想定してのことか」との質問に対し、財務省は、「国税不服審判所と国税庁は緊張関係にあり、現制度においても、国税通則法第96条で審査請求人には閲覧請求権が認められているが、原処分庁には認められていないことから、処分庁側が閲覧したい資料を審判所から閲覧させてもらえるわけではない。処分庁としては閲覧請求できるようにしてほしいという気持ちがある。また国税不服審判所の第三者性が高まっている中で、そうした懸念が強まってきているところもある」と答えている。このように、国税不服審判所の独立性の強化に伴い、原処分庁側に審理手続における平等な権利を求める声が高まっていたことも、国税通則法97条の3第1項が、原処分庁にも閲覧・謄写請求権を認めた背景にある

と考えられる。

（9）1970（昭和45）年5月に国税不服審判所が設置されて以来、国税通則法99条の規定が適用されたのは9件であるが、いずれにおいても、国税不服審判所長の申出に対して、国税庁長官は、当該意見を相当と認めている。

(16) 行政不服審査会等への諮問を要しない特例

　改正行政不服審査法は、処分の前または後の少なくとも一方において、有識者等が合議で審査する機会を保障することにより、公正中立性を確保するという基本方針の下、処分の前後のいずれにおいても、個別法でかかる機会が付与されていない場合には、行政不服審査会等への諮問を原則として義務付けることとしている。同法43条1項1号・2号では、同法9条1項各号に掲げる機関もしくは地方公共団体の議会またはこれらの機関に類するものとして政令で定めるものの議を経るべき旨または経ることができる旨の定めがあり、かつ、当該議を経て当該処分がされた場合には、行政不服審査会等への諮問を要しないこととしている。しかし、それ以外の場合であっても、公正かつ慎重な手続が保障されており、行政不服審査会等への諮問を要しないこととしてよいと考えられる場合がある。そこで、かかる場合には、整備法で特例を設けている。

　特例の第1は、高度な専門性を有する者の意見を聴取する仕組みが設けられているが、合議制の諮問機関ではなく、個人の意見を聴く場合である。具体例として、都道府県労働局長が、労働者のじん肺管理区分の決定（じん肺13条2項）をする処分またはその不作為にかかる審査請求がある。この決定についての審査請求の裁決は、中央じん肺診査医の診断または審査に基づいてするものとされており（同19条1項）、この決定の不作為についての審査請求の裁決は、地方じん肺診査医の診断または審査に基づいてするものとするとされている（同条2項）。中央じん肺診査医および地方じん肺診査医は、じん肺に関し相当の学識経験を有する医師のうちから、厚生労働大臣が任命することとされており（同39条4項）、合議による判断ではないものの、有識者による公正で中立的な診断または判断を期待することが

できるので、行政不服審査会等への諮問を不要としている（同19条8項）。

そのほかにも、改正行政不服審査法43条1項1号・2号の「これらの機関に類するものとして政令で定めるもの」として、政令で行政不服審査会等への諮問制度の適用除外とすることが予定されているものとして、認証審査参与員の意見を聴取する場合がある。

なお、中央じん肺診査医および地方じん肺診査医の場合には、法律で行政不服審査会等への諮問制度の適用除外とし、認証審査参与員等の場合には、政令で諮問制度の適用除外とする理由は、じん肺法では、じん肺診査医の「診断又は審査に基づいてする」（じん肺19条1項・2項）と規定されており、これが改正行政不服審査法43条1項2号の「議を経るべき旨又は議を経ることができる旨の定め」に当たるかについて疑義が生じうるので、法律で、これに該当することを明確にしておくことが望ましいと考えられたからである。

特例の第2は、有識者からなる合議制機関の申請等により行われる処分である。この場合には、申請等がされる段階で、すでに有識者からなる合議制機関の判断がなされているので、処分前に有識者からなる合議制機関に諮問がされた場合と同様に考えることができる。

以下、具体例を説明することとする。都道府県知事は、漁業権の免許後、海区漁業調整委員会が漁業調整その他公益上必要があると認めて申請したときは、漁業権に制限または条件を付けることができる（漁業34条4項）。また、漁業権者以外の者が実質上当該漁業権の内容たる漁業の経営を支配しており、かつ、その者には当該漁業の免許をしないことが明らかであると認めて、海区漁業調整委員会が漁業権を取り消すべきことを申請したときは、都道府県知事は、漁業権を取り消すことができる（同38条3項）。さらに、海区漁業調整委員会または連合海区漁業調整委員会が、水産動植物の繁殖保護を図り、漁業権または入漁権の行使を適切にし、漁場の使用に関する紛争の防止または解決を図り、その他漁業調整のために必要があると認めて、関係者に対し、水産動植物の採捕に関する制限または禁止、漁業者の数に関する制限、漁場の使用に関する制限その他必要な指示（同67条1項）をしたにもかかわらず、この指示を受けた者がこれに従わないと

きは、海区漁業調整委員会または連合海区漁業調整委員会は、都道府県知事に対して、その者に当該指示に従うべきことを命ずべき旨を申請することができる（同条8項）。都道府県知事は、この申請を受けたときは、その申請にかかる者に対して、異議があれば一定の期間内に申し出るべき旨を催告しなければならない（同条9項）。この期間内に異議の申出がないとき、または異議の申出に理由がないときは、都道府県知事は、当該申請にかかる者に対し、指示に従うべきことを命ずることができる（同条11項）。水産庁に置かれる特別の機関である広域漁業調整委員会は、都道府県の区域を超えた広域的な見地から、水産動植物の繁殖保護を図り、漁業権または入漁権の行使を適切にし、漁場の使用に関する紛争の防止または解決を図り、その他漁業調整のために必要があると認めるときは、関係者に対し、水産動植物の採捕に関する制限または禁止、漁業者の数に関する制限、漁場の使用に関する制限その他必要な指示をすることができ（同68条1項）、この指示に従わないときは、広域漁業調整委員会は、農林水産大臣に対して、その者に当該指示に従うべきことを命ずべき旨を申請することができる（同条4項）。

　漁業法34条4項の規定による制限もしくは条件の付加、38条3項の規定による取消しまたは67条11項（68条4項において準用する場合を含む）の規定による命令についての審査請求に関する改正行政不服審査法43条1項の規定の適用については、当該制限もしくは条件の付加、取消しまたは命令は、同項1号に規定する議を経て行われたものとみなすこととしている（漁業134条の3）。

(17)　諮問機関の権限の改正

　整備法による改正前は、認証審査参与員は、異議申立人または参加人の口頭意見陳述手続に立ち会い、およびこれらの者に直接問いを発することができた（裁判外紛争解決旧10条2項）。認証審査参与員による意見形成のためには、処分庁等に対しても直接問いを発することができることが望ましいため、整備法による改正により、質問権の対象が審理関係人とされたので、処分庁等への質問も可能になった（裁判外紛争解決10条2項）。

(18) 参与機関への諮問規定の削除に伴う整備

　旧行政不服審査法47条3項は、「処分（事実行為を除く。）についての異議申立てが理由があるときは、処分庁は、決定で、当該処分の全部若しくは一部を取り消し、又はこれを変更する。ただし、異議申立人の不利益に当該処分を変更することができず、また、当該処分が法令に基づく審議会その他の合議制の行政機関の答申に基づいてされたものであるときは、さらに当該行政機関に諮問し、その答申に基づかなければ、当該処分の全部若しくは一部を取り消し、又はこれを変更することができない」と規定していた。同項ただし書は、原処分が参与機関（宇賀・行政法概説Ⅲ（第3版）（有斐閣、2012年）31頁参照）の議決に基づいて行われた場合であっても、審査庁の場合、処分庁とは異なる立場から原処分を取り消し、または変更することは問題ないものの、処分庁は、原処分を取り消し、または変更する場合には、参与機関の議決に基づくべきであるという趣旨で設けられていた。なぜならば、参与機関の議決が処分庁を拘束することとしたのは、原処分の発動を処分庁ではなく専門的知見の活用や公正中立性の確保等の理由から参与機関の判断に委ねるべきとする立法政策によるものであり、その趣旨は不服申立てに対する判断にも及ぶと考えられるからである（これに対し、原処分を維持する場合には、参与機関の議決に従うことになり、改めて参与機関に付議する必要はない）。他方、一般の諮問機関の場合には、答申に法的拘束力がないので、原処分が諮問機関の答申に基づく場合であっても、不服申立てがされた場合に、重ねて諮問する必要はないものとされていた。

　旧行政不服審査法の全部改正に当たっても、この方針が踏襲されたが、参与機関の議決に基づく原処分について異議申立てが可能とされていた例は、税理士の懲戒処分をしようとするときに国税審議会の議決に基づくこととされている例（税理士旧47条4項）、税理士法人に対する業務停止命令または解散命令（税理士旧48条2項）、特定公共事業の認定を社会資本整備審議会の議を経て行うこと（用地取得特措7条柱書）のみであった。そこで、一般法である改正行政不服審査法に、参与機関の議決に基づく原処分の取消し・変更の場合の特例を設けるのではなく、個別法で特例を定めることとされた。具体的には、税理士法47条4項に、当該懲戒処分にかかる審査請

求について、改正行政不服審査法46条1項の規定により裁決をしようとするときも、国税審議会に諮り、その議決に基づいてしなければならないと定められた。同様に、公共用地の取得に関する特別措置法7条の規定に基づき国土交通大臣が行う特定公共事業の認定、同法38条の3の規定に基づき国土交通大臣が行う代行裁決についての審査請求の場合、社会資本整備審議会が事前手続に参与機関として関与しているので、国土交通大臣は、特定公共事業の認定または代行裁決に関する審査請求に対する裁決で、当該認定または当該代行裁決の全部もしくは一部を取り消し、またはこれらを変更しようとするときは、社会資本整備審議会の議を経なければならないとされた（同法42条3項）。

(19) 第三者機関による審理にかかる規定の整備
①秘密保持義務

改正行政不服審査法は、行政不服審査会等の委員に秘密保持義務を課し（69条8項）、この義務に違反して秘密を漏らした者は、1年以下の懲役または50万円以下の罰金に処するとしている（87条）。これと平仄を合わせて、社会保険審査会の委員、労働保険審査会の委員にも秘密保持義務を課し（社審29条2項、労保審35条3項）、その違反に対して1年以下の懲役または50万円以下の罰則を科す規定が新設されている（社審45条の2、労保審51条の2）。また、会計検査院情報公開・個人情報保護審議会委員の秘密保持義務違反に対する罰則も、1年以下の懲役または50万円以下の罰則に引き上げられている（会検19条の5）。

②第三者機関による審理における手続水準の向上

社会保険審査官、労働保険審査官に審査請求が行われる場合、社会保険審査会、労働保険審査会に再審査請求が行われる場合には、改正行政不服審査法2章（誤った教示にかかる22条を除く）および4章の規定は適用されないので、社会保険審査官、労働保険審査官が主宰する審査請求の審理、社会保険審査会、労働保険審査会が行う再審査請求の審理における手続保障の水準を向上させる整備が行われている。すなわち、審査官の除斥事由の法定（社審3条2項、労保審7条2項）、標準審理期間制度の導入（社審3条の2、

労保審7条の2)、審査請求手続の計画的進行に関する規定の新設（社審9条の2、労保審13条の2）、口頭意見陳述における利害関係人の招集規定の新設（社審9条の3第2項・39条4項、労保審13条の3第2項・45条3項）、口頭意見陳述における申立人への質問権の付与（社審9条の3第4項・39条6項、労保審13条の3第4項・45条5項）、文書その他の物件の提出に関する規定の新設（社審10条の3、労保審14条の3）、特定審査請求手続の計画的遂行に関する規定の新設（社審11条の2、労保審16条の2）、審査請求人等による文書その他の物件の閲覧等に関する規定の新設（社審11条の3、労保審16条の3）、決定書、裁決書の記載事項の法定（社審14条1項、労保審43条）、審査請求または再審査請求への参加を代理によってすることができる旨の規定と代理人の権限に関する規定の新設（社審34条3項・4項、労保審41条3項・4項）が行われている。

(20) 裁決期間が法定されている場合

整備法による改正前の個別法において裁決期間が定められている場合、改正行政不服審査法において標準審理期間制度および行政不服審査会等への諮問制度が設けられたこととの関係をいかに整理するかという問題がある。標準審理期間制度が設けられたことにより、裁決期間を法定した目的は、かなりの程度、実現されることになる一方、標準審理期間は審査庁にとり努力目標にとどまるから、一定の期間内に裁決を行うことを審査庁に義務付ける規定の意義は、標準審理期間制度の導入により完全に失われるわけではない。他方において、行政不服審査会等への諮問制度の導入により、審査期間が長くなることは避けられず、従前の裁決期間の見直しが必要になる。以上を踏まえ、以下のような方針で整備が行われた。

第1に、標準審理期間制度の導入により裁決期間の機能のかなりの部分は実現されること、行政不服審査会等への諮問制度の導入により裁決期間を法定することが困難になったことを踏まえ、裁決期間を定める規定を削除する改正が行われた例として、農薬取締法旧14条5項の規定の削除がある。同項の規定に基づく監督処分は、同法に違反した者に対して行われるか（同条1項・2項または4項）、農業資材審議会の意見を聴取して定めた検

査方法に従い行われた検査結果に基づき行われるものであり（同条3項）、処分を行うに当たっても、審査請求に対する裁決を行うに当たっても、農業資材審議会の意見を聴取するわけではない。したがって、行政不服審査会等への諮問が必要になるが、従前の2か月以内という裁決期間では短すぎると考えられる一方、具体的に裁決期間を定めることも困難であるので、裁決期間にかかる準用規定が削除されている。同様の例として、地方税法旧19条の9、都市公園法旧34条2項、下水道法旧43条、高速自動車国道法旧24条2項、電線共同溝の整備等に関する特別措置法旧27条2項、共同溝の整備等に関する特別措置法旧26条2項がある。

第2に、裁決期間を維持するために、行政不服審査会等への諮問制度の適用を除外した例がある。土地改良法で、行政不服審査会等への諮問規定を適用除外とした上で（87条7項・90条12項）、裁決期間を維持した例（87条8項・90条13項）のがその例である（同法90条の2第8項で、同法90条12項・13項を準用）。その他、感染症の予防及び感染症の患者に対する医療に関する法律25条2項・3項・7項、検疫法16条の2第2項・3項・5項等を参照されたい。

第3に、審議会等が審査庁となる場合または審議会等への諮問が行われる場合には、行政不服審査会等への諮問は行われないことから、裁決期間を変更する必要はなく、原則として、従前の裁決期間が維持されている（建基94条2項、都計50条2項、国土利用20条2項、更生95条、感染症25条2項・3項、検疫16条の2第2項・3項、宗教80条の2第2項、農業機械化促進法13条1項）。

第4に、行政不服審査会等への諮問をしない場合には従前の裁決期間を維持した上で、行政不服審査会等に諮問する場合には裁決期間を延長した例がある（生活保護65条1項、児扶手18条1項、特別児童扶養手当等の支給に関する法律29条1項等）。

(21) みなし棄却裁決

行政事件訴訟法8条1項本文は、自由選択主義を採用しているが、個別法において、審査請求前置とされている場合がある（同項ただし書）。審査請求前置が義務付けられている場合、審査請求があった日から3か月を経

過しても裁決がないとき等の特別の理由がない限り、審査請求に対する裁決を経ないと取消訴訟を提起できないことになる（同条2項）。また、個別法において再審査請求が認められる場合があるが、再審査請求は、審査請求の裁決に不服がある者が行うことができるので（改正行政不服審査法6条1項）、審査請求に対する裁決の遅延は、再審査請求の機会を遅らせることになる。そこで、個別法において、一定期間内に裁決等がされない場合において、審査請求が棄却されたものとみなす規定を置いている例がある。かかるみなし棄却裁決規定については、以下の方針で整備が行われている。

　第1に、再審査請求前置が全廃されたことに伴い、審査請求を棄却したものとみなして再審査請求をすることができる旨の規定は、「審査請求を棄却したものとみなすことができる」という規定に改正された（健保189条2項、労災38条2項、国年101条2項、厚年90条3項、船員保険法138条2項、厚生年金保険の保険給付及び国民年金の給付の支払の遅延に係る加算金の支給に関する法律8条2項）。すなわち、再審査請求前置の場合には、みなし棄却裁決規定は、審査請求に対する裁決があったものとみなして再審査請求を可能にすることに意義があったのであるが、再審査請求前置が廃止されたため、みなし棄却裁決は、再審査請求を可能にするのみならず、取消訴訟を可能にする意味も有することになるので、「再審査請求をすることができる」と表現するよりも、「審査請求を棄却したものとみなすことができる」と表現するほうが適切であるからである。もっとも、棄却裁決とみなすまでの期間が3か月の場合（雇保69条2項、地公災51条3項参照）、行政事件訴訟法8条2項1号により、みなし棄却裁決規定がなくても、原処分の取消訴訟を提起することは可能であるので、かかる場合みなし棄却裁決規定の意義は、実質的には、再審査請求を可能にすることにある。

　第2に、行政不服審査会等への諮問が行われることにより、棄却裁決とみなすまでの期間を一定程度延長することである。たとえば、生活保護法65条2項のみなし棄却裁決の場合、審査請求をした日から50日以内に行政不服審査会等への諮問の通知を受けた場合、棄却裁決とみなすことができる期間が70日（それ以外の場合は従前と同様に50日）とされた。

　同様に、児童扶養手当法18条2項、特別児童扶養手当等の支給に関する

法律29条2項のみなし棄却裁決の場合、審査請求をした日から60日以内に行政不服審査会等への諮問の通知を受けた場合、棄却裁決とみなすことができる期間が80日（それ以外の場合は従前と同様に60日）とされた。なお、弁護士法16条2項のみなし棄却裁決の場合、3か月の期間は延長されていない。この場合には、行政不服審査会等への諮問は行われないからである。

(22) 改正対象外とされた法律

　改正行政不服審査法は、「行政庁の処分又は不作為についての不服申立てであって、この法律の施行前にされた行政庁の処分又はこの法律の施行前にされた申請に係る行政庁の不作為に係るものについては、なお従前の例による」（附則3条）と規定している。したがって、同法は同法施行後にされた処分または申請にかかる行政庁の不作為を対象とすることになる。そのため、同法の全面施行時（2016［平成28］年4月の予定）以後に新たに不服申立ての対象となる処分または申請が行われることが想定されない法律は、改正対象外とされた。その結果、接収貴金属等の処理に関する法律7条、連合国財産の返還等に伴う損失の処理等に関する法律6条・7条のように「異議申立て」という文言が残っている例がある。社寺等に無償で貸し付けてある国有財産の処分に関する法律、独立行政法人森林総合研究所法11条3項の規定によりなおその効力を有するものとされる森林開発公団法の一部を改正する法律附則8条の規定による廃止前の農用地整備公団法、独立行政法人都市再生機構法附則42条1項の規定によりなおその効力を有するものとされる同法附則41条の規定による改正前の近畿圏の近郊整備区域及び都市開発区域の整備及び開発に関する法律も、整備法による改正対象外とされた法律である。

第3章　不服申立前置の見直し

（1）見直しの背景

　訴願制度は救済制度として多くの欠点を有するものであった。にもかかわらず、行政事件訴訟特例法が訴願前置主義を採っていたことに対しては、司法救済をいたずらに遅延させるという批判があった。そこで、行政事件訴訟法は、自由選択主義（8条1項）を採用したが、例外的に個別法が定める場合には、不服申立前置が認められた。法定は見送られたものの、不服申立前置を認めるための立法上の指針が、同法制定過程で作成され、(ⅰ)大量的に行われる処分であって、審査請求に対する裁決により行政の統一を図る必要があるもの、(ⅱ)審査請求に対する裁決が第三者機関によってなされることになっているもの、(ⅲ)専門技術的性質を有する処分、の3類型に限定して不服申立前置を認めることとされた[1]。この方針の下、「行政事件訴訟法の施行に伴う関係法律の整理等に関する法律」においては、不服申立前置を定める法律が51列記された。

　その後、不服申立前置を定める法律は増加し、民主党を中心とした連立政権下で行われた内閣府行政刷新会議行政救済制度検討チーム（以下「検討チーム」という）事務局の調査（「不服申立前置の全面的見直しに関する調査」）によれば、2011（平成23）年8月26日現在、不服申立前置を定めた法律は、102になっており[2]、これらの法律を所管する省庁等は15であった。行政事件訴訟法制定時と比較して、不服申立前置を定める法律数が倍増したことになる。もとより、同法の制定された1962年と比較し、2011年には法律数が増加しているから、不服申立前置を定める法律の割合が倍増したわけではない。しかし、行政事件訴訟法制定時に作成された不服申立前置を認める3つの基準は、その後、厳格に遵守されてきたのか、そもそも上記の3つの基準自体を見直す必要がないのかは、検討に値する重要な問題といえる。なぜならば、日本国憲法32条は、国民に裁判を受ける権利を保障して

おり、国民と行政主体の間の紛争であっても、それが法律上の争訟である限り、裁判所で救済を受けることができるのであるから、不服申立前置は、裁判所での迅速な救済を求める者にとっては、行政過程における手続的負担を強いる側面を有するからである。もっとも、最大判昭和26・8・1民集5巻9号489頁[3]は、行政事件訴訟特例法2条が規定する訴願前置主義は憲法32条に違反するものではないと判示する。国税通則法115条1項が規定する審査請求前置主義が憲法32条違反でないとしたものとして東京高判昭和49・9・26税資76号848頁、国民年金法101条の2が規定する審査請求前置主義およびその運用が憲法32条違反でないとしたものとして京都地判昭和53・9・29判タ395号132頁もある。ただし、学説においては、個別法による不服申立前置の仕組みが採られている場合においても、行政事件訴訟法8条2項で前置の例外が認められているので、現行制度が法令違憲とはいえないが、適用違憲の問題が生じうると指摘するものもある[4]。個別法による不服申立前置の仕組みの採用に、裁判を受ける権利への手続的制約を課すに足る合理的理由が存するかは、絶えず検証されるべき課題といえる。また、一般に不服申立期間が出訴期間より短い現状を前提とすれば、不服申立前置の場合には、不服申立期間が経過すると出訴ができなくなるので、その観点からも、不服申立前置の合理性は十分に検証される必要がある。

　この問題は、とりわけ、1993年の行政手続法制定により、行政過程における事前手続が整備され、行政過程における事後手続としての不服申立手続の持つ意味が変化したことを踏まえて、再検討される必要がある。すなわち、行政手続法制定前は、行政過程における不服申立手続の持つ意味はより大きく、不服申立前置が正当化されたとしても、行政手続法制定により、審査基準、処分基準の制度が定められ、行政の統一性確保は処分前に確保される可能性が高まり、不服申立前置により統一を図る必要性は減少し[5]、また、不利益処分については、事前手続において、原則として意見陳述の機会が保障されることになったので (13条)、不服申立手続の意義は相対的に低下したといえる。そのような制度的変化に伴い、不服申立前置の合理性も変化していないかを検証する必要がある。整備法による改正前

の行政手続法27条2項において、事前に聴聞が行われた場合には異議申立てはできないこととする調整が行われたが、不服申立前置の合理性の再検証までは、行政手続法立法過程で行われなかったからである。すなわち、個別法で訴訟提起につき異議申立前置とされているケースについて聴聞が行われている場合には、異議申立前置の規定を削除するという立法政策もありえないわけではなかったが、「行政手続法の施行に伴う関係法律の整備に関する法律」において、行政手続法27条2項の規定の適用を排除する方針が採られたのである。ただし、取消訴訟との関係においてではなく、審査請求との関係において、整備法による改正前の行政不服審査法20条の規定により異議申立てが前置されているにすぎない場合には、整備法による改正前の行政手続法27条2項の規定が適用された。

検討チームは、2004年の行政事件訴訟法改正により、行政訴訟による救済の実効性が向上し、また、検討チーム取りまとめに沿った旧行政不服審査法の改正により、行政不服審査による救済の実効性の向上が期待される中で、行政訴訟と行政上の不服申立ての第一次的な選択の自由を拡大し、制度間競争により、国民の権利利益の救済と行政の適正な運営の確保を一層推進することを期待して、不服申立前置の全面的な見直しを行うべきことを提言した。

その後、政権交代が行われ、自公政権の下で、整備法において、基本的に検討チームの提言に沿った不服申立前置の見直しが行われることとなった。個別の法律に基づく不服申立ての中には、審査請求とは異なる名称を用いているものもあるので、本章では、審査請求前置と不服申立前置という文言を使い分けている。

(2) 見直しの方針
①処分性を有しない行政作用に対する争訟

整備法による改正前の農業災害補償法131条1項は、農業共済組合連合会の組合員が保険に関する事項について当該農業共済組合連合会に対して訴を提起するには、都道府県農業共済保険審査会の審査を経なければならないとし、同条2項は、この審査の申立ては、時効の中断に関しては、こ

れを裁判上の請求とみなすと定めていた。同条1項では、審査の申立て前置が義務付けられているが、この審査の申立ては、行政処分についての不服申立てではなく、民事訴訟の前に、改めて行政の判断を得させようとする特別の手続である。整備法では、同条1項を改正して、「農業共済組合連合会の組合員は、保険に関する事項について不服があるときは、都道府県農業共済保険審査会に審査を申し立てることができる」と規定することにより、審査の申立前置を廃止した（同条2項は改正されていない）。これは、行政不服審査法の施行に伴う関係法律の「整備」には含まれないが、国や公的団体の行為により、自己の権利または法律上の利益が侵害されたと考える国民が行政庁に審査を申し立てる手続であるので、行政処分に対する不服申立てに準ずる手続として、「整備等」の「等」に含まれるものとして、整備法で改正が行われた。

②主観争訟

検討チームにおいては、主観争訟に限定せず、客観争訟も含めて不服申立前置の見直しを行ったため、地方自治法242条の2第1項が規定する住民監査請求前置等についても検討が行われたが、住民監査請求前置については、住民訴訟が客観訴訟であり、別訴をもって同一の請求をすることが禁止され（同条4項）、判決の既判力が住民全体に及ぶので、行政過程における監査の経由に意義が認められることが、前置の存続を容認する根拠の一つとされている。また、都道府県の条例の制定または改廃の請求者の署名簿の署名に関し市町村選挙管理委員会が異議の申出を受けて行った決定（自治74条の2第5項）に不服がある者は、その決定のあった日から10日以内に都道府県選挙管理委員会に審査を申し立てることができ（同条7項）、審査の申立てに対する裁決に不服がある者は、その裁決書の交付を受けた日から14日以内に高等裁判所に出訴することができる（同条9項）。この場合、行政上の不服申立てが一審代替機能を果たしているとみることができるので、検討チームでは、当該不服申立前置は存置する方針を採用していた。その他の客観争訟についても、検討チームによる見直しにおいて不服申立前置の廃止が提言されたものは存在しなかった。整備法における不服申立前置の見直しに当たっては、客観争訟は、自己の法律上の利益にかかわら

ない紛争について個別法が特に定めた争訟手続であり、主観訴訟とは性質を異にするとして、見直しの対象外とされた。

③行政不服審査法以外の法律に基づく不服申立て

整備法においては、行政不服審査法に限らず、個別の法律に基づく不服申立ても対象とした見直しを行っている。行政不服審査法は行政上の不服申立ての一般法であるため、一般法の改正に当たり、個別法の不服申立てについても、一般法の改正に準じた改正をすることが要請されるからである。個別の法律に基づく不服申立てを訴訟に前置している場合についても、不服申立前置を維持すべきかについて検討が行われている。不服申立前置は、一般的には、抗告訴訟への前置であるが、当事者訴訟への前置の場合もある。

具体例として、自衛隊法105条1項において、防衛大臣は、自衛隊の行う訓練および試験研究のため水面を使用する必要があるときは、農林水産大臣および関係都道府県知事の意見を聴き、一定の区域および期間を定めて、漁船の操業を制限し、または禁止することができるとされ、同条2項において、国は、上記制限または禁止により、当該区域において従来適法に漁業を営んでいた者が漁業経営上被った損失を補償すると定めている。そして、防衛大臣は、補償すべき損失の有無および損失を補償すべき場合には補償の額を決定し、遅滞なくこれを都道府県知事を経由して当該申請者に通知しなければならず（同条6項）、この決定に不服がある者は、防衛大臣に対して異議を申し出ることができるとされている（同条7項）。防衛大臣は、異議の申出があったときは、その申出のあった日から30以内に、改めて補償すべき損失の有無および損失を補償すべき場合には補償の額を決定し、これを申出人に通知しなければならない（同条8項）。整備法による改正前の同条9項は、同条8項の規定により決定された補償金額に不服がある者は、その決定を知った日から6月以内に訴えをもってその増額を請求することができるとしていた。当該訴訟は国を被告とする形式的当事者訴訟とされている（同条10項）。そして、同条6項の規定による決定に不服がある者は、同条7項の異議の申出および同条9項の増額請求訴訟によってのみ争うことができるとされていたので（同条11項）、増額請求訴訟に

は異議の申出を前置しなければならなかった。しかし、この異議の申出には、一審代替機能はないし、2008（平成20）年度および2009（平成21）年度における不服申立件数は皆無であり、不服申立件数が大量であるわけでは全くない。また、第三者機関が関与するわけでもなく、審理に高度な専門技術性が必要なわけでもない。したがって、不服申立前置とするための要件を満たさないことになる。そこで、不服申立前置を廃止するため、同条6項の規定による決定に不服がある者が、同条8項の異議の申出に対する決定がなくても同条9項の規定による訴訟を提起できるように、整備法で同条9項を改正して、同条6項の原処分としての決定に対して、異議の申出をせずに訴訟を提起することができることとされた。

　整備法による改正前の同条11項は、「第6項の規定による決定に不服がある者は、第7項及び第9項の規定によることによつてのみ争うことができる」と定めていた。この規定は、整備法による改正前の同条9項と相まって、異議の申出前置を定めるものであった。しかし、整備法による同条9項の改正により、同条11項も異議の申出前置を定めるものではなくなることになる。他方において、整備法による改正前の同条11項は、同条6項の規定による決定を争う方法を同条7項の規定に基づく異議の申出および同条9項の規定に基づく形式的当事者訴訟に限定し、旧行政不服審査法に基づく不服申立ておよび抗告訴訟を排除する意味も有していた。訴訟形式について、抗告訴訟を排除して、形式的当事者訴訟に限ることは法定しておく必要があるので、整備法による改正前の同条11項は存置することとされた。同項は、行政上の不服申立てについて、旧行政不服審査法に基づく不服申立てを排除し、同条7項の規定に基づく異議の申出に限定する意味も有していた。しかし、形式的当事者訴訟で争うこととされている処分については、旧行政不服審査法4条1項5号により、旧行政不服審査法に基づく不服申立てはできないことが定められていた。そして、改正行政不服審査法7条1項1項5号においても、形式的当事者訴訟で争うこととされている処分および不作為については、審査請求をすることができない旨が明記されている。したがって、自衛隊法105条11項において、訴訟形式を同条9項の形式的当事者訴訟に限定した以上、審査請求をすることができ

ない旨を同条11項で改めて定める必要はない。もっとも、整備法による改正前の同条11項は、行政上の不服申立てについては、審査請求を排除することを積極的に定めることを目的としたものではなく、旧行政不服審査法4条1項5号の趣旨を確認するにとどまったので、改正行政不服審査法7条1項5号の趣旨を確認する意味で、審査請求ができないことを定めることをあえて否定するまでの必要はない。そこで、整備法による改正前の同条11項は、整備法による改正を受けることなく、存置されることになった。

④行政事件訴訟法制定時の基準の見直し

(ア) **不服申立件数の大量性** 行政事件訴訟法制定時における不服申立前置の基準が再検討され、以下のように、新たに基準が設けられた。

まず、行政事件訴訟法制定時の基準（ⅰ）については、処分の大量性ではなく、前置の対象の不服申立件数の大量性を基準とすることとされた。処分数が多い場合、不服申立てが多くなりうる抽象的な可能性があるとはいえるが、検討チームによる調査の結果、処分が大量であっても、不服申立件数は少ないものが多く見出され、処分の大量性と不服申立件数の大量性が直結するわけではないことが明確になっていた。不服申立件数が少なければ、不服申立前置による行政過程でのスクリーニング効果も小さく、裁判所の負担軽減効果についても、質的な面では効果を認めうる場合があるにしても、量的な面での効果は小さいといえる。そこで、処分数ではなく、不服申立件数に着目することとされ、年間おおむね1,000件以上の不服申立件数であることが不服申立前置を認める基準とされたのである。

その理由は、2008（平成20）年度において、国税通則法に基づく不服申立件数が6000件以上あるが、不服申立人数ベースでとらえても1,000件以上であり、労働者災害補償保険法および厚生年金保険法に基づく不服申立件数がそれぞれ1,500件以上あるなど、税と社会保障の分野で広く一般に大量的に行われる処分にかかる不服申立件数の状況に照らすと、年間1,000件以上を一応の基準とすることが妥当と考えられたからである。[8] 具体的には、高齢者の医療の確保に関する法律130条、国税通則法115条1項、国民年金法101条の2（138条および附則9条の3の2第6項、厚生年金保険法附則7条の2第5項において準用する場合を含む）、厚生年金保険法91条の3（169条

および附則7条の2第3項・29条8項において準用する場合を含む)、健康保険法192条、船員保険法141条、石炭鉱業年金基金法33条3項、厚生年金保険の保険給付及び国民年金の給付の支払の遅延に係る加算金の支給に関する法律11条、公的年金制度の健全性及び信頼性の確保のための厚生年金保険法等の一部を改正する法律84条、地方税法19条の12・434条、介護保険法196条、生活保護法69条、労働者災害補償保険法40条（石綿による健康被害の救済に関する法律78条を含む)、雇用保険法71条が、不服申立て件数が大量であるとして審査請求前置が認められた例である。

以上の中には、単独では、年間おおむね1,000件以上という基準を満たさないものもある。健康保険法192条、船員保険法141条、石炭鉱業年金基金法33条3項、厚生年金保険の保険給付及び国民年金の給付の支払の遅延に係る加算金の支給に関する法律11条、公的年金制度の健全性及び信頼性の確保のための厚生年金保険法等の一部を改正する法律84条はその例であるが、これらは、社会保険審査官及び社会保険審査会法に基づくものとして、厚生年金保険法91条の3（169条において準用する場合を含む)、国民年金法101条の2（138条において準用する場合を含む）のような大量の審査請求がなされるものと一括して、社会保険関係として不服申立数が計算されたために、大量性の要件を満たすとして、不服申立前置が認められた。同様に、石綿による健康被害の救済に関する法律78条、雇用保険法71条の規定に基づく審査請求も、それら単独では、大量性の要件を満たさないが、労働者災害補償保険法40条と一括して、労働保険関係として不服申立数が計算されたために、大量性の要件を満たすとして、不服申立前置が認められた。

なお、従前は不服申立前置とされていない処分の中にも、国の機関が行う行政機関情報公開法、出入国管理及び難民認定法に基づく処分、地方公共団体の機関が行う道路交通法に基づく処分のように、不服申立件数が多いものは存在するが、新基準は、不服申立前置を整理縮小するためのものであるので、かかる処分について新たに不服申立前置にすることはしていない。

また、従前の基準(ⅰ)の「裁決により行政の統一を図る」という根拠については、以下の理由から、合理性が認めがたく、基準として採用されな

かった。第1に、行政の統一性は、本来、原処分の段階で実現されるべきものであることである。第2に、国民からの不服申立てがなければ、裁決による行政の統一は実現できず、不確実な前提に基づく基準であることである。第3に、抗告訴訟における認容判決には拘束力があり、行政の統一性の確保は、訴訟を提起することによっても確保されうることである(下級審の判決が分かれることはあるが、最終的には、最高裁で統一が図られる)。

　　(イ)　第三者機関の関与による高度に専門技術的な処分　　従前の基準(ⅱ)については、確かに、一般論としては、第三者機関が不服申立てに裁決機関または諮問機関として関与していることは、不服申立手続において公正中立な立場から専門技術的判断が行われていると推認させる事由といえる。しかし、実際にかかる推認を行うことが妥当であるかを検証する必要がある。そこで、検討チームは、第三者機関の委員や補完的に置かれる者(専門委員等)の専門技術性が制度上確保されているか、第三者機関による関与が形骸化していないか(たとえば、開催頻度・審議時間が十分か、審議案件の内容が形式的なものにとどまっていないか等)を具体的に検証している。また、従前の基準(ⅲ)については、不服申立ての審理に高度の専門技術性を要する場合には、第三者機関の関与の仕組みが設けられることが多いと考えられるし、専門技術性の内容は多様であるが、制度の複雑さや行政の特殊性等を内容とする専門技術性は、行政事務に広く認められるものであることから、それのみをもって不服申立前置を正当化することはできず、不服申立てが前置されないと、司法審査に特別の支障が生ずるおそれがあると認められる場合に限り、不服申立前置の根拠となる高度の専門技術性があるといえる。そこで、従前の基準(ⅱ)(ⅲ)を併せて、第三者機関が高度に専門技術的判断を行うもの等については、不服申立前置を認めることとされている。

　具体的には、高度な専門家(医師等)による審理が必要なものについては、不服申立前置を認める方針が採られた。障害・傷病の状態、その改善・悪化の状況、死亡・障害・傷病との因果関係等を医師を構成員とする第三者機関が医学的知見に基づき診断を行うような場合であり、公害健康被害の補償等に関する法律108条(医学、法律学その他公害にかかる健康被害の

補償に関する学識経験者からなる公害健康被害補償不服審査会［同法113条1項］に対する審査請求［同法106条2項］が行われるため、医師等からなる第三者機関が裁決を行う）、じん肺法20条（中央じん肺診査医の診断または審査に基づいて裁決が行われる。同法19条1項）、石綿による健康被害の救済に関する法律77条（医学、法律学その他公害にかかる健康被害の補償に関する学識経験者からなる公害健康被害補償不服審査会に対する審査請求が行われるため、医師等からなる第三者機関が裁決を行う）、障害者の日常生活及び社会生活を総合的に支援するための法律105条（障害者等の保健または福祉に関する学識経験を有する者からなる障害者介護給付費等不服審査会に諮問される。同法98条1項・3項）、国民健康保険法103条（被保険者を代表する委員、保険者を代表する委員および公益を代表する委員各3人をもつて組織する国民健康保険審査会に審査請求がなされる。同法91条1項・93条1項）、地方公務員災害補償法56条（地方公務員災害補償基金審査会に対して審査請求がなされる。同法51条1項・2項）、犯罪被害者等給付金の支給等による犯罪被害者等の支援に関する法律21条（国家公安委員会に審査請求がなされるが、専門委員が関与している）、オウム真理教犯罪被害者等を救済するための給付金の支給に関する法律19条（国家公安委員会に審査請求がなされるが、専門委員が関与している）の規定に基づく審査請求について、審理に高度の専門技術性があるとして審査請求前置が認められた。

　ただし、整備法による改正前の恩給法15条の2、恩給法の一部を改正する法律（昭和26年法律第87号）附則19項にかかる不服申立前置の場合、退職手当・恩給審査会に諮問され、医師を委員に含む第三者機関が関与するが、不服申立数は、2008（平成20）年度において、恩給法15条の2にかかる異議申立てが60件、恩給法の一部を改正する法律（昭和26年法律第87号）附則19項にかかる審査請求が0件と少なく、また、対象者が高齢者に限定されており、今後も不服申立件数の減少が見込まれること、高齢者であって、一般の場合以上に、早期に訴訟を提起して司法審査を望む者に対して、不服申立前置を強制することの合理性を説明することが困難なことに照らし、不服申立前置は廃止されている。戦傷病者戦没者遺族等援護法42条の2のように、援護審査会に諮問される場合についても（同法41条1項・4条1項、同法施行令1条の5）、医師を委員に含む第三者機関が関与するが、同じ理由

により、不服申立前置を廃止している（2008（平成20）年度における同法41条1項の規定に基づく不服申立数は12件にとどまる）。

　また、第三者機関が高度に専門技術的な判断を行う場合であっても、原処分の段階で当該機関の判断を経ている場合には、不服申立段階で改めて第三者機関の審理を義務付ける必要はないので、不服申立前置としていない。たとえば、原子力にかかる規制は、ひとたび事故が発生した場合の甚大な被害にかんがみ、核燃料、原子炉、放射線、医学、地震学、地質学等の多分野にわたる最先端の自然科学の知見が必要であり、そのため、かかる知見を有する者からなる原子力規制委員会およびその下に置かれる専門審査会等による審理が行われることとされているが、基本的には、原子力規制委員会が高度の専門技術性に基づく審理を行い、原処分を行うこととされている。そして、処分前の原子力規制委員会による審議は、同委員会の内規に基づき、原則公開で行われることになり、審議資料や議事録も公開されるので、裁判所は、これらの資料を容易に入手することができる。したがって、不服申立前置としなければ司法審査に大きな支障を与えるとは考えられない。そこで、整備法による改正前の核原料物質、核燃料物質及び原子炉の規制に関する法律旧70条2項および放射線同位元素等による放射線障害の防止に関する法律旧45条2項の規定に基づく不服申立前置は廃止された。

　なお、核原料物質、核燃料物質及び原子炉の規制に関する法律70条1項の規定に基づく指定保障措置検査等実施機関が行う保障措置検査の業務にかかる処分についての審査請求は上級行政庁とみなされる原子力規制委員会に対して行われるが、原子力規制委員会が原子力規制委員会規則で定めるところにより保障措置検査の業務にかかる処分を指定保障措置検査等実施機関に委任して行わせるもので（同法61条の23の2）、当該権限は、定期的な検査および定型的な基準適合性の判断にかかるもの等であり、高度な専門技術性を要するものではないので、不服申立前置が廃止されている。

　　(ｳ)　**第三者機関が関与し、相当量の不服申立てがあるもの**　　自然科学の専門性に限らず、高度の専門性が必要なために設けられている第三者機関が関与しており、かつ、相当量の不服申立てがある処分についても、直

接に訴訟が提起されると、裁判所の負担がかなり増大することになる。かかる場合、(ⅰ)行政過程において、第三者機関による公正かつ専門的な審理が行われることは、国民の権利利益の救済の観点からも望ましい面があること、(ⅱ)行政過程において、専門的観点から争点や証拠の整理が行われることにより、迅速な司法審査が可能となること、(ⅲ)他方において、直ちに出訴して司法審査を望む者にとっては、不服申立前置は出訴を遅らせることになることを総合的に考慮し、年間おおむね1,000件以上という不服申立件数の基準や医学等の高度に専門技術的判断が行われるという基準を満たさなくても、相当量の不服申立てがある場合には、不服申立前置を存置することとした。具体的には、第三者機関の関与があり、かつ、年間おおむね300件以上の不服申立件数があるものについては、不服申立前置を存置することとされた。おおむね300件以上とされたのは、行政訴訟にかかる第1審の新受件数が、2008（平成20）年度は2,730件、2009（平成21）年度は2,548件であり、第1審の新受件数の1割を超える不服申立てがあるものについては、不服申立前置を廃止した場合、裁判所の負担がかなり大きくなると判断されたからである。この基準のもとで不服申立前置が存置されたのが、関税等不服審査会に諮問される関税法93条、同条が準用されるとん税法11条、同条が準用される特別とん税法6条の規定に基づく不服申立前置である。関税法上の処分に対する不服申立件数は2008（平成20）年度は23件にすぎなかったが、2009（平成21）年度は342件あったので、この基準を満たすとされた。とん税法11条、特別とん税法6条の規定に基づく不服申立ては、2008（平成20）年度、2009（平成21）年度ともなかったが、関税と密接な関係があることから、関税法93条と同様に不服申立前置を維持することとされた。

　(エ)　処分の名あて人または処分庁と処分の名あて人の関係に特殊性があるもの　第三者機関が関与する場合であって、処分の名あて人または処分庁と処分の名あて人の関係の特殊性にかんがみ、司法審査の前に行政過程において、第三者機関の関与により当該特殊性を斟酌した審査がなされることが適切と考えられるものについても、不服申立前置が認められている。

具体例として、国家公務員に対する不利益処分についての審査請求がある。かかる審査請求の場合、人事院に設置される公平委員会による審査が行われるが、公務員に対する懲戒処分、分限処分等は、人事管理の一環として行われるものであり、公務の能率の維持およびその適正な運営の確保という目的に照らし、処分庁に一定の裁量が認められている。また、訴訟において長期間にわたり紛争が継続すると、当該公務員の職場復帰が困難になるおそれがあり、また、公務の適正な遂行にも支障を与える懸念がある。さらに、自らの意思で公務員となり、処分庁の監督を受けて公務を遂行するという公務員の性格も踏まえて、裁量判断の適否も含め、人事行政について専門的な知見を有し、職権行使の独立性を保障された人事院に対する審査請求を前置することとしている（国公92条の2）。同法103条6項（同法92条の2の規定の適用）、一般職の職員の給与に関する法律19条の7第5項（同法19条の6第6項の規定の準用）・23条8項（同法19条の6第6項の規定の準用）、検察官の俸給等に関する法律1条の規定に基づく人事院に対する不服申立前置、外務公務員法22条の規定に基づく不服申立前置（外務人事審議会への諮問）、防衛省の職員の給与等に関する法律18条の2第2項、自衛隊法50条の2の規定に基づく不服申立前置（ともに防衛人事審議会へ諮問）、裁判官の報酬等に関する法律9条1項（一般職の国家公務員の例に準ずる）、裁判所職員臨時措置法本則（国家公務員法および一般職の職員の給与に関する法律の規定の準用）に基づく不服申立前置（ともに公平委員会へ諮問）、地方公務員法51条の2の規定に基づく人事委員会または公平委員会への審査請求前置も、同様の理由で維持された。

犯罪を犯した者や非行を行った少年等に対して、社会内で適切な処遇を行うことを目的に行われる保護観察を受けている者に対する仮釈放の取消し、少年院仮退院者の刑事施設または少年鑑別所への留置等の処分は、当該措置を受ける者の性格等を十分に斟酌し、その者に最適の方法によって、その改善・更生を図るために必要かつ相当な限度において行われるべきものである。したがって、裁量権行使の妥当性を含め、適正な審査が行われることは、保護観察にかかる法律の目的に合致するものであり、また、保護観察の対象になったことは、本人の責任であることも踏まえると、訴訟

提起前に法務省の中央更生保護審査会の審理を経ることを義務付けることには合理性が認められることから、更生保護法96条で規定された中央更生保護審査会に対する審査請求前置は維持されている。同条を準用する売春防止法28条2項の規定に基づく審査請求前置も維持された。

武力攻撃事態における捕虜等の取扱いに関する法律134条は、同法の規定による抑留資格認定または懲戒処分の取消しの訴えは、これらの処分についての資格認定審査請求または懲戒審査請求に対する捕虜資格認定等審査会の裁決を経た後でなければ、提起することができないと定めている。同法の規定による抑留資格認定または懲戒処分は、敵国軍隊の構成員等の外国人に対して行われるものであり、不服申立てが大量になされる可能性があること、裁量権行使の妥当性を含めて統一的な審査を行うことが望ましいこと等に照らし、防衛省に臨時に設置される捕虜資格認定等審査会への不服申立前置を維持することとされた。

(オ) 特殊な事情により、第三者機関が関与した見直しを存置すべきもの

特殊な事情により、第三者機関が関与した見直しを存置することに合理性があるとして不服申立前置が認められたものとして、暴力団員による不当な行為の防止等に関する法律37条3項がある。指定暴力団の指定は、暴力団員による不当な行為の防止等に関する法律の規制対象を画する効果を伴う重要な処分であり、この指定は、指定暴力団による暴力的要求行為の規制および対立抗争時の使用制限等を行う前提になる。指定暴力団の指定の取消しは、市民生活の安全に重大な影響を与えるおそれがあるので、「国の公安に係る警察運営をつかさどり……個人の権利と自由を保護し、公共の安全と秩序を維持することを任務とする」（警5条1項）国家公安委員会が、審査専門委員の意見を聴いて行う裁決を訴訟提起前に経ることを義務付けることに合理的理由が認められ、行政過程において専門的な視点から争点および証拠の整理がなされることにより、裁判所の負担を軽減し司法審査の迅速化を図ることができることも考慮して、審査請求前置とされたのである。

また、宗教法人の認証、その規則の変更、宗教法人の合併、宗教法人の任意解散の認証にかかる申請に対する処分、宗教法人による公益事業以外

の事業の停止命令、宗教法人の認証または合併の認証の取消しについての審査請求に対する裁決は、当該審査請求を却下する場合を除き、あらかじめ宗教法人審議会に諮問した後にしなければならないこととされており(宗法80条の2第1項)、訴訟提起前に、信教の自由の侵害にならないかを多様な宗教・宗派を代表する委員の意見を踏まえて宗教法人審議会において慎重に審議することには合理的理由があると考えられるので、審査請求前置が認められている(同法87条)。

(カ) **不服申立手続による一審代替機能** 行政事件訴訟法制定時の不服申立前置を認める基準には含まれていなかったが、不服申立手続が訴訟の一審代替機能を有する場合にあっては、行政争訟手続全般を通じて、手続的負担の緩和が図られているものと評価できるため、不服申立前置を存置することとしている。電波法96条の2は、同法または同法に基づく命令の規定による総務大臣の処分に不服がある者は、当該処分についての審査請求に対する裁決に対してのみ、取消訴訟を提起できるとする裁決主義を採っているので、審査請求前置が義務付けられていることになるが、裁決に対する取消訴訟(審査請求を却下する裁決に対する訴訟を除く)は、東京高等裁判所の専属管轄とされているので(同法97条)、審査請求に対する審理が一審代替機能を果たしているとして、審査請求前置とされた。電波法104条の4第2項、放送法180条は、電波法96条の2の規定を準用しており、同様の理由で不服申立前置が維持されている。

特許法178条6項も、審判を請求することができる事項に関する訴訟は、審決に対するものでなければ提起することができないとしており、裁決主義をとっているので、審判の請求を前置しなければならないが、審決に対する訴えは、東京高等裁判所の専属管轄とされているので(同条1項)、審判における審理が一審代替機能を果たしているとして、不服申立前置とされた。特許法178条6項の規定を準用している意匠法47条2項、実用新案法47条2項、商標法63条2項も、審判の請求前置を維持している。

鉱業等に係る土地利用の調整手続等に関する法律50条は、裁定を申請することができる事項に関する訴は、裁定に対してのみ提起することができるとする裁決主義を採っているので、裁定の申請前置が義務付けられてい

るが、裁定および裁定の申請の却下の決定に対する訴訟は、東京高等裁判所の専属管轄とされているので（57条）、裁定委員会における審理は一審代替機能を果たしていることになるため、不服申立前置が維持されている。

　弁護士登録または登録換えの請求の進達の拒絶に関しては、これについての日本弁護士連合会の裁決に対してのみ、取消しの訴えを提起することができるとする裁決主義が採られているので（弁護士16条3項）、不服申立前置が義務付けられていることになるが、同条1項は、弁護士の登録もしくは登録換えの請求の進達の拒絶についての審査請求を却下され、または棄却された者は、東京高等裁判所にその取消しの訴えを提起することができると定めているので、審査請求における審理が一審代替機能を果たしていることになる。そのため、審査請求前置が維持されている。また、同法61条2項は、弁護士会がした懲戒の処分に関しては、これについての日本弁護士連合会の裁決に対してのみ、取消しの訴えを提起することができるとする裁決主義を採っているので、審査請求前置になっているが、弁護士会がした懲戒の処分についての審査請求を却下され、もしくは棄却された者は、東京高等裁判所にその取消しの訴えを提起することができるとされているので（同条1項）、審査請求における審理が一審代替機能を果たしていることになる。そのため、審査請求前置が維持されている。同法14条1項の規定に基づく異議の申出が行政上の不服申立てであるか否かについては争いがある。仮に行政上の不服申立てであるとすると、異議の申出を訴訟に前置しなければならないが、異議の申出を棄却された者は、東京高等裁判所にその取消しの訴えを提起することができるとされているので（同法16条1項）、異議の申出の審理が一審代替機能を果たしていることになる。そのため、不服申立前置とされていることになる。しかし、登録取消請求には処分性はなく、異議の申出は事前手続とみるほうが妥当なように思われる[12]。そうすると、異議の申出棄却決定に対する取消訴訟を定める弁護士法16条1項の規定は、不服申立前置を定めたものではないことになる。

　　(キ)　**個別具体的事情の考慮**　　不服申立前置の存廃の判断基準については、以上の基準のみを排他的基準とするわけでは必ずしもなく、個別具体的事情を考慮する余地を否定しているわけではない。たとえば、犯罪

被害財産等による被害回復給付金の支給に関する法律46条で規定された検察庁の長に対する審査の申立て前置を存置することとしたのは、以下の理由による。すなわち、刑事裁判で被告人から没収して国庫に帰属した犯罪被害財産等を原資とする被害回復給付金の被害者への支給に当たっては、原則として全ての被害者の支給資格裁定が確定していることが要件とされているため、訴訟係属中は原則として支給をすることができないことになる。したがって、複数の犯罪被害者間における利害調整を早期に実現する仕組みとして、審査の申立ての前置に合理的理由があるとされたのである。

また、地方議会議員の被選挙権がない旨の議会の決定および兼業禁止規定に該当する旨の議会の決定（自治127条1項）は、議員の資格を喪失させる処分であり、当該議員個人の権利利益の保護にとどまらず、当該議会の議決にも影響が及びうるので、議長等の選挙にかかる争訟と同様の性格を併有しているといえる。したがって、地方議会における投票による選挙の効力についての異議に対する議会の決定（自治118条1項）に不服があるときの決定についての不服申立手続（不服がある者は、決定があった日から21日以内に、都道府県にあっては総務大臣、市町村にあっては都道府県知事に審査を申し立て、その裁決に不服がある者は、裁決のあった日から21日以内に出訴することができる）と同様の手続によることが適切と判断され、不服申立前置とされた（同法127条4項による同法118条5項の準用）。

分担金、使用料、加入金および手数料については、地方公共団体の議会が制定する条例で定めることとされており、条例の制定に当たっては、議会に一定の立法裁量が認められる。普通地方公共団体の長以外の機関がした分担金、使用料、加入金または手数料の徴収に関する処分に不服がある者は、当該普通地方公共団体の長に審査請求をすることになるが（自治229条1項）、普通地方公共団体の長は、当該処分についての審査請求があったときは、議会に諮問してこれを決定しなければならない（同条2項）。かかる処分については、議会による立法裁量にかかる判断を含めて、司法審査の前に議会での審議を行うことが、地方公共団体における民主的で能率的な行政に資すると考えられることから、審査請求前置としている（同条4項）。同様に、分担金、使用料、加入金、手数料および過料その他の普通

地方公共団体の歳入を納期限までに納付しない者に対する督促、徴収、滞納処分の例による処分についての審査請求があったときは、議会に諮問してこれを決定しなければならないので（自治231条の3第7項）、審査請求前置とされている（同条9項）。

　⑤二重前置の廃止

　一段階の不服申立前置ですら、厳格な基準でその合理性を検証すべきとする以上、二段階の不服申立てを経なければ取消訴訟を提起できないとされている二重前置については、その正当化は、一層困難と考えられ、整備法では、従前は二重前置とされている場合にあっては、不服申立前置を存置するとしても、一段階にとどめる方針を採用している。たとえば、厚生年金保険法は、被保険者の資格、標準報酬または保険給付に関する処分について、社会保険審査官に対する審査請求および社会保険審査会に対する再審査請求の二重前置の仕組みを採用していたが（整備法による改正前の厚生年金保険法90条1項・91条の3）、整備法においては、社会保険審査官に対する審査請求請求前置を存置するものの、社会保険審査会に対する再審査請求については、前置の義務付けはしないこととしている。

　なお、再調査の請求をした場合には、それに対する決定を経なければ審査請求をすることができないのが原則であるが、審査請求をするためには再調査の請求を前置することが義務付けられているわけではなく、再調査の請求をせずに審査請求をすることを選択することもできる。したがって、合理的理由がある場合には、審査請求前置としても、二重前置を強いることにはならないので、再調査の請求をすることができる場合であっても、審査請求前置とされている場合がある（税通115条1項等）。国税の分野では、すでに平成23年度税制改正大綱（平成22年12月16日閣議決定）において、「不服申立前置のあり方については、納税者の利便性向上を図ることが求められていることから、争訟手続における納税者の選択の自由度を増やすことを基本に……原則として2段階となっている現行の仕組みを抜本的に見直す方向で検討を行うこととします」とされていた。かかる二重前置廃止の方針が出された背景には、2011（平成23）年に国税通則法を改正し、2013（平成25）年1月1日から、白色申告についても、課税処分を行うに

際しての理由提示義務が課されることが予定されていたことがあると考えられる。すなわち、従前は、白色申告については、異議申立てに対する決定時にはじめて正式に理由が提示される仕組みであったので、異議申立てを国税不服審判所長への審査請求に前置することが必要と考えられた（これに対し、処分時に理由提示義務が課される青色申告については、異議申立てを経ることなく審査請求をすることが認められていた。整備法による改正前の国税通則法75条4項）。しかし、白色申告を含めて全ての課税処分について理由提示がされるのであれば、それをみて事実認定ではなく法解釈を争いたいという者についてまで、異議申立てを審査請求に前置することを義務付ける必要性に乏しく、直ちに審査請求をすることを認めることが合理的であるからである。

（3） 見直しの結果

以上の方針に基づく見直しの結果、不服申立前置を定めていた96法律のうち68法律について、不服申立前置の全部または一部の見直しが行われた。具体的には、96法律のうち47法律（建築基準法、子ども子育て支援法、児童扶養手当法、農地法等）で不服申立前置が全部廃止され、21法律で不服申立前置が一部廃止され一部存置することとなり（自衛隊法では訓練海域漁業補償については廃止、隊員懲戒処分については存置、特許法では方式審査については廃止、実体審査（審判）については存置等）、28法律で不服申立前置が全部存置されることとなった（国家公務員法、生活保護法、電波法等）。二重前置を定めていた法律は21存在したが、このうち5法律では不服申立前置が全廃され（住民基本台帳法、労働保険の保険料の徴収等に関する法律等）、16法律では一重化になった。一重化の中には、再審査請求の前置を廃止（再審査請求前置は全廃された）したものと、異議申立てに代えて再調査の請求制度を導入し、再調査の請求と審査請求の選択制としたものがある。前者の例として、労働者災害補償保険法は、保険給付に関する決定について、労働保険審査官に対する審査請求と労働保険審査会に対する再審査請求の二重前置（整備法による改正前の38条1項・40条）について定めていたが、整備法においては、労働保険審査官に対する審査請求前置を存置するものの、労働保険審査会に対

する再審査請求については、前置を義務付けないこととしている。国民年金法も再審査請求の前置を廃止している。後者の例として、公害健康被害の補償等に関する法律、国税通則法がある。整備法による改正の結果、49法律で不服申立前置が残ることになった。具体的には、電波法（96条の2・104条の4第2項）、放送法（180条）、鉱業等に係る土地利用の調整手続等に関する法律（50条）、弁護士法（16条1項3号・61条1項）、特許法（178条6項）、実用新案法（47条2項）、意匠法（59条2項）、商標法（63条2項）、地方税法（19条の12・434条）、国税通則法（115条1項）、健康保険法（192条）、船員保険法（141条）、厚生年金保険法（91条の3・169条・附則7条の2第3項、同条5項・附則29条8項）、国民年金保険法（101条の2・138条・附則9条の3の2第6項）、石炭鉱業年金基金法33条3項、厚生年金保険の保険給付及び国民年金の給付の支払の遅延に係る加算金の支給に関する法律（11条）、公的年金制度の健全性及び信頼性の確保のための厚生年金保険法等の一部を改正する法律附則84条（法制実務上は本法とその一部改正法（附則）は別法律として取り扱われている）、労働者災害補償保険法（40条）、雇用保険法（71条）、石綿による健康被害の救済に関する法律（78条）、生活保護法（69条）、高齢者の医療の確保に関する法律（130条）、介護保険法（196条）、犯罪被害者等給付金の支給等による犯罪被害者等の支援に関する法律（21条）、オウム真理教犯罪被害者等を救済するための給付金の支給に関する法律（19条）、地方公務員災害補償法（56条）、国民健康保険法（103条）、じん肺法（20条）、障害者の日常生活及び社会生活を総合的に支援するための法律（105条）、公害健康被害の補償等に関する法律（108条）、石綿による健康被害の救済に関する法律（77条）、国家公務員法（92条の2・103条6項）、一般職の職員の給与に関する法律（19条の6第6項・19条の7第5項・23条8項）、地方公務員法（51条の2）、裁判官の報酬等に関する法律（9条）、検察官の俸給等に関する法律（1条）、裁判所職員臨時措置法（本則）、売春防止法（28条2項）、更生保護法（96条）、外務公務員法（22条）、防衛省の職員の給与等に関する法律（18条の2第2項）、自衛隊法（50条の2）、武力攻撃事態における捕虜等の取扱いに関する法律（134条）、関税法（93条）、とん税法（11条）、特別とん税法（6条）、暴力団員による不当な行為の防止等に関する法律（37条3項）、

地方自治法（127条4項・229条6項・231条の3第9項）、犯罪被害財産等による被害回復給付金の支給に関する法律（46条1項）である。

　不服申立前置は、行政不服審査法と行政事件訴訟法の双方に関わる問題であり、かつ、個別法の問題でもあるため、行政不服審査法の見直しにおいても、行政事件訴訟法の見直しにおいても、中心的論点としては位置付けられにくいものといえよう。整備法により、不服申立前置を定める個別法について、不服申立前置の許否を判断するための新たな指針の下で全面的に見直しが行われたことの意義は大きいと思われる。

（1）　杉本良吉・行政事件訴訟法の解説（法曹会、1963年）33頁参照。
（2）　その後、「有線ラジオ放送業務の運用の規正に関する法律」、「有線テレビジョン放送法」、「電気通信役務利用放送法」が廃止されたこと等により、不服申立前置を定める法律数は減少し、2014（平成26）年通常国会に行政不服審査法関連三法案が提出された時点では、不服申立前置を定める法律数は96であった。
（3）　評釈として、金子宏・判例百選112頁、同・判例百選（第2版）28頁、綿貫芳源・行政判例百選194頁、同・行政判例百選（増補版）194頁参照。
（4）　園部逸夫編・注解行政訴事件訴訟法（有斐閣、1989年）138頁（渋谷秀樹執筆）参照。
（5）　このことを指摘するものとして、本多滝夫「日本における行政システムの転換と行政不服審査法の『現代化』」行政法研究8号133頁参照。
（6）　宇賀克也・行政手続三法の解説［第1次改訂版］（学陽書房、2015年）153頁参照。
（7）　整備法における不服申立前置の見直しは、基本的には検討チームの取りまとめに沿ったものであるが、検討チームが補完的な基準として用いた有効性の基準は採用されなかった。有効性の基準については、宇賀克也「不服申立前置の見直し」地方自治773号6－7頁参照。
（8）　2008（平成20）年度の不服申立件数を上位から挙げると、高齢者の医療の確保に関する法律関係が1万385件、国税通則法関係が6398件、社会保険審査官及び社会保険審査会法により不服申立てを処理することとしている法律（保険料の徴収等にかかる処分を除く）関係が5719件、労働保険審査官及び労働保険審査会法により不服申立てを処理することとしている法律関係が1914件、介護保険法関係が1719件、地方税法（更正・決定、督促または滞納処分）関係が1713件、国民健康保険法関係が795件、生活保護法関係が759件、地方税法（固定資産の価額の登録）関係が581件、地方公務員法関係が195件であった。

(9) 詳しくは、宇賀克也・行政法概説Ⅲ［第3版］（有斐閣、2012年）423頁参照。
(10) 宗教法人審議会の委員は、宗教家および宗教に関し学識経験がある者のうちから、文部科学大臣が任命する（宗法72条2項）。
(11) 裁決主義の他の例について、宇賀克也・行政法概説Ⅱ［第5版］（有斐閣、2015年）138頁参照。
(12) 塩野宏・行政法概説Ⅱ［第5版増補版］（有斐閣、2013年）56頁も同旨。
(13) 厚生年金保険法、労働者災害補償保険法に基づく不服申立ての問題については、櫻井敬子「社会保険・労働保険の行政不服審査」自治実務セミナー51巻1号4頁参照。

第 3 編

行政手続法の改正

第1章　適用除外

　行政手続法3条1項は、処分または行政指導を行う主体の特殊性、処分または行政指導の名あて人の特殊性等に照らし、同法2章（申請に対する処分）、3章（不利益処分）、4章（行政指導）の規定の適用を除外する手続を列記している。このような適用除外の理由は、いずれも2014（平成26）年6月の行政手続法改正により新設された同法4章の2（処分等の求め）の規定についても当てはまると考えられるため、同法3条1項の規定を改正し、同項各号に掲げる処分および行政指導について、第4章の2の規定の適用を除外している。もとより、同法4章の2の規定の適用が除外されたことは、個別法において、これに代わる制度を定めることを妨げるものではない。以下において、同法3条1項各号について、同法4章の2の規定も適用除外とする理由について述べる。

（1）　当該分野の特殊性に応じた独自の手続が定められているもの
　①処分主体に特殊性があるもの
　同法3条1項は、「国会の両院若しくは一院又は議会の議決によってされる処分」（1号）、「裁判所若しくは裁判官の裁判により、又は裁判の執行としてされる処分」（2号）、「国会の両院若しくは一院若しくは議会の議決を経て、又はこれらの同意若しくは承認を得た上でされるべきものとされている処分」（3号）、「検査官会議で決すべきものとされている処分及び会計検査の際にされる行政指導」（4号）についての適用除外を定めている（同項1号〜3号が、処分のみを対象としているのは、主体が国会の両院もしくは一院または議会、裁判所または裁判官であり、行政指導の主体である行政機関（行手2条5号・6号）に該当しないからである）。

　国会、裁判所、会計検査院のような内閣から独立した機関がする議決等は、これらの機関の特殊性に応じた慎重な手続により行われるので、何人

でも職権発動を求めることができるとする同法4章の2の規定になじまないため、適用除外とされている。

　②特殊な目的に応じた独自の手続があるもの

　同法3条1項は、「刑事事件に関する法令に基づいて検察官、検察事務官又は司法警察職員がする処分及び行政指導」（5号）、「国税又は地方税の犯則事件に関する法令（他の法令において準用する場合を含む。）に基づいて国税庁長官、国税局長、税務署長、収税官吏、税関長、税関職員又は徴税吏員（他の法令の規定に基づいてこれらの職員の職務を行う者を含む。）がする処分及び行政指導並びに金融商品取引の犯則事件に関する法令（他の法令において準用する場合を含む。）に基づいて証券取引等監視委員会、その職員（当該法令においてその職員とみなされる者を含む。）、財務局長又は財務支局長がする処分及び行政指導」（6号）についての適用除外を定めている。

　これらの処分等は、刑事事件または実質的な刑事手続である犯則調査に関する処分等であって、国民の権利利益の重大な侵害につながるおそれがあるため、刑事訴訟法等において手続が定められている。したがって、何人でも職権発動を求めることができるとする同法4章の2の規定になじまないため、適用除外とされている。

（2）　当該分野の独自性のために一般的な手続になじまないもの
　①処分等の主体と名あて人の関係が特殊であるもの

　同法3条1項は、「学校、講習所、訓練所又は研修所において、教育、講習、訓練又は研修の目的を達成するために、学生、生徒、児童若しくは幼児若しくはこれらの保護者、講習生、訓練生又は研修生に対してされる処分及び行政指導」（7号）、「刑務所、少年刑務所、拘置所、留置施設、海上保安留置施設、少年院、少年鑑別所又は婦人補導院において、収容の目的を達成するためにされる処分及び行政指導」（8号）についての適用除外を定めている。

　学校等で教育を受けたり、刑務所等において収容されている場合、行政庁と国民一般との関係とは異なる特殊な関係にある。したがって、何人でも職権発動を求めることができるとする同法4章の2の規定になじまない

ため、適用除外とされている。

　②処分等の名あて人に特殊性があるもの

　同法3条1項は、「公務員（国家公務員法（昭和22年法律120号）第2条第1項に規定する国家公務員及び地方公務員法（昭和25年法律第261号）第3条第1項に規定する地方公務員をいう。以下同じ。）又は公務員であった者に対してその職務又は身分に関してされる処分及び行政指導」（9号）、「外国人の出入国、難民の認定又は帰化に関する処分及び行政指導」（10号）についての適用除外を定めている。

　公務員は処分等の名あて人となる場合がある一方、公務遂行主体でもあるという特殊性がある。そこで、公務員等に対する処分等の手続については、その特殊性に照らし、国民一般に対する手続ではなく、国家公務員法等の公務員法の体系で規律するほうが適切であるため、何人でも職権発動を求めることができるとする同法4章の2の規定になじまないと考えられ、適用除外とされている。

　また、「外国人の出入国、難民の認定又は帰化に関する処分及び行政指導」は、国家主権に関するものであり、一般の国民に対する手続と同列に論ずることが適当でない面がある。したがって、何人でも職権発動を求めることができるとする同法4章の2の規定になじまないため、適用除外とされている。

　③判断過程に特殊性があるもの

　同法3条1項は、「専ら人の学識技能に関する試験又は検定の結果についての処分」（11号）についての適用除外を定めている。専ら試験または検定の結果について試験委員等が判定する特殊な処分については、何人でも職権発動を求めることができるとする同法4章の2の規定になじまないこと、試験または検定自体が処分前の手続とみることもでき、独自の手続が整備されているともいえること、実際上も、同法3条1項11号に該当する処分であって、同法4章の2の規定の対象となりうるものを想定し難いことから、適用除外とされている。

　④処分等の主体と名あて人が二面関係でないもの

　同法3条1項は、「相反する利害を有する者の間の利害の調整を目的と

して法令の規定に基づいてされる裁定その他の処分（その双方を名宛人とするものに限る。）及び行政指導」（12号）についての適用除外を定めている。これらの処分等は、一般的に、相反する利害を有する者の一方の申請に基づき手続が開始され、両当事者から意見を聴取し、それを踏まえて処分等を行う法的仕組みがとられている。したがって、何人でも職権発動を求めることができるとする同法4章の2の規定になじまないため、適用除外とされている。

⑤職務の特性に応じ現場の職員に権限が付与されているもの

同法3条1項は、「公衆衛生、環境保全、防疫、保安その他の公益に関わる事象が発生し又は発生する可能性のある現場において警察官若しくは海上保安官又はこれらの公益を確保するために行使すべき権限を法律上直接に与えられたその他の職員によってされる処分及び行政指導」（13号）についての適用除外を定めている。警察官等の職員が現場で行う処分および行政指導は、当該現場の状況をよく判断できる立場にある職員が、現場の状況を認識している名あて人に対して、臨機応変に行うものであり、そもそも申出に応じて行う場合が想定しにくいし、申出を受けて必要な調査を行い、処分または行政指導をすべきかを判断するのになじまないため、同法4章の2の規定の適用除外とされている。

⑥本来の行政処分または行政指導に付随する行為であるもの

同法3条1項は、「報告又は物件の提出を命ずる処分その他その職務の遂行上必要な情報の収集を直接の目的としてされる処分及び行政指導」（14号）、「審査請求、再調査の請求その他の不服申立てに対する行政庁の裁決、決定その他の処分」（15号）、「前号に規定する処分の手続又は第3章に規定する聴聞若しくは弁明の機会の付与の手続その他の意見陳述のための手続において法令に基づいてされる処分及び行政指導」（16号）についての適用除外を定めている。

「報告又は物件の提出を命ずる処分その他その職務の遂行上必要な情報の収集を直接の目的としてされる処分及び行政指導」（14号）は、本来の処分または行政指導を行うための準備として行われる行政調査に関するものであり、一般の行政処分または行政指導とは異なり、特定の法益侵害の防

止や違反行為に対する制裁を直接の目的としているわけではない。したがって、法令違反の事実を是正するための処分または行政指導を対象とする同法4章の2の規定になじまないため、適用除外とされている。

「審査請求、再調査の請求その他の不服申立てに対する行政庁の裁決、決定その他の処分」は、処分後の不服申立手続における処分であり、何人でも職権発動を求めることができるとする同法4章の2の規定になじまないと考えられ、適用除外とされている。

「前号に規定する処分の手続又は第3章に規定する聴聞若しくは弁明の機会の付与の手続その他の意見陳述のための手続において法令に基づいてされる処分及び行政指導」は、処分または行政指導の事前手続であり、何人でも職権発動を求めることができるとする同法4章の2の規定になじまないと考えられ、適用除外とされている。

（3） 地方公共団体の機関が行う条例に基づく処分および行政指導

同法3条3項は、「第1項各号及び前項各号に掲げるもののほか、地方公共団体の機関がする処分（その根拠となる規定が条例又は規則に置かれているものに限る。）及び行政指導、地方公共団体の機関に対する届出（前条第7号の通知の根拠となる規定が条例又は規則に置かれているものに限る。）並びに地方公共団体の機関が命令等を定める行為については、次章から第6章までの規定は、適用しない」と定めている。すなわち、地方公共団体の機関が行う（ⅰ）条例に基づく処分および（ⅱ）行政指導については、地方自治を尊重する観点から、行政手続法の規定を適用せず、同法46条（「地方公共団体は、第3条第3項において第2章から前章までの規定を適用しないこととされた処分、行政指導及び届出並びに命令等を定める行為に関する手続について、この法律の規定の趣旨にのっとり、行政運営における公正の確保と透明性の向上を図るため必要な措置を講ずるよう努めなければならない」）の規定を受けて、ほとんどの地方公共団体は、行政手続条例で（ⅰ）条例に基づく処分および（ⅱ）行政指導について手続を規律している。地方自治の尊重という趣旨は、同法4章の2の規定についても妥当すると考えられるため、同法3条3項の規定により適用除外としている。もっとも、同法3条3項は、「次章から第6章まで」、すなわち、

2章から6章までの規定の適用を除外しているので、この規定を改正せずとも、4章の2の規定の適用は除外されることになる。そのため、同法3条3項の規定は改正されていない。

(4) 国の機関または地方公共団体もしくはその機関に対する処分および行政指導

同法4条1項は、「国の機関又は地方公共団体若しくはその機関に対する処分（これらの機関又は団体がその固有の資格において当該処分の名あて人となるものに限る。）及び行政指導並びにこれらの機関又は団体がする届出（これらの機関又は団体がその固有の資格においてすべきこととされているものに限る。）については、この法律の規定は、適用しない」と定めている。その趣旨は、行政庁または行政機関が行政主体またはその機関に対して行う行政作用については、行政庁または行政機関と私人との関係を念頭に置いた規律をそのまま適用することは妥当でないということである。同法4章の2の規定も、行政庁または行政機関と私人との関係を念頭に置いた規定であるので、行政庁または行政機関が行政主体またはその機関に対して行う行政作用には適用しないこととしている。もっとも、同法4条1項は、「この法律の規定は、適用しない」と定めているので、この規定を改正せずとも、4章の2の規定の適用は除外されることになる。そのため、同法4条1項の規定は改正されていない。

(5) 政府周辺法人に対する処分

同法4条2項は、「次の各号のいずれかに該当する法人に対する処分であって、当該法人の監督に関する法律の特別の規定に基づいてされるもの（当該法人の解散を命じ、若しくは設立に関する認可を取り消す処分又は当該法人の役員若しくは当該法人の業務に従事する者の解任を命ずる処分を除く。）については、次章及び第3章の規定は、適用しない」と定め、「次の各号のいずれかに該当する法人」として、「一　法律により直接に設立された法人又は特別の法律により特別の設立行為をもって設立された法人」「二　特別の法律により設立され、かつ、その設立に関し行政庁の認可を要する法人のうち、

その行う業務が国又は地方公共団体の行政運営と密接な関連を有するものとして政令で定める法人」を挙げている。同条2項1号は、独立行政法人、国立大学法人、大学共同利用機関法人、日本司法支援センター、特殊法人を念頭に置いており、同条2号は、認可法人を念頭に置いている（これらの法人について詳しくは、宇賀克也・行政法概説Ⅲ［第3版］（有斐閣、2012年）253頁以下参照）。

また、同条3項は、「行政庁が法律の規定に基づく試験、検査、検定、登録その他の行政上の事務について当該法律に基づきその全部又は一部を行わせる者を指定した場合において、その指定を受けた者（その者が法人である場合にあっては、その役員）又は職員その他の者が当該事務に従事することに関し公務に従事する職員とみなされるときは、その指定を受けた者に対し当該法律に基づいて当該事務に関し監督上される処分（当該指定を取り消す処分、その指定を受けた者が法人である場合におけるその役員の解任を命ずる処分又はその指定を受けた者の当該事務に従事する者の解任を命ずる処分を除く。）については、次章及び第3章の規定は、適用しない」と定めている。これは、指定機関（塩野宏・法治主義の諸相（有斐閣、2001年）449頁以下、米丸恒治・私人による行政（日本評論社、1999年）325頁以下、露木康浩「委託制度と指定機関制度に関する一考察」警察学論集42巻12号40頁以下が精緻な分析を行っている）に対する処分を念頭に置いたものである。

これらの法人は国・地方公共団体に準ずる性格を有するものの、国・地方公共団体とは独立の法人格（ただし、指定機関は概念上は法人に限られない）を有する。また、同条2項は、「当該法人の解散を命じ、若しくは設立に関する認可を取り消す処分又は当該法人の役員若しくは当該法人の業務に従事する者の解任を命ずる処分」については適用されるし、同条3項は、「当該指定を取り消す処分、その指定を受けた者が法人である場合におけるその役員の解任を命ずる処分又はその指定を受けた者の当該事務に従事する者の解任を命ずる処分」については適用される。さらに、同条2項・3項は、行政指導に関する第4章の規定の適用は除外していない。以上の点を踏まえて、同条2項・3項については、同法4章の2の規定の適用を除外しないこととしている。もっとも、同条2項・3項については、「次

章及び第3章の規定」、すなわち、2章および3章の規定を適用しないと定めているので、この規定を改正せずとも、4章の2の規定は適用されることになる。そのため、同条2項・3項の規定は改正されていない。

（6）　同法4章の規定の取扱い

後述するように、同法4章の行政指導に関する規定が改正され、行政機関が許認可等をする権限または許認可等に基づく処分をする権限を行使しうる旨を示すときの行政指導の方式について35条2項の規定、法令に違反する行為の是正を求める行政指導の相手方による行政指導の中止等の求めについて36条の2の規定が同章に追加された。したがって、このことが、同章の規定を適用したり、適用除外にしたりしている他の条項に影響を及ぼすかを検討する必要がある。しかし、追加される同法35条2項、36条の2の規定は、行政指導の定義（同法2条6号）、行政指導の一般原則（同法32条）等を変更するものではなく、既存の行政指導の方式についての追加的な規律（35条2項）、行政指導後の手続についての追加的な規律（36条の2）を定めるにとどまる。したがって、同法4章の規定を適用することとしている規定（同法4条2項・3項等）、同法4章の規定を適用除外とすることとしている規定（同法3条1項3項・4条1項等）を改正する必要はない。

第2章　行政指導の方式

（1）　行政手続法34条の趣旨

　行政手続法34条は、「許認可等をする権限又は許認可等に基づく処分をする権限を有する行政機関が、当該権限を行使することができない場合又は行使する意思がない場合においてする行政指導にあっては、行政指導に携わる者は、当該権限を行使し得る旨を殊更に示すことにより相手方に当該行政指導に従うことを余儀なくさせるようなことをしてはならない」と定めている。「許認可等をする権限」とは、行政機関が申請に基づき許認可またはその拒否処分をする権限であり、「許認可等に基づく処分をする権限」は、（ⅰ）許認可等にかかる行為が適正に実施されているかについての調査権限、（ⅱ）許認可等にかかる行為が適正に実施されていないと認められる場合において、かかる状態を是正するために、業務の改善を命ずる権限、改善が実施されるまで業務停止令等、許認可等の効力を停止する権限、許認可等を撤回する権限、（ⅲ）許認可等にかかる行為を当該許認可等を得ずに行っている者に対して、当該行為の停止等の是正を命ずる権限を含む。許認可等に関する権限を行使できないか、または行使する意思がないにもかかわらず、当該権限を行使しうる旨を殊更に示すことにより、相手方に当該行政指導に従う作為または不作為を事実上強制し、相手方に不利益を与えることを抑止しようとするものである。

（2）　総務省行政不服審査制度検討会最終報告との関係

　総務省行政不服審査制度検討会最終報告（平成19年7月）においては、許認可等に関する権限を行使できないにもかかわらず、権限を行使しうる旨を示して行われる権限濫用型行政指導については、その是正の申出制度を導入すべき旨が提言されていた。しかし、（ⅰ）権限を濫用した行政指導の外延を明確化することは困難と思われること、（ⅱ）許認可等の権限を行使

しうる旨を示した行政指導は口頭で行われると考えられ、書面交付請求の対象も当該行政指導の趣旨および内容ならびに責任者に限られるので、許認可等の権限を行使しうる旨を示したか否かの事実認定は水掛け論に終わる可能性があること、(iii)当該行政指導に従った後に是正を求めた場合、その是正措置は、当該行政機関が当該行政指導を中止すれば足りるとは限らず、是正措置を定型的に規定することには困難が伴うこと、(iv)行政手続法34条が禁止している行政指導が行われることを前提として事後手続を定めることについて、それを必要とする立法事実が示されていないこと等を理由として、この提言は採用されなかった。

(3) 権限を行使することができる根拠の明示

相手方が行政指導に従わない場合において、行政機関が許認可等をする権限または許認可等に基づく処分をする権限を行使することができ、実際に当該権限を行使する意思があるのであれば、当該権限を行使しうる旨を相手方に示すことは適法である。しかし、当該権限を行使しうる旨が示されたときに、相手方が当該行政指導に従うべきかを適切に判断することができるように、当該権限を行使することができる根拠が示されることが、相手方の権利利益の保護のために必要である。そこで、総務省行政不服審査制度検討会最終報告で提言されたような権限濫用型行政指導に対する是正の申出制度を導入するのではなく、行政手続法改正により35条2項の規定を新設し、行政指導に携わる者は、当該行政指導をする際に、行政機関が許認可等をする権限または許認可等に基づく処分をする権限を行使しうる旨を示すときは、その相手方に対して、(ⅰ)当該権限を行使しうる根拠となる法令の条項、(ⅱ)当該条項に規定する要件、(ⅲ)当該権限の行使が当該条項に規定する要件に適合する理由を示す義務を負うこととされた。ここでいう「権限を行使し得る旨を示すとき」には、①行政指導を行う時点において、すでに当該権限を行使することができる場合のほか、②当該行政指導に従わない場合には、法令上、当該権限を行使することができるとされている場合も包含されている。(ⅲ)については、複数の要件のいずれかに該当すれば当該権限を行使しうる場合、そのうちのいずれに該当す

るか（複数の要件を満たす場合には、当該複数の要件）を具体的に示す必要がある。また、要件が政省令等の下位法令に委任されている場合には、当該下位法令を引用して要件を示さなければならない。処分基準（行手2条8号ハ）が公にされている場合には、処分基準との関係も示すことが望ましい。(ⅰ)～(ⅲ)を一括して示しても、分類して示してもよいが、いずれにせよ、各事項を相手方が明確に認識できるように記載しなければならない。

　さらに、行政指導が口頭でされた場合において、その相手方から同法35条2項に規定する事項を記載した書面の交付を求められたときは、当該行政指導に携わる者は、行政上特別の支障がない限り、これを交付しなければならないこととし、行政指導の透明性を向上させ、違法な行政指導に対する抑止効果の発揮を意図している（同条3項）。

第3章　行政指導の中止等の求め

（1）　法令違反の是正を求める行政指導の特徴

　法令（行手2条1号）違反の是正を求める行政指導のうち、法律にその要件が規定されている指導、勧告等は、一般に慎重な検討を経て行われるものであり、そのため、相手方に法令違反があったという前提で報道がされることが少なくない。その結果、社会一般に対しても、相手方が法令に違反したという印象を与え、相手方の社会的信用を失墜させ、事実上、重大な不利益を及ぼすおそれがある。さらに、法令違反の是正を求める行政指導に従わない場合にその事実を公表する旨の規定が法律に置かれている場合、相手方は、当該行政指導が違法であると考えたとしても、行政指導に従わない事実の公表に伴う不利益を慮って、不承不承、当該行政指導に従うことにならざるをえないことも想定される。

　法令違反の是正を求める行政指導のうち、法律にその要件が規定されている指導、勧告等は、一般的には処分性はない（ただし、医療法（平成9年法律125号改正前）30条の7の規定に基づく病院開設中止勧告の処分性を認めた最判平成17・7・15民集59巻6号1661頁、最判平成17・10・25訟月52巻5号1574頁、同法［平成12年法律第141号による改正前］同条の規定に基づく病床数削減勧告の処分性を認めた最判平成17・10・25判時1920号32頁のように、処分性を認めた判例もある）。したがって、かかる行政指導は、国民の権利義務を直接に変動させるものではない。しかし、前述の点にかんがみると、かかる行政指導は、相手方に事実上、大きな不利益を与える可能性のあるものであり、処分に近似した性質を有する行政作用といえる。

（2）　中止等の求め
①意義

　法令（行手2条1号）違反の是正を求める行政指導のうち、法律にその要

件が規定されている指導、勧告等が事実上、相手方に大きな不利益を及ぼすおそれがあることにかんがみると、「行政運営における公正の確保と透明性……の向上を図り、もって国民の権利利益の保護に資する」（行手1条）ために、救済のための手続を設けることが望ましい。そこで、法令に違反する行為の是正を求める行政指導（その根拠となる規定が法律に置かれているものに限る）の相手方は、当該行政指導が当該法律に規定する要件に適合しないと思料するときは、当該行政指導をした行政機関に対し、その旨を申し出て、当該行政指導の中止その他必要な措置をとることを求めることができることとされた（行手36条の2第1項本文）。当該行政機関は、この申出があったときは、必要な調査を行い、当該行政指導が当該法律に規定する要件に適合しないと認めるときは、当該行政指導の中止その他必要な措置をとらなければならないこととされた（同条3項）。

②対象となる行政指導

行政指導の中止の求めの対象になる行政指導は、「法令に違反する行為の是正を求める行政指導」に限られる。法律上は「必要があると認めるとき」に行政指導をすることができる旨が規定されていることがあるが、かかる場合には、個別の事案ごとに、当該行政指導が法令に違反する行為の是正を求めるものか否かを判断する必要がある。「法令に違反する行為の是正を求める行政指導」には、（ⅰ）法令に違反する行為の中止を求める行政指導、（ⅱ）適法な状態への復元を求める行政指導、（ⅲ）その他の法令に違反する行為の是正を求める行政指導が含まれる。法令に定める義務ないし要件に違反していない者に対して、将来、一定の作為または不作為を求める行政指導は含まれない。さらに、「法令に違反する行為の是正を求める行政指導」の中で、「その根拠となる規定が法律に置かれているもの」に限り、行政指導の中止の求めの対象になる。「その根拠となる規定が法律に置かれているもの」とは、行政指導の根拠規範が法律で定められている場合である。具体例としては、商工会議所法59条1項柱書（「経済産業大臣は、商工会議所の運営がこの法律若しくはこの法律に基づく命令若しくは定款に違反し、又は著しく不当であると認めるときは、その商工会議所に対して警告を発し、それによってもなお改善されないときには、次の各号のいずれかに掲げる処分をすることが

できる」)が定めるように、「この法律若しくはこの法律に基づく命令……に違反」していると認めるときに行われる警告が挙げられる。「雇用の分野における男女の均等な機会及び待遇の確保等に関する法律」29条1項(「厚生労働大臣は、この法律の施行に関し必要があると認めるときは、事業主に対して、報告を求め、又は助言、指導若しくは勧告をすることができる」)の規定に基づく勧告のように、「必要があると認めるとき」に行うことができとされている場合であっても、法令違反を是正する必要があると認めて勧告が行われる場合には、行政指導の中止等の求めの対象になる。行政指導は、行政機関がその任務または所掌事務の範囲内において行うものであり(行手2条6号)、当該行政機関の任務または所掌事務の範囲を逸脱してはならないから(32条1項)、行政指導は、組織規範で定められた任務または所掌事務の範囲内で行われることになるが、単に組織規範に基づいて行われる行政指導は、行政指導の中止等の求めの対象にはならない。

③申出をすることができる者

実際に行われた行政指導の相手方が申出をすることができる。

④申出先

申出先は、当該行政指導をした行政機関になる。行政機関とは、「法律の規定に基づき内閣に置かれる機関若しくは内閣の所轄の下に置かれる機関、宮内庁、内閣府設置法(平成11年法律第89号)第49条第1項若しくは第2項に規定する機関、国家行政組織法(昭和23年法律第120号)第3条第2項に規定する機関、会計検査院若しくはこれらに置かれる機関又はこれらの機関の職員であって法律上独立に権限を行使することを認められた職員」(行手2条5号イ)、「地方公共団体の機関(議会を除く。)」(同号ロ)を意味する。法律で合議制機関が行政指導の主体とされている場合を除き、「これらの機関の職員であって法律上独立に権限を行使することを認められた職員」が行政指導の主体になり、また、申出先になる。

⑤申出の実体要件

行政指導の相手方が、当該行政指導が当該法律に規定する発動要件に適合しておらず違法であると考えるとき、たとえば事実誤認があったり、事実の評価が誤っていると考えるときに申出をすることができる。

申出を受けた行政機関は必要な調査を行い、当該行政指導が当該法律に規定する要件に適合しないと認めるときは、当該行政指導の中止その他必要な措置を講ずる義務を負うので、調査検討に必要な事実を把握する必要がある。そこで、申出は、（ⅰ）申出をする者の氏名または名称および住所または居所、（ⅱ）当該行政指導の内容、（ⅲ）当該行政指導がその根拠とする法律の条項、（ⅳ）当該条項に規定する要件、（ⅴ）当該行政指導が当該要件に適合しないと思料する理由、（ⅵ）その他参考となる事項を記載した申出書を提出してしなければならないこととされている（行手36条の2第2項）。

（ⅰ）は申出をした者に当該申出の内容について質問したり、調査の結果、行政機関がいかなる対応をしたかを申出人に運用上、通知するために必要な記載事項である。平成20年に国会に提出された行政手続法改正案では、「申出をする者の氏名又は名称及び住所」と規定されていたが、申出をした者に住所がない場合には居所を記載する必要があるため、「申出をする者の氏名又は名称及び住所又は居所」とされた。「住所又は居所」とする立法例としては、行政機関情報公開法4条1項1号、国税通則法124条1項、特許法131条1項1号、種苗法5条1項1号・4号がある。申出を受けて行政機関が調査をする義務を負うことに照らすと、調査対象を明確にするため、（ⅱ）（ⅴ）はできる限り具体的に記載すべきである。申出人は、当該行政指導が法定の要件に適合しないと考えて中止等を求めるのであるから、そのように考える前提として、（ⅲ）（ⅳ）を記載することも義務付けている。（ⅵ）は事案により異なるが、当該行政指導の要件についての行政機関の解釈が正しくないとする学者の解釈を記載した文献、当該行政指導の要件について事実誤認がある旨の証言などが考えられる。

　⑥申出の内容

「法令に違反する行為の是正を求める行政指導」が法律の要件を充足していないと考える旨を行政機関に知らせ、当該行政指導の中止その他必要な措置をとることを求めることになる。典型的な場合は、行政指導の相手方が違法と考える行政指導が継続中であり、その中止または変更を求めることである。行政指導は「行政機関がその任務又は所掌事務の範囲内において一定の行政目的を実現するため特定の者に一定の作為又は不作為を求

める指導、勧告、助言その他の行為であって処分に該当しないものをいう」(行手2条6号)ので、処分性を有しない。したがって、処分について用いられる「取消し」「撤回」の文言を用いることはせず、また、権力的事実行為について用いられる「撤廃」の文言を用いることもせず、「中止」という文言を用いている。

行政指導が行われたことが公表されたために、信用を失墜する等の不利益を相手方が受けた場合には、当該行政指導を中止したのみでは、不利益は解消しないので、当該行政指導が違法であった旨の公表を求めることが考えられる。それ以外にも、いかなる是正措置を講ずべきかは多様であり、具体的に法定することは困難であるので、「その他必要な措置」を求めることができるとしている。

⑦申出の方法

申出書の書式について法令上の定めはない。各行政機関が申出人の便宜のために参考となる書式を作成して公表することは可能であるが、申出人は当該書式によらずに申出をすることもできる。

⑧調査義務

申出を受けた行政機関は必要な調査を行う義務を負う。「必要な調査」とは、申出の対象になった行政指導が、(ⅰ)根拠法の規定に違反するか否か、違反が認められる場合には(ⅱ)違反の内容および程度等を確認し、(ⅲ)いかなる是正措置を講ずべきかを判断するために必要な調査を意味する。必要な調査として何をなすべきかは事案に応じて、行政機関が判断することになる。

申出書の記載が十分に具体的とはいえなくても、申出を受けた行政機関が申出の対象となる行政指導を特定でき、必要な調査を行うことが可能であるならば、調査を行うべきである。また、申出書の記載が具体性を欠き、申出の対象となる行政指導を特定できない場合であっても、行政指導を行った際に行政指導の根拠条項やその要件が相手方に具体的に示されなかったことがその原因であると認められる場合には、申出人に申出の対象となる行政指導を確認すべきである。かかる事情がなく、およそ具体性を欠いた申出であって、対象となる行政指導を確認できない場合や、すでに十分

な調査が実施されており、申出書の記載によっても、認識を変える必要が認められない場合には、調査の必要がないと判断されることもありうる。申出を受けて「必要な調査」を行う職員の除斥事由が法定されているわけではないが、当該行政指導に実質的に関与した職員は「必要な調査」に関与させないことが、手続の公正中立性の観点から望ましい。

　⑨申出人に対する通知
　行政指導の中止等の求めは、行政指導の相手方からの申出を端緒として当該行政指導を行政機関が見直す制度であるが、申出人に調査請求権を付与したものではなく、この申出は、行政手続法2条3号の「申請」には該当しない。すなわち、申出は、職権発動の端緒として位置付けられている。したがって、申出人は、申出を契機とした調査結果の通知を請求する権利は有しないものとして整理されている。実際には、通知がなくても、申出を受けて必要な措置が講じられたか否かを申出人が知りうることが少なくないと思われるが、通知先は申出人のみであるから一挙手一投足の労を惜しむべきではないし、行政指導の中止等の求めの対象は、相手方に事実上大きな不利益を与えるおそれのある行政指導なのであるから、必ず通知を行う運用をすべきであると考えられる。

　⑩適用除外
　当該行政指導がその相手方について、法令上または運用上、弁明その他意見陳述のための手続を経てされたものであるときは、行政指導前に慎重な手続を経ているので、行政指導後に相手方の申出を契機として再検討させる必要は乏しいと判断され、行政指導の中止等の求めの制度を適用しないこととされた（行手36条の2第1項ただし書）。

　なお、いったん弁明その他意見陳述のための手続をとったうえで行政指導が行われたとしても、その後、事実関係に変化が生じた後に、再度、行政指導が行われた場合、再度の行政指導については、改めて意見陳述のための手続をとるべきと考えられる。したがって、それがされていない場合には、行政手続法36条の2第1項ただし書の規定は適用されず、行政指導の中止等の求めをすることができると解される。

　運用上の意見聴取の場合、行う予定の行政指導の内容ならびにその根拠

条項および原因となる事実を明確にしたうえで、当該行政指導を行うことについての意見を聴くものである必要がある。行う予定の行政指導の内容を明確に通知しないで行政指導の原因となる事実の有無について意見を聴取したにとどまる場合には、本項ただし書に該当しない。意見陳述のために必要な合理的期間を与えたにもかかわらず、相手方が正当な理由なく意見陳述を行わなかった場合には、本項ただし書の意見陳述手続を経たものと解しうる。

⑪第4章における位置付け

行政手続法4章は、最初に行政指導の一般原則（32条）を規定し、次いで、この一般原則のコロラリーとして、申請に関連する行政指導（33条）、許認可等の権限に関連する行政指導（34条）についての行為規範を定め、続けて、行政指導の方式（35条）について規定し、複数の者を対象とする行政指導（36条）についての特別の定めを設けている。新設された行政指導の中止等の求めの規定は、行政指導の相手方の申出を契機として行われる手続であるという点で、特例的規定ということができ、また、行政指導後に行われる手続であり、時系列的に他の規定の前に置くのは適切でない。そこで、第4章の最後に行政指導の中止等の求めの規定（36条の2）が置かれることになった。

第4章　処分等の求め

（1）　趣旨

　違反状態を是正するために処分を行う行政庁の権限、行政指導を行う行政機関の権限が常に適切に発動されるとは限らない。かかる権限を発動するためには、違反状態の存在を当該行政庁または行政機関が認識していなければならないが、行政資源は限られており、規制対象が広範であったり、違反事実の認定が技術的に容易でない場合には、行政庁または行政機関のみでは、違反事実にかかる情報を十分に取得できないことが生じうる。その結果、いわゆる「執行の欠缺」が発生することになる。

　そこで、これまでも、個別法において、職権発動の端緒として、私人からの情報提供について定める例があった。たとえば、私的独占の禁止及び公正取引の確保に関する法律45条は、「何人も、この法律の規定に違反する事実があると思料するときは、公正取引委員会に対し、その事実を報告し、適当な措置をとるべきことを求めることができる」（1項）、「前項に規定する報告があつたときは、公正取引委員会は、事件について必要な調査をしなければならない」（2項）、「第1項の規定による報告が、公正取引委員会規則で定めるところにより、書面で具体的な事実を摘示してされた場合において、当該報告に係る事件について、適当な措置をとり、又は措置をとらないこととしたときは、公正取引委員会は、速やかに、その旨を当該報告をした者に通知しなければならない」（3項）、「公正取引委員会は、この法律の規定に違反する事実又は独占的状態に該当する事実があると思料するときは、職権をもつて適当な措置をとることができる」（4項）と定めている。ここでは、私人からの報告を受けて、公正取引委員会が調査を行う義務を負うこととされている。また、特定商取引に関する法律60条は、「何人も、特定商取引の公正及び購入者等の利益が害されるおそれがあると認めるときは、主務大臣に対し、その旨を申し出て、適当な措置をとる

べきことを求めることができる」(1項)、「主務大臣は、前項の規定による申出があつたときは、必要な調査を行い、その申出の内容が事実であると認めるときは、この法律に基づく措置その他適当な措置をとらなければならない」(2項)と定めている。ここでは、私人からの報告を受けて、主務大臣が調査を行う義務を負うにとどまらず、申出の内容が事実であると認めるときに、同法に基づく措置その他適当な措置をとる義務を負うことまで定められている。

　単に、行政庁または行政機関が違反事実を認識することが困難な場合が生じうることに加えて、たとえ違反事実を認識したとしても、黙認してしまったり、法律の根拠に基づかない微温な行政指導を反復するのみで、有効な是正策を講じず、違反状態の継続を許してしまう事態が生じないとも限らない。かつて、公害行政等において、かかる事態がみられたことが、規制者と被規制者の2面関係を念頭に置いて被規制者の権利利益の保護を重視した伝統的行政法学への批判を産み、規制により権利利益を保護される者も含めた3面関係も視野にいれた行政法学を構築する必要性が唱えられる大きな契機になった。そして、2004年の行政事件訴訟法改正で非申請型(直接型)義務付け訴訟が法定されたのも、規制により利益を受ける者のイニシアティブにより、規制権限の適切な発動を促し、規制により利益を受ける者の救済を図ることを意図したからであった。さらに、事前規制を緩和し、事後監視を強化する近年の規制改革の流れの中で、事後監視を強化するためには、私人からの申出を端緒として、行政庁または行政機関が職権を発動する仕組みを制度化することが望ましい。そこで、法令違反の事実を把握している者からの申出を端緒として、行政庁または行政機関が必要な調査を実施し、その結果、必要があると認めるときに違反事実を是正するための処分または行政指導をする制度を設けることにより、行政手続法の目的である「行政運営における公正の確保と透明性……の向上を図り、もって国民の権利利益の保護」を企図したのである。

(2) 一般法としての位置付け

　前述したように、個別法において、かかる制度を設けている立法例はす

でに存在する。行政手続法36条の3に規定された処分等の求めの制度は、行政分野を問わない一般的制度である。したがって、行政手続法36条の3は、かかる制度の一般法であり、私的独占の禁止及び公正取引の確保に関する法律45条、特定商取引に関する法律60条などは、その特別法として位置付けられる。

(3) 行政不服審査法ではなく行政手続法に規定された理由

平成26年法律第70号として成立した「行政手続法の一部を改正する法律」の内容は、行政不服審査法関連三法案として国会で一括して審議されたことから窺えるように、元来は、旧行政不服審査法改正の検討過程で議論されたものである。しかし、（ⅰ）行政不服審査法は処分のみを対象としているのに対し、行政手続法は処分のみならず行政指導も対象としており、処分等の求めは、処分および行政指導を対象とするものであること、（ⅱ）処分等の求めの制度は、処分または行政指導がなされる前の事前手続であること、（ⅲ）処分等の求めの制度は、何人でも申し出ることができるので、（実際には処分等がなされることにより自己の権利利益が守られる者がこの制度を利用することが少なくないと予想されるものの）主観的争訟制度ではないところ、行政不服審査法は主観的争訟制度を定めるものであることから、行政不服審査法ではなく行政手続法に規定することが適当と判断された。もっとも、立法論としては、行政不服審査法の対象を処分以外の行政作用に拡張することは考えられること、行政不服審査法も処分がなされる前の不作為についての審査請求を認めており、この不作為についての審査請求は一定の処分をすべきか否かまで審査庁が判断する制度になったので、処分前の事前手続であるということのみでは行政不服審査法の対象外とはいえないことに照らすと、（ⅰ）（ⅱ）は、行政不服審査法ではなく行政手続法に規定する決定的理由にはならないと思われる。決定的理由は（ⅲ）であり、この制度は、申出人個人の権利利益の侵害を申出の要件とはしておらず、何人であっても、申出ができる制度となっており、行政庁または行政機関の職権発動の端緒となる情報収集制度として位置付けうる。したがって、争訟の存在を前提とする行政不服審査法に位置付けるよりは、行政手続法に規定す

るほうが適切といえよう。行政事件訴訟法に規定されている非申請型義務付け訴訟は、原告は法律上の利益を有しなければならない点で、行政手続法36条の3と本質的に異なる。もっとも、法律上の利益を有する者のみに非申請型義務付け裁決を求める制度を行政不服審査法に規定する立法政策は考えられるところであり、実際、行政刷新会議に置かれた行政救済制度検討チームによる取りまとめでは、かかる義務付け裁決制度を提言していた。

(4) 新たな章を設けた理由

行政手続法3章は不利益処分について、同法4章は行政指導について定めているが、処分等の求めは、処分と行政指導の双方を対象とした制度であるため、同法3章または4章のいずれかに規定することは適当でない。また、同法3章は、基本的には行政庁と処分の名あて人の2面関係を規定するものであり（ただし、名あて人と利害の対立する者が参加人になる場合はありうる）、同法4章は、基本的には行政機関と行政指導の相手方の2面関係について規定するものである（ただし、行政指導指針の公表は、行政指導の相手方以外の者に対する透明性、説明責任を確保するものといえる）。これに対し、処分等の求めの制度は、行政庁と処分の名あて人、行政機関と行政指導の相手方の2面関係を念頭に置いたものではない。したがって、処分等の求めを同法3章、4章に規定することは、体系的に適切でない。以上の理由から、条文としては1条にとどまるが、新たに4章の2という章を設け、不利益処分についての3章と行政指導についての4章の後に置くこととされたのである。

(5) 申出権者

申出権者に制限はなく、何人であっても申出ができることとされている（36条の3第1項）。これは、この制度が、行政庁または行政機関の職権発動の端緒となる情報を収集することを第一義的な目的とするものであるから、できる限り広範に情報を収集することが望ましく、何人にも申出を認めることが制度の趣旨に適合すること、申出人個人の権利利益を保護するため

の主観的制度ではないので、法律上の利益または利害関係を有する等の制限をす必要はないことによる。

(6) 法令違反の事実の存在

申出は、法令違反の事実が存在する場合に行うことができる（36条の3第1項）。ここでいう法令には特に限定はない。この点で、個別法違反の事実がある場合に限定される個別法上の報告制度や通報対象事実となる法令を限定する公益通報者保護法（2条3項参照）と異なる。法令違反の事実とは、法令が定める義務または要件に違反する事実である。一例を挙げれば、化学工場が法令で許容された濃度を上回る濃度の有害物質を含む排水を河川に放出しているような場合である。法令違反の事実が存在する場合とは、法令違反行為が継続している場合に限らない。法令違反行為自体は終了していても、法令違反の事実が認められる場合も含まれる。たとえば、河川に放出することが禁止されている物質を河川に排出する行為が過去に行われ、その行為は現在は行われていなくても、河川に放出されてはならない有害物質が放出された状態が継続している場合、行政手続法36条の3の規定に基づく処分等の求めが可能である。具体的な法令違反の事実の発生を前提とせず、将来における法令違反の事実の発生を予防することを目的とする処分または行政指導は、法令違反の事実の存在の要件を満たさないため、本条の対象外である。

(7) 是正のためにされるべき処分または行政指導

法令違反の事実の是正のためにされるべき処分または行政指導とは、(ⅰ)法令違反行為が継続している場合には当該違反行為の中止（法令に違反する事実自体の解消を目的とするもの）、(ⅱ)適法状態を回復するための措置（法令に違反する事実によって発生した影響の除去または原状回復を目的とするもの）、(ⅲ)違法行為の再発防止（法令に違反する作為または不作為の再発防止を内容とするもの）等を実現するために行われる処分または行政指導である。建築物の建築を例にとれば、建築確認を得ないで建築工事が続行中の場合に工事停止命令（建基9条1項）、除却命令（同項）を特定行政庁に求めたり、建築

工事終了後、建築基準法に違反した建物の除却、改築、使用禁止等の命令（同項）を特定行政庁に求めたり、故意に違反建築物を設計して建築させた建築士に対する業務停止、免許取消し（建築士10条1項）を国土交通大臣または都道府県知事に求めたり、建設工事を適切に施行しなかったために公衆に危害を及ぼすおそれが大きい建設業者に対する必要な指示（建設28条1項）を国土交通大臣または都道府県知事に求めたりする場合等が考えられる。

　当該処分または行政指導が、法律上「必要があると認めるとき」にされることになっている場合のように、法令に違反する事実があることが明文上の要件とされていない場合には、個別の事案ごとに、法令に違反する事実の是正を求めるものか否かを判断する必要がある。

　「されるべき」とは、当該処分または行政指導の発動要件が充足されていることを意味する。個別法においては、「適当な措置」をとるべきことを求めることができるとする立法例が多いが（独禁45条1項、特定商取引60条1項参照）、行政手続法36条の3が規定する処分等の求めの制度は、全行政分野を包括する一般的制度であるため、求める対象を処分または行政指導に限定している。

（8）　法律に根拠のある行政指導

　処分等の求めの対象になる行政指導は、その根拠となる規定が法律に置かれているものに限られている。その理由は、行政手続法36条の3が定める処分等の求めは、されるべき処分または行政指導がされていないと思料するときに行われるものであるから、当該行政指導がされるべきであるか、されていないかを客観的に判断することができなければならないが、国の行政機関が行う行政指導であって法律に根拠を有しないものは、その外延が明確でないのに対し、法律に根拠を有する行政指導に限定すれば、かかる問題は生じないし、処分等の求めの濫用の懸念も払拭できるからである。

（9）　申出人による思料

　「法令に違反する事実がある場合において、その是正のためにされるべ

き処分又は行政指導（その根拠となる規定が法律に置かれているものに限る。）がされていないと思料するとき」(36条の3第1項) と規定されているので、法令違反の事実の是正のためにされるべき処分または行政指導がされていないことではなく、されていないと申出人が考えれば申出ができることになる。これに対し、非申請型義務付け訴訟の場合には、「行政庁が一定の処分をすべきであるにかかわらずこれがされないとき」(行訴3条6項1号)であることが訴訟要件になっており、「行政庁が一定の処分をすべきであるにかかわらずこれがされないと原告が思料するとき」とされているわけではない。「行政庁が一定の処分をすべきであるにかかわらずこれがされないとき」とは、「その義務付けの訴えに係る処分につき、行政庁がその処分をすべきであることがその処分の根拠となる法令の規定から明らかであると認められ又は行政庁がその処分をしないことがその裁量権の範囲を超え若しくはその濫用となると認められるとき」(同法37条の2第5項)である。このように、非申請型（直接型）義務付け訴訟の場合に原告適格が厳しく制限されているのは、この訴訟は、裁判所が行政庁に一定の処分を行うことを義務付ける判決を出すことを求めるものであるからである。これに対し、行政手続法36条の3が定める処分等の求めは、行政庁または行政機関の職権発動の端緒にとどまること、行政庁または行政機関に必要な調査を行うことを義務付けるものの直接に是正措置をとることを義務付けるものではなく、調査の結果、行政庁または行政機関が必要があると認めるときに是正措置を講ずる義務を負うものであることにかんがみ、申出要件を緩やかにしているのである。

(10) 申出先機関

申出は、「当該処分をする権限を有する行政庁又は当該行政指導をする権限を有する行政機関」(36条の3第1項) に対して行う。処分を求める場合には、当該処分権限を有する行政庁に申し出ることになる（行手2条2号）。処分権限を有するものは国または地方公共団体の機関に限られず、独立行政法人や指定機関の場合もある。他方、行政指導は、「行政機関がその任務又は所掌事務の範囲内において一定の行政目的を実現するため特

定の者に一定の作為又は不作為を求める指導、勧告、助言その他の行為であって処分に該当しないものをいう」(同条6号)ので、行政指導を求める場合には、当該行政指導を行う権限を有する行政機関に申し出ることになる。

「行政機関」については、行政手続法2条5号イで「法律の規定に基づき内閣に置かれる機関若しくは内閣の所轄の下に置かれる機関、宮内庁、内閣府設置法(平成11年法律第89号)第49条第1項若しくは第2項に規定する機関、国家行政組織法(昭和23年法律第120号)第3条第2項に規定する機関、会計検査院若しくはこれらに置かれる機関又はこれらの機関の職員であって法律上独立に権限を行使することを認められた職員」、同号ロで「地方公共団体の機関(議会を除く。)」と定義されているが、地方公共団体の機関がする行政指導については、同法4章の2の規定は適用されないので(同法3条3項)、行政指導の求めの申出先となる行政機関は、同号イに規定するものに限られることになる。同号イで定める機関のうち合議制機関(委員会等)が行政指導を行う場合以外は、「これらの機関の職員であって法律上独立に権限を行使することを認められた職員」が行政指導を行う権限を有する行政機関になる。

法令上は、「A大臣」の権限とされている場合において、「A省」宛てに申出書が提出されたとしても、申出を受けて必要な調査を行うのに特段の支障が生じないことがほとんどであると思われる。この制度の趣旨が、申出を端緒として職権で調査を行うものであることに照らし、かかる軽微な瑕疵の場合には、申出を不適法とすべきではないと考えられる。また、処分権限を有しない行政庁、行政指導権限を有しない行政機関に誤って申出がなされた場合には、申出を受けた行政庁または行政機関は、処分権限を有する行政庁または行政指導権限を有する行政機関を確認して、申出人に教示する運用をすべきと考えられる。

(11) 処分の求めと行政指導の求めの関係

同一の者が同一事実について、複数の処分または複数の行政指導を求めることも妨げられず、また、処分または行政指導のいずれかしか求めるこ

とができないわけではなく、双方を求めることは可能である。実際には、処分権限を有する行政庁と行政指導権限を有する行政機関が一致することは少なくないと考えられる。かかる場合、当該行政庁（行政機関）に対して、処分または行政指導をすることを求めることもできる。また、処分の求めを受けた行政庁が、調査の結果、法令違反の事実があり是正措置を講ずべきであるが、まずは、処分ではなく行政指導をすべきと考え職権で行政指導を行うことはありうる。逆に、行政指導の求めを受けた行政機関が、調査の結果、法令違反の事実があり是正措置を講ずべきであるが、緊急の必要があり、直ちに処分をすべき場合であると考え、職権で処分を行うこともありうる。

(12) 申出の内容

申出の内容は「その旨」、すなわち、「法令に違反する事実」および「その是正のためにされるべき処分又は行政指導……がされていないと思料する」ことである。

(13) 申出の方法

処分等の求めは、申出を受けた行政庁または行政機関に必要な調査を行う義務を負わせるものであるので、申出のあった事実および申出の内容を明確にしておく必要がある。そこで申出は申出書を提出してしなければならないとしている（行手36条の3第2項）。申出書の書式については法定されていない。各行政庁または各行政機関が申出人の便宜のために参考となる書式を作成し公表することは望ましいが、当該様式によらないことを理由として、申出を不適法とすることはできない。

(14) 申出書の記載事項

①申出をする者の氏名または名称および住所または居所

申出を受けた行政庁または行政機関が申出内容の照会等のために申出者と連絡をとるために必要な記載事項である。

②法令に違反する事実の内容

申出を受けた行政庁または行政機関が必要な調査を行うためには、法令に違反する事実の内容が明らかでなければならないので、具体的に記載する必要がある。

③当該処分または行政指導の内容

申出者が求める処分または行政指導の内容が明確にされる必要があるので、「○○会社に対する業務停止命令」、「△△会社に対する勧告」等と具体的に記載する必要がある。

④当該処分または行政指導の根拠となる法令の条項

処分には必ず法令の根拠があるし、処分等の求めの対象になる行政指導は法律に根拠のあるものに限られているから、必ず法律の根拠があることになる。その根拠条項を記載させることにより、いかなる処分または行政指導を求めているかを紛れなく具体的に特定することが可能になるため、法令の条項の記載を義務付けている。

⑤当該処分または行政指導がされるべきであると思料する理由

処分等の求めがあると、申出を受けた行政庁または行政機関は、必要な調査を行う義務を負うことになるので、当該処分または行政指導がされるべきであると思料する理由は抽象的なものであってはならず、合理的な根拠を示して具体的に記載されなければならない。

⑥その他参考となる事項

事案により異なるが、たとえば、法令で定める基準を超える濃度の有害物質が特定の工場から河川に排出されているという法令違反の事実の場合、当該工場からの廃水を検査した研究者の検査記録などが考えられる。

(15) 必要な調査

法令違反の事実の有無を調査し、違反がある場合には、法令違反の内容および程度等を確認し、いかなる是正措置を講ずべきかを判断するために必要な調査を行うことになる。具体的な調査の方法は法定されておらず、事案に応じて、申出を受けた行政庁または行政機関の裁量により判断されることになる。およそ具体性を欠いた申出であって、申出内容を確認できない場合や、すでに十分な調査が実施されており、申出書の記載によって

も、認識を変える必要が認められない場合には、調査の必要がないと判断されることもありうる。

(16) 是正措置
是正措置としての処分または行政指導は、必要な調査結果に基づき、申出を受けた行政庁または行政機関が法令違反の事実を認定し、その是正のために処分または行政指導を行う必要があると認めるときに行われる。調査の結果、求められた処分または行政指導を発動する要件が充足されていないと判断される場合、法令上の要件は充足されているが、当該処分または行政指導を行うことが比例原則に反する場合等は、是正措置を講じないことになる。かかる場合、求められた処分または行政指導ではなく、別の是正措置が適切と認められる場合には、当該措置を講ずべきである。

(17) 申出人に対する通知
行政手続法36条の3の処分等の求めの制度は、職権発動を促す制度として位置付けられているので、申出人に、申出を受けた調査結果や是正措置について通知を求める権利を付与していない。しかし、運用上、通知を行うべきであろう（書面で具体的な事実を摘示して事件調査の端緒についての報告があった場合、当該事案でとった措置または措置をとらないこととしたことの報告者への通知を義務付けている例として、独禁45条3項参照）。

(18) 申出人の保護
申出人の氏名、住所等の個人情報は、行政機関の保有する個人情報の保護に関する法律（処分権限を有する独立行政法人等に申出がされた場合には独立行政法人等の保有する個人情報の保護に関する法律）により保護される。労働者が職場における法令違反の事実の是正のための処分または行政指導を求める申出をした場合には、公益通報者保護法の公益通報（同法2条1項）に当たるときは、申出人は同法の保護を受けることになる。

第5章 附　則

(1) 施行期日

　平成26年法律第70号として成立した「行政手続法の一部を改正する法律」は、2015 (平成27) 年4月1日から施行された (附則1条)。施行期日が2015 (平成27) 年4月1日とされたのは、以下の理由による。第1に、行政手続法は、特定の行政分野に限らず、行政分野全般を対象とする (ただし、適用除外とされた分野を除く) 一般法であるので、行政庁、行政機関一般に法改正の意義・内容、運用上の留意事項を理解させるためには、一定の周知期間が不可欠である。第2に、行政手続法は、行政庁・行政機関を (基本的に) 手続的に規律する法律であり、改正法施行時において、行政庁・行政機関が法改正の意義・内容、運用上の留意事項を十分に理解しておらず、その運用が適正さを欠いた場合、新制度に対する国民の信頼を損ない、その利用を躊躇させるおそれがある。

　そこで、改正法公布後、その施行までに十分な期間を確保し、また、年度の初日に施行することが国民にとっても公務員にとっても分かりやすいため、2014 (平成26) 年通常国会で「行政手続法の一部を改正する法律」が成立することを前提として、2015 (平成27) 年4月1日から施行することとされたのである。

(2) 行政手続法35条の項ずれに伴う改正

　平成26年法律第70号による改正前の地方税法18条の4第2項、関税法88条の2第2項、とん税法10条の3第2項、国税通則法74条の14第2項においては、平成26年法律第70号による改正前の行政手続法35条2項の書面交付請求制度の適用を除外していた。その理由は、(ⅰ) 租税法律主義の下で納税義務の内容は法令で明確にされており、行政庁または行政機関に裁量の余地はないから、納税義務の適正な実現を図るための行政指導は、公正

性および透明性が確保されていると考えられること、(ⅱ)わが国の租税制度は申告納税制度を基本としており、申告すべき税額を最もよく知りうる立場にある納税者に対して、適正な申告・納付を慫慂するために行われるものであること、(ⅲ)租税の賦課徴収は、多数の者に対して大量に行われ、かつ、特定の時期に集中する傾向があるため、書面交付請求制度を適用した場合、書面交付請求への対応に多大の時間を要し、本来の相談・調査等の事務の遂行を著しく困難にし、租税の賦課徴収事務の適切かつ迅速な執行を阻害するおそれがあると考えられたことによる。

　平成26年法律第70号による行政手続法改正により、書面交付請求の対象は、同法35条1項が規定する「行政指導の趣旨及び内容並びに責任者」に加えて、新設された同条2項が定める「当該権限を行使しうる根拠となる法令の条項」（1号）、「前号の条項に規定する要件」（2号）、「当該権限の行使が前号の要件に適合する理由」（3号）も追加され、書面交付請求の根拠規定は、旧35条2項から35条3項にずれることになった。また、平成26年法律第70号による改正前の行政手続法35条3項は、書面交付請求制度の適用除外を定めていたが、平成26年法律第70号による改正による行政手続法35条2項の新設に伴い、35条4項にずれることになった。

　前述のように書面交付請求の対象は拡大したものの、書面交付請求制度の趣旨に変更はなく、したがって、平成26年法律第70号による改正前の地方税法18条の4第2項、関税法88条の2第2項、とん税法10条の3第2項、国税通則法74条の14第2項が書面交付請求制度を適用除外にした趣旨は、平成26年法律第70号による改正後の行政手続法においても妥当すると考えられた。そこで、平成26年法律第70号による改正前の地方税法18条の4第2項、関税法88条の2第2項、とん税法10条の3第2項、国税通則法74条の14第2項における「第35条第3項」を「第35条第4項」に、「第35条第2項」を「第35条第3項」に改める改正が、改正行政手続法附則2条で行われた。

（3）　処分等の求めに係る適用除外
　　①基本方針

行政手続法3条1項各号に列記された処分および行政指導については、同法4章の2の規定の適用除外とされているが、個別法が規定する処分または行政指導の中にも、何人も処分または行政指導を求める制度を適用するのに適さないものがある。そこで、それらについては、改正行政不服審査法附則で、同法4章の2の規定の適用を除外している。個別法における適用除外規定は、当該個別法が定める処分または行政指導の内容に照らして、特別の理由により設けられるものであり、個別法で行政手続法4章の2の規定の適用を除外するためには、何人でも申し出ることができる「処分等の求め」の手続を適用することになじまないか、適用除外にする実質的理由があるかを個別に判断する必要がある。したがって、平成26年法律第70号による改正前の個別法において、行政手続法3章、4章の規定の適用を除外する規定が置かれていたとしても、改正行政不服審査法が新設した4章の2は、法令違反の事実を是正するためになされる処分または行政指導を対象とするものであるので、そもそも法令違反の事実を是正するためになされる処分または行政指導が法定されていない法律であれば、あえて行政手続法4章の2の規定の適用を除外する旨定める必要はないことになる。また、たとえば、行政手続法3章の規定の適用除外が定められている場合であっても、処分の性質上、事前手続をとる必要がないことを理由とするのであれば、そのことは、同法4章の2の規定の適用を除外する理由にはならない。なぜならば、処分等の求めの制度は、職権発動を促すにとどまるものであり、事前手続が不要なことと職権発動を促す制度が不要なこととは一致しないからである。同様に、単に個別法で独自の事前手続が定められていることを理由として行政手続法3章の規定の適用除外が定められていても、そのことのみでは、同法4章の2の規定の適用を除外する理由として十分ではない。なぜならば、処分等の求めの制度は職権発動の端緒として位置付けられるにすぎず、この制度が適用されても、事前手続は個別法の定めるところによることになるからである。

　以上を踏まえて、個別法で行政手続法4章の2の規定の適用を除外するのは、行政手続法3条1項各号が定める適用除外の趣旨が当てはまる処分または行政指導に限定することを基本方針としている。

②特殊な目的のために行われるものであってその特殊性に応じた独自の手続が定められていることによる適用除外

　　㋐　刑事事件または犯則事件と同様の趣旨で適用除外とされたもの

　平成26年法律第70号により改正された行政手続法3条1項5号は、「刑事事件に関する法令に基づいて検察官、検察事務官又は司法警察職員がする処分及び行政指導」を同項6号は、「国税又は地方税の犯則事件に関する法令（他の法令において準用する場合を含む。）に基づいて国税庁長官、国税局長、税務署長、収税官吏、税関長、税関職員又は徴税吏員（他の法令の規定に基づいてこれらの職員の職務を行う者を含む。）がする処分及び行政指導並びに金融商品取引の犯則事件に関する法令（他の法令において準用する場合を含む。）に基づいて証券取引等監視委員会、その職員（当該法令においてその職員とみなされる者を含む。）、財務局長又は財務支局長がする処分及び行政指導」についての適用除外を定めている。これらについては、刑事手続や実質的な刑事手続といえる犯則手続における処分および行政指導であり、私人の権利利益に重大な影響を与え得るものであることから、裁判所を関与させる等、刑事訴訟法等において必要な手続が定められている。そこで、改正行政手続法4章の2の規定の適用を除外している。

　個別法においても、同様の趣旨で、改正行政手続法4章の2の規定の適用を除外することが適切と考えられるものがあるため、同法附則で適用除外とされたものがある。すなわち、犯罪被害財産等による被害回復給付金の支給に関する法律23条3項（「検察官は、被害回復事務の処理が法令の規定に違反していると認めるとき、又は適正を欠いていると認めるときは、被害回復事務管理人に対し、その事務の処理について違反の是正又は改善のため必要な措置を講ずべきことを指示することができる」）の規定に基づく指示については、行政手続法36条の3の規定は適用しないこととされた（平成26年法律第70号附則8条）。その理由は、以下の通りである。

　被害回復給付金支給手続は、刑事裁判により没収または追徴された犯罪被害財産（犯罪被害回復2条1号）を財源として、当該事件にかかる被害者等に被害回復給付金（同条2号）を支給するものであって、刑事手続それ自体ではなく、刑事手続終了後の行政手続として位置付けられている。し

かし、(ⅰ)被害回復給付金は、刑事裁判で言い渡された没収または追徴の刑の執行を検察官が指揮することにより得られた財産を財源とするものであり、(ⅱ)被害回復給付金の支給を受けることができる者は、当該刑事事件の被害者等であり、(ⅲ)支給対象犯罪行為（同条4号）の範囲（同法5条1項）、支給対象者該当性の有無（犯罪被害回復10条1項）、各人の犯罪被害額（同条2項）等は、検察官が捜査・公判過程の資料を基礎にして決定ないし裁定し、(ⅳ)検察官が弁護士（弁護士法人を含む）から選任する被害回復事務管理人は検察官が行う事務を担うものと位置付けられていること（犯罪被害回復22条1項）に照らすと、被害回復給付金支給手続は、刑事手続と密接に関連し、その延長線上に位置付けられるものとみることができる。以上を踏まえると、犯罪被害財産等による被害回復給付金の支給に関する法律23条3項の規定に基づく指示については、行政手続法3条1項5号の場合に準じて、同法4章の2の規定の適用を除外することが適当と考えられる。そこで、犯罪被害財産等による被害回復給付金の支給に関する法律23条5項により、同法3項の規定による指示については、行政手続法36条の3の規定は適用しないこととされた。

　㈠　**刑事事件に関する処分または行政指導に準ずるものではないが、特殊な目的のために行われるものであって、その特殊性に応じた手続が整備されているもの**　海難事故は海上で発生するため証拠が残りにくい等の特性を有する。かかる海難事故の特殊性に応じて、海難審判という仕組みが設けられ、理事官の申立てにより審判が開始され、海事に関する高度な識見を有し、公正中立的な立場の審判官が、準司法手続により、当事者の責任にかかる裁決を行う独自の仕組みが設けられている。したがって、何人でも処分または行政指導を申し出ることができる行政手続法4章の2の規定を適用することは適切ではない。そこで、平成26年法律第70号附則3条により、海難審判法53条が改正され、同法に基づいてされる処分および行政指導については、行政手続法4章の2の規定は適用しないこととされた。

　公職選挙法の規定による処分、日本国憲法の改正手続に関する法律の規定による処分のように、選挙は、当選人の決定に至るまで、多様な主体（選挙人、候補者、選挙管理委員会、選挙長、投票管理者、期日前投票管理者、不在者

投票管理者、開票管理者等）の行為が積み重なっていくものであり、短期間に多様な主体が関与して大量の事務を適正に執行しなければならないという特殊性を有し、また、法的安定性が強く要請される。かかる選挙の特殊性に照らし、独自の手続が整備されているので、何人も処分を求めることができるとすることは適切でない。そこで、平成26年法律第70号附則4条により、公職選挙法264条の2、日本国憲法の改正手続に関する法律138条が改正され、これらの法律の規定による処分については、行政手続法4章の2の規定の適用が除外された。また農業委員会等に関する法律11条、漁業法94条は、それぞれ、農業委員会の選挙による委員の選挙、海区漁業調整委員会の委員の選挙に公職選挙法264条の2の規定を準用しているので、これらの選挙にかかる処分についても、行政手続法4章の2の規定の適用が除外されることになる。

　破壊活動防止法5条1項の規定に基づく団体活動の制限にかかる処分、無差別大量殺人行為を行った団体の規制に関する法律8条の規定に基づく再発防止処分は、憲法21条1項で保障された結社の自由等を直接に制限する性質を有するため、処分の請求を行う行政庁（公安調査庁長官）と当該請求の審査および決定を行う行政庁（公安審査委員会）を分離し、当該請求の審査および決定は、職権行使の独立性を保障された行政委員会が準司法的手続で行うこととしている。したがって、かかる処分について、何人でもその発動を求めることとすることは適当でないため、平成26年法律第70号附則6条2号・3号により、破壊活動防止法36条の2、無差別大量殺人行為を行った団体の規制に関する法律33条が改正され、上記の処分については、行政手続法4章の2の規定の適用が除外された。

　③**処分等の主体と相手方との関係の特殊性に応じた独自の手続が定められていることによる適用除外**

　行政手続法3条1項7号は「学校、講習所、訓練所又は研修所において、教育、講習、訓練又は研修の目的を達成するために、学生、生徒、児童若しくは幼児若しくはこれらの保護者、講習生、訓練生又は研修生に対してされる処分及び行政指導」、同項8号は「刑務所、少年刑務所、拘置所、留置施設、海上保安留置施設、少年院、少年鑑別所又は婦人補導院におい

て、収容の目的を達成するためにされる処分及び行政指導」についての適用除外を定めている。教育目的で学校等で行われる処分または行政指導、収容目的で刑務所等の収容施設で行われる処分または行政指導は、行政庁または行政機関と一般私人との関係とは異なる特殊性があるため、何人も求めることができる行政手続法4章の2の規定の適用を除外している。

　個別法においても、処分等の主体と相手方との関係の特殊性に応じた独自の手続が定められていることによる適用除外が認められた例がある。更生保護法75条1項が定める仮釈放の取消し、同法57条が定める指導監督、売春防止法24条が定める生活環境の調整、同法25条が定める仮退院の許可、同法26条が定める仮退院の保護観察、同法27条が定める仮退院の取消しにかかる処分および行政指導、同法29条において準用する更生保護法の規定による処分および行政指導は、刑事処分または保護処分等の裁判の執行を受けている者と国の行政庁または行政機関との関係を規律するものであり、一般私人に対する手続を規律する行政手続法の規定をそのまま適用することになじまない面がある。また、更生保護法、売春防止法が定める上記の手続は、裁判の執行等を受けている者の再犯、非行の再発を防止し、改善更生を図るための独自の手続を定めている。したがって、何人でも求めることができる行政手続法4章の2の規定を適用することは適当でない。そこで、平成26年法律第70号附則3条で更生保護法91条、売春防止法27条の2の規定を改正し、更生保護法の規定による処分および行政指導、売春防止法24条から27条までの規定および29条の規定において準用する更生保護法の規定による処分および行政指導について、行政手続法4章の2の規定を適用しないこととしている。

　弁護士法に基づき日本弁護士連合会・弁護士会が行う処分、外国弁護士による法律事務の取扱いに関する特別措置法に基づき日本弁護士連合会および弁護士会が行う処分については、弁護士自治の観点から国の監督のない独自の手続が設けられており、何人でも申し出ることができる処分等の求めの制度を適用することは適当ではない。そこで、平成26年法律第70号附則4条で、弁護士法43条の15・49条の2が改正され、弁護士法43条の15の規定に基づき弁護士会が行う処分、同法49条の2の規定に基づき日本弁

護士連合会が行う処分については、行政手続法4章の2の規定の適用が除外された。また、外国弁護士による法律事務の取扱いに関する特別措置法58条の3の規定が改正され、同法に基づき日本弁護士連合会および弁護士会が行う処分については、行政手続法4章の2の規定を適用しないこととしている。

　④相手方について一般私人とは異なる特殊性があるため、その特殊性に応じた独自の手続が定められていることによる適用除外

　行政手続法3条1項9号は「公務員（国家公務員法（昭和22年法律第120号）第2条第1項に規定する国家公務員及び地方公務員法（昭和25年法律第261号）第3条第1項に規定する地方公務員をいう。以下同じ。）又は公務員であった者に対してその職務又は身分に関してされる処分及び行政指導」、同項10号は「外国人の出入国、難民の認定又は帰化に関する処分及び行政指導」について、同法4章の2の規定の適用を除外している。

　同項9号は、公務員が処分の名あて人となりうるのみならず、公務遂行の主体でもあり、公務員に対する監督として行われる処分または行政指導について、一般私人を念頭に置いた手続的規律をそのまま適用することは妥当でなく、公務員に対する処分または行政指導に適した手続は、国家公務員法、地方公務員法等の公務員法の体系の中で定めるのが適切という考えを基礎にしている。かかる観点から、行政手続法3条1項9号が定める処分または行政指導については、同法4章の2の規定の適用が除外されている。また、行政手続法3条1項10号が定める「外国人の出入国、難民の認定又は帰化に関する処分及び行政指導」については、外国人には日本国への入国、日本国からの出国、難民の認定、日本への帰化にかかる権利が憲法上保障されているわけではなく、日本国の国家主権に関わるものであるという理由により、行政手続法4章の2の規定の適用が除外されている。

　個別法においても、国家主権に関わる問題であるため、一般私人からの申出の有無、その内容にかかわらず、国の行政庁または行政機関が処分または行政指導を行うべきかを判断することが適切と考えられ、行政手続法4章の2の規定の適用が除外された例がある。

　すなわち、平成26年法律第70号附則5条により新設された国籍法18条の

2の規定により、外国の国籍を有する日本国民で法定期限内に日本の国籍の選択をしないものに対して法務大臣が行う国籍選択の催告（国籍15条1項）について、行政手続法36条の3の規定の適用を除外している。また、平成26年法律第70号附則6条で航空法137条の3第3項が改正され、外国の国籍を有する航空機に対して国土交通大臣が行う空港等への着陸要求（航空126条4項）、外国人国際航空運送事業者に対して国土交通大臣が行う事業計画・運賃または料金の変更命令（航空129条の4）、外国人国際航空運送事業者に対して国土交通大臣が行う事業停止命令または許可の取消し（航空129条の5）、外国人国際航空運送事業者に対する許可または認可の条件または期限を附し、もしくはこれを変更し、または当該許可または認可の後に条件または期限を附すること（航空131条の2）について、行政手続法4章の2の規定を適用しないこととしている。

⑤上記②〜④の複合的理由による適用除外

　武力攻撃事態等における国民の保護のための措置に関する法律に基づく処分または行政指導の場合、日本国に武力攻撃を行う外国の軍人等の身柄を拘束して、捕虜として日本国に抑留するため、およびその抑留中にされるものであり、ジュネーブ条約等の条約および国際人道法に基づき行われるべきである。したがって、上記②（特殊な目的のために行われるものであってその特殊性に応じた独自の手続が定められていることによる適用除外）に該当する。また、日本国に対する武力攻撃に従事または関与した捕虜と日本国との関係は、一般私人と国との関係とは異なるものであり、上記③（処分等の主体と相手方との関係の特殊性に応じた独自の手続が定められていることによる適用除外）にも当たる。さらに、捕虜の特殊性に鑑み、上記④（相手方について一般私人とは異なる特殊性があるため、その特殊性に応じた独自の手続が定められていることによる適用除外）にも当たる。そこで、上記②〜④の複合型として、行政手続法3条1項5号、8号、10号の趣旨に準じて、平成26年法律第70号附則7条で武力攻撃事態等における国民の保護のための措置に関する法律179条を改正し、同法の規定による処分および行政指導については、行政手続法4章の2の規定は適用しないこととされた。

事項索引

あ行

異議申立て……………………20, 167, 168
異議申立前置……………………………24
意見書……………………………………71
一部事務組合…………………………152
一律適用主義……………………………18
一審代替機能………………186, 219, 230
一般概括主義……………………………2
一般承継…………………………………53
一般的教示制度………………………154
インカメラ審理………………………193
ヴォーン・インデックス……………193
写しの交付………………………………88
営利事業等の禁止……………………142
閲覧・謄写請求権……………………206
押印…………………………59, 117, 129

か行

概括的列記主義…………………………2
海区漁業調整委員会…………………208
会長……………………………………142
外務人事審議会………………………194
簡易迅速性………………………………14
鑑定………………………………………80
機関等の共同設置……………………151
棄却決定………………………………128
棄却裁決………………………108, 115, 134
義務的執行停止…………………………64
却下決定………………………………128
却下裁決………………………108, 114, 134
客観訴訟………………………………219
客観的再調査の請求期間……………124
客観的情報開示請求制度………………90
客観的審査請求期間……………………58
教示………………3, 61, 118, 124, 127, 129, 154
行政機関…………………………253, 265
行政救済…………………………14, 113
行政救済制度検討チーム………8, 216, 261

行政事件訴訟法…………………………7
行政調査………………………………243
行政手続法…………………………4, 217
行政統制…………………………14, 113
行政不服審査会（等）………94, 139, 207
行政不服審査制度検討会………………7
形式的当事者訴訟…………………33, 220
刑事事件…………………………241, 272
形成力…………………………………121
計量調査官……………………………197
決定……………………………127, 168
権限濫用型行政指導…………………248
原裁決……………………………29, 134
検証………………………………………81
権力的事実行為…………………………17
広域漁業調整委員会…………………209
広域連合………………………………152
公益通報者保護法……………………262
抗告訴訟………………………………220
公示……………………………119, 121
拘束力…………………………………120
口頭意見陳述……………72, 105, 131, 145
口頭意見陳述権………………………203
口頭による審査請求……………………59
公表……………………………………160
公文書管理委員会……………………193
公平委員会……………………………228
公務員…………………………………242
国税審議会……………………………210
国税不服審判所………………………205
国会同意人事…………………………140
国家公安委員会………………………229
固有の資格………………………………38
雇用保険審査官………………………196
根拠法規区分主義………………………18

さ行

裁決………………107, 127, 134, 161, 168
裁決期間………………………………212

事項索引　279

裁決主義 …………………………230
再々審査請求 ……………………181
再審査請求 ……27,39,118,133,168,170,177
再審査請求前置………………28,180,214
再調査の請求 ……12,23,39,62,124,167,172
再調査の請求前置 ………………130
裁定的関与……………11,168,169,188
裁判を受ける権利 ………………216
裁量的執行停止……………………64
参加人……………………50,204
参与機関…………………129,210
資格審査会 ………………………194
事件記録…………………93,104,134
試験事務 …………………………190
施行期日 …………………………269
事実上の行為 ……………………128,136
――についての審査請求 ………112
事情決定 …………………………128
事情裁決 ………………109,115,135
自治紛争処理委員 ………………195
執行機関 …………………………150
執行停止 …………………64,92,131
執行の欠缺 ………………………258
執行不停止原則……………………64
質問権……………………74,106,145
事務局 ……………………………143
事務の委託 ………………………151
事務の代替執行 …………………151
指名委員 …………………………146
社会資本整備審議会 ……………211
社会保険審査会 …………205,211
社会保険審査官 …………195,211
宗教法人審議会 …………………230
主観争訟 …………………………219
主観的再審査請求期間 ……124,133
主観的情報開示請求制度…………90
主観的審査請求期間 ……………56
主観的争訟 ………………………260
主観的不服申立期間 ……………200
主張書面 …………………106,146
受理 ………………………………198
上級行政庁…………………………22
常勤 ………………………………140
証拠書類等の提出 ………76,131

情報公開・個人情報保護審査会 …………193
情報の提供 ………………………158
条例による事務処理の特例 ……178
除斥事由 ……………………43,46,134
職権探知……………………………82
処分性………………………………16
処分庁等の調査等申立権 ………205
処分等の求め ……………………258
処分についての審査請求 ………183
処分についての審査請求書 ……58
書面交付請求 ……………………269
審議会等 …………………………189
審査関係人 ………………105,145
審査請求 ………………20,42,166,167
――の取下げ………………………67
――をすべき行政庁………………22
審査請求期間………………………56
審査請求書…………………………58
審査請求前置 ……………………218
申請型義務付け訴訟 ………110,115
審理員……………42,134,137,192,203
審理員意見書…………93,104,118,134
審理官 ……………………………196
審理関係人…………………………68,145
――への質問………………………81
審理手続の計画的進行…………68,137
審理手続の計画的遂行……………83
審理手続の終結……………………92
審理手続の併合または分離………91
政治的行為の禁止………………141
政府周辺法人 ……………………245
正本・副本…………………………70
専門委員 …………………………142
総代………………………………47
送達………………………………119
訴願前置主義…………………………2
訴願法………………………………2

た行

代理人……………………47,51,68
多治見市是正請求手続条例………17
担当審判官 ………………………197
地方公共団体の組合 ……………151
地方じん肺診査医 ………………207

中央更生保護審査会 ……………………229
中央じん肺診査医 ………………………207
中止等の求め ……………………………251
懲戒委員会 ………………………………194
提出書類等の閲覧等 ……………………86
提出資料の閲覧等 ……………106,147
適用除外 ………………………30,240,270
手数料 ………………………………89,148
撤廃 ………………………………………113
電磁的記録 …………………………88,147
当事者訴訟 …………………………40,220
答申書 ……………………………………149
特定承継 …………………………………53

な行

難民審査参与員 …………………………198
二重前置 …………………………………233
認証審査参与員 ……………………198,208
認容決定 …………………………………128
認容裁決 ………………………109,115,135

は行

犯則事件 ………………………34,190,241,272
反論書 ……………………………………71
非常勤 ……………………………………140
非申請型（直接型）義務付け訴訟 …259,264
秘密保持義務 ……………………82,141,211
標準審理期間 …………………54,131,137,212
不可変更力 ………………………………123
不作為についての審査請求 …21,31,114,183
不作為についての審査請求書 …………59
不作為の違法確認訴訟 ………………55,115

附属機関 …………………………………150
附帯決議 …………………………………9
物件の提出要求 …………………………78
不当性 ……………………………………15
不服申立て ………………………………167
不服申立前置 ……………………………216
不服申立適格 ……………………………20
不変期間 ……………………………57,201
不利益変更禁止 …………………113,129
不利益変更禁止原則 ……………………3
変更裁決 …………………………………135
弁明書 ……………………………………69
防衛人事審議会 …………………………195
法定受託事務 ……………………186,188
補佐人 ……………………………………73
補正 ………………………………………64
捕虜資格認定等審査会 …………………229

ま行

みなし棄却裁決 ……………………29,213
みなし上級行政庁 ………………………186
目的 ………………………………………14

や行

要素の錯誤 ………………………………68

ら行

連合海区漁業調整委員会 ………………208
労働者災害補償保険審査官 ……………196
労働保険審査会 ……………………205,211
労働保険審査官 …………………………211

判例索引

昭和24〜29年

東京高判昭和24・3・9行政裁判月報15号135頁 …………………………………117
最大判昭和26・8・1民集5巻9号489頁 ……………………………………………217
最判昭和27・11・20民集6巻10号1038頁 …………………………………………56
新潟地判昭和28・12・24行集4巻12号3158頁 ……………………………………68
最判昭和29・1・21民集8巻1号102頁 ……………………………………………123
山口地判昭和29・5・6行集5巻5号945頁 ………………………………………117
仙台高秋田支判昭和29・6・28行集5巻6号1315頁 ……………………………123

昭和30〜39年

最判昭和33・8・5訟月5巻4号558頁 ……………………………………………117
最判昭和36・7・21民集15巻7号1966頁 ………………………………………26, 130
最判昭和37・12・26民集16巻12号2557頁 …………………………………………117
東京高判昭和39・9・30訟月10巻11号1587頁 ……………………………………117
大阪地判昭和39・10・16訟月11巻2号338頁 ………………………………………117
東京地判昭和39・11・4行集15巻11号2168頁 ……………………………………115

昭和40〜49年

東京地判昭和43・6・13訟月14巻6号716頁 ………………………………………117
大阪地判昭和44・6・26行集20巻5=6号769頁 ……………………………………69
東京高判昭和44・8・30判タ242号290頁 …………………………………………81
長崎地判昭和44・10・20行集20巻10号1260頁 ……………………………………72
東京地判昭和45・5・27行集21巻5号836頁 ………………………………………57
東京地判昭和45・7・22訟月17巻2号367頁 ………………………………………117
最判昭和47・4・20民集26巻3号507頁 ……………………………………………34
東京地判昭和47・9・26税資66号257頁 ……………………………………………117
東京高判昭和48・10・26税資71号699頁 …………………………………………114
最判昭和49・4・18訟月20巻11号175頁 …………………………………………114
東京地判昭和49・6・27行集25巻6号694頁 ………………………………………48
最判昭和49・7・19民集28巻5号759頁 ………………………………………25, 122
東京高判昭和49・9・26税資76号848頁 ……………………………………………217

昭和50〜63年

最判昭和50・5・29民集29巻5号662頁 ……………………………………………105
大阪高判昭和50・9・30行集26巻9号1158頁 ………………………………………69
東京地判昭和52・7・19税資95号99頁 ……………………………………………48
最判昭和53・3・14民集32巻2号211頁 ……………………………………………20
札幌地判昭和53・7・18訟月24巻11号2411頁 ……………………………………114
京都地判昭和53・9・29判タ395号132頁 …………………………………………217

静岡地判昭和54・5・22行集30巻5号1030頁 ································· 50
名古屋高金沢支判昭和56・2・4行集32巻2号179頁 ······················· 26,72
福井地判昭和57・5・28判時1057号142頁 ································· 48
最判昭和59・3・27刑集38巻5号2037頁 ··································· 34

平成元年～
福岡高判平成4・6・22労判621号69頁 ····································· 57
長崎地判平成6・1・19判タ868号164頁 ··································· 61
東京地判平成6・3・25行集45巻3号811頁 ································ 117
東京地判平成8・4・26判例自治156号76頁 ································· 21
最判平成17・7・15民集59巻6号1661頁 ···································· 251
最判平成17・10・25訟月52巻5号1574頁 ··································· 251
最判平成17・10・25判時1920号32頁 ·· 251
大阪地判平成20・9・19税資258号-177（順号11035）······················ 68

【執筆者紹介】
宇賀　克也（うが・かつや）
東京大学法学部卒。同大学助手、助教授を経て、1994年より同大学大学院法学政治学研究科教授、同大学法学部教授（2004年より同大学公共政策大学院教授を兼担）。

【主要著書】
『判例で学ぶ行政法』第一法規（2015年）、『行政法概説Ⅰ』〔第5版〕有斐閣（2013年）、『行政法概説Ⅱ』〔第5版〕有斐閣（2015年）、『行政法概説Ⅲ』〔第4版〕有斐閣（近刊）、『行政法』有斐閣（2012年）。

『行政不服審査法の逐条解説』有斐閣（2015年）、『Q＆A新しい行政審査法の解説』新日本法規（2014年）。

『行政手続三法の解説』〔第1次改訂版〕学陽書房（2015年）、『行政手続法制定資料(11)～(16)』（共編著）信山社（2013～2014年）その他多数。

解説　行政不服審査法関連三法

2015（平成27）年7月30日　初版1刷発行

著　者　宇賀克也
発行者　鯉渕友南
発行所　株式会社　弘文堂　101-0062　東京都千代田区神田駿河台1の7
　　　　TEL 03(3294)4801　振替 00120-6-53909
　　　　http://www.koubundou.co.jp

装　幀　青山修作
印　刷　港北出版印刷
製　本　井上製本所

© 2015 Katsuya Uga. Printed in Japan

JCOPY　<(社)出版者著作権管理機構　委託出版物>
本書の無断複写は著作権法上での例外を除き禁じられています。複写される場合は、そのつど事前に、(社)出版者著作権管理機構（電話 03-3513-6969、FAX 03-3513-6979、e-mail:info@jcopy.or.jp）の許諾を得てください。
また本書を代行業者等の第三者に依頼してスキャンやデジタル化することは、たとえ個人や家庭内での利用であっても一切認められておりません。

ISBN978-4-335-35616-2

―――― 条解シリーズ ――――

条解破産法〔第2版〕	伊藤眞・岡正晶・田原睦夫・林道晴・ 松下淳一・森宏司=著
条解民事再生法〔第3版〕	園尾隆司・小林秀之=編
条解会社更生法〔上・中・下〕	兼子一=監修　三ケ月章・竹下守夫・霜島甲一・前田庸・田村諄之輔・青山善充=著 （品切れ）
条解民事訴訟法〔第2版〕	兼子一=原著　松浦馨・新堂幸司・竹下守夫・高橋宏志・加藤新太郎・上原敏夫・高田裕成
条解不動産登記法	七戸克彦=監修 日本司法書士会連合会・ 日本土地家屋調査士会連合会=編
条解消費者三法 　消費者契約法・特定商取引法・ 　割賦販売法	後藤巻則・齋藤雅弘・池本誠司=著
条解弁護士法〔第4版〕	日本弁護士連合会調査室=編著
条解刑法〔第3版〕	前田雅英=編集代表　松本時夫・池田修・ 渡邉一弘・大谷直人・河村博=編
条解刑事訴訟法〔第4版〕	松尾浩也=監修　松本時夫・土本武司・ 池田修・酒巻匡=編集代表
条解行政手続法	塩野宏・高木光=著　　（品切れ）
条解行政事件訴訟法〔第4版〕	南博方=原編著 高橋滋・市村陽典・山本隆司=編
条解行政情報関連三法 　公文書管理法・行政機関情報公開法・ 　行政機関個人情報保護法	高橋滋・斎藤誠・藤井昭夫=編著
条解独占禁止法	村上政博=編集代表　内田晴康・石田英遠・ 川合弘造・渡邉惠理子=編
条解精神保健法	大谷實=編集代表 古田佑紀・町野朔・原敏弘=編　（品切れ）

―――― 弘文堂 ――――

＊2015年5月現在